O BRASIL NA PRIMEIRA GUERRA MUNDIAL

A LONGA TRAVESSIA

Proibida a reprodução total ou parcial em qualquer mídia
sem a autorização escrita da editora.
Os infratores estão sujeitos às penas da lei.

A Editora não é responsável pelo conteúdo da Obra,
com o qual não necessariamente concorda. O Autor conhece os fatos narrados,
pelos quais é responsável, assim como se responsabiliza pelos juízos emitidos.

Consulte nosso catálogo completo e últimos lançamentos em **www.editoracontexto.com.br**.

CARLOS DARÓZ

O BRASIL NA PRIMEIRA GUERRA MUNDIAL

A LONGA TRAVESSIA

Copyright © 2016 do Autor

Todos os direitos desta edição reservados à
Editora Contexto (Editora Pinsky Ltda.)

Foto de capa
Diretoria do Patrimônio Histórico e Documentação da Marinha

Montagem de capa e diagramação
Gustavo S. Vilas Boas

Preparação de textos
Lilian Aquino

Revisão
Mariana Carvalho Teixeira

Dados Internacionais de Catalogação na Publicação (CIP)
Andreia de Almeida CRB-8/7889

Daróz, Carlos
O Brasil na Primeira Guerra Mundial: a longa travessia /
Carlos Daróz. – 1.ed., 3ª reimpressão. – São Paulo :
Contexto, 2025.
208 p. : il.

Bibliografia.
ISBN 978-85-7244-952-6

1. Guerra Mundial, 1914-1918 – Brasil
2. Brasil – Marinha – História I. Título

16-1120   CDD 940.3

Índices para catálogo sistemático:
1. Guerra Mundial, 1914-1918

2025

EDITORA CONTEXTO
Diretor editorial: *Jaime Pinsky*

Rua Dr. José Elias, 520 – Alto da Lapa
05083-030 – São Paulo – SP
PABX: (11) 3832 5838
contato@editoracontexto.com.br
www.editoracontexto.com.br

Para Elaine, Lu e Ana,
os presentes que Deus me deu.

SUMÁRIO

INTRODUÇÃO 9

|1914| O SUICÍDIO DA EUROPA 17

|1915| BLOQUEIO SUBMARINO 43

|1916| FORÇAS DESPREPARADAS 57

|1917| A GUERRA CHEGA AO BRASIL 79

|1918| A LONGA TRAVESSIA 115

LEGADO 181

FONTES PRIMÁRIAS 197

BIBLIOGRAFIA 201

O AUTOR 207

INTRODUÇÃO

> "A guerra é um dos problemas centrais de nosso tempo: há quem diga que é o problema central"
>
> Norberto Bobbio

Fazia muito tempo que a Europa não experimentava um período tão prolongado de paz. Desde a Antiguidade, as guerras foram inúmeras no continente. Ao longo dos séculos, os intensos conflitos medievais e os enfrentamentos religiosos e dinásticos da Idade Moderna provocaram a morte de milhões de pessoas e um nível de destruição em larga escala. A partir da derrota de Napoleão Bonaparte em Waterloo, contudo, o Velho Continente desfrutou de quase um século de paz, ocasionalmente interrompida por conflitos de pequena amplitude. A atmosfera pacífica não passou despercebida ao historiador britânico Eric Hobsbawm, que caracterizou o período como aquele onde a paz era o quadro normal e esperado. [...] Desde 1815 não houvera nenhuma guerra envolvendo as potências europeias. Desde 1871, nenhuma nação europeia ordenara a seus homens em armas que atirassem nos de qualquer outra nação similar.[1]

Na esteira da Revolução Industrial, que trouxe o progresso científico e os avanços tecnológicos, o céu europeu parecia limpo e claro. A partir da segunda metade do século XIX, os países do continente experimentaram um rápido processo de urbanização, o comércio se desenvolveu e, na medida do possível, havia boas relações entre os vizinhos. Mas, apesar da aparente calmaria, no alvorecer do novo século nuvens carregadas ameaçavam o frágil equilíbrio geopolítico vigente.

A cadeia de eventos que teve início com a ascensão da Alemanha, após sua unificação em torno da Prússia, e o estabelecimento de alianças político-militares reunindo as principais potências continentais resultou em um confronto generalizado – a Primeira Guerra Mundial –, lançando a Europa em um banho de sangue sem precedentes na história da humanidade. A matança recíproca nos campos de batalha justificou a caracterização do conflito como "o suicídio da Europa", expressão formulada pelo vencedor do prêmio Nobel de literatura Romain Rolland, em um manifesto pacifista.[2]

O conflito inaugurou a era da guerra total, diferente de todos os anteriores, que, de forma geral, caracterizavam-se por enfrentamentos curtos, nos quais não havia invasão territorial, o número de baixas era relativamente pequeno e envolviam poucos países beligerantes. Na Primeira Guerra Mundial foi diferente, os embates foram longos, bem mais intensos do que os países esperavam ou se prepararam economicamente. A partir de 1914, as economias das nações envolvidas precisaram se voltar para o conflito e a indústria, os investimentos estatais e a mão de obra se concentraram na economia de guerra. O conceito de "guerra total" foi elaborado ainda no século XIX, pelo general prussiano Carl von Clausewitz, em sua clássica obra *Da guerra* (*Der Krieg*).[3] A principal lição de Clausewitz para as guerras modernas consistia na aniquilação do exército rival por intermédio da batalha e da força. Em sua visão, era imprescindível que a ideia de guerra absoluta fosse retomada. Muitos

INTRODUÇÃO

Submarino alemão
da classe UB-III
enfrentando
mar agitado.

dos comandantes militares da guerra – como Foch e Moltke – foram fortemente influenciados pela ideologia do teórico prussiano e, por isso, enfatizaram a importância da destruição do adversário.[4]

Em seu tratado *A guerra total* (*Der total Krieg*), o general alemão Erich von Ludendorff reforçou essa visão da guerra, dando-lhe uma perspectiva ainda mais sombria e tenebrosa. Se a "guerra total" era um conflito que obrigava a mobilização global e total das sociedades nacionais com vista a um enfrentamento entre povos, seu resultado não poderia ser outro senão o extermínio e o aniquilamento do derrotado. Para Ludendorff, a "guerra total" consistia em um choque total dos contendores em luta, com todos os seus recursos e forças, até a morte de um deles.[5]

A Primeira Guerra Mundial, ou Grande Guerra, como foi chamada pela imprensa da época, irrompeu em 1914 e se estendeu por quatro anos.[6] O conflito global teve consequências tão profundas que, vinte anos mais tarde, conduziriam o mundo a um novo e mais devastador confronto: a Segunda Guerra Mundial. Depois de 1918, as fronteiras da Europa foram redesenhadas, impérios faliram pelos custos do conflito, ao mesmo tempo que novas potências mundiais se ergueram: os Estados Unidos da América (EUA) se consolidaram e a União Soviética, herdeira da Rússia czarista, apresentou-se ao mundo. Com a economia mundial em ruínas, a sociedade também se modificou em decorrência da guerra, e as relações de poder, trabalho e, até mesmo, de gênero ganharam novos moldes. As mulheres conquistaram o mercado de trabalho e os operários das fábricas foram às ruas em busca de uma legislação que contemplasse suas necessidades. No plano internacional, novos parceiros comerciais se associaram, na mesma medida em que tradicionais linhas de negócio foram irremediavelmente rompidas.

A guerra chegou ao Brasil pelo mar, quando navios mercantes brasileiros começaram a ser afundados por submarinos alemães, que desenvolviam uma campanha de bloqueio naval contra a navegação Aliada. Diante dos ataques, em 1917 o Brasil reconheceu estar em estado de guerra contra a aliança liderada pela Alemanha e uniu-se, ainda que de forma modesta, ao esforço internacional contra os germânicos. No último ano do conflito, 1918, o governo brasileiro deu sua contribuição, enviando uma Divisão Naval para patrulhar a costa ocidental da África; uma missão médica militar e um grupo de oficiais do Exército para a França; e um grupo de aviadores navais para treinamento e posterior atuação em combate na Grã-Bretanha, Itália e EUA. Diante da participação das Forças Armadas brasileiras no conflito, surgem algumas indagações: o Brasil estava preparado para enfrentar uma "guerra total"? Qual foi a nossa contribuição para os Aliados no conflito? A atuação dos brasileiros na Grande Guerra trouxe consequências positivas para o país? As Forças Armadas nacionais se modernizaram? O propósito da presente obra é justamente procurar responder a esses questionamentos e lançar uma luz sobre esse pouco conhecido episódio da história militar brasileira.

Em razão de ter sido travada, em sua maior parte, no solo europeu e devido ao elevado número de combatentes dos países do continente – calcula-se em 60 milhões a quantidade de mobilizados –, a memória histórica da Grande Guerra é bastante viva na Europa, porém vista com olhares diferenciados de um país para o outro. No ano do centenário do início da guerra, 2014, a imprensa internacional deu amplo destaque para a cobertura das solenidades e eventos realizados na Europa. Alunos britânicos visitaram os campos de batalha em Flandres e o Dia do Armistício (11 de novembro) foi comemorado como feriado na França. Na Alemanha, contudo, a Grande Guerra permaneceu esquecida durante anos, até a chegada do centenário, quando filhos e netos buscaram saber o grau de envolvimento de seus pais e avós, demonstrando o profundo enraizamento nas memórias familiares.

Pelas mesmas razões, mas em sentido oposto, no Brasil pouco se fala ou se estuda sobre o conflito de 1914-1918. Nossa participação foi reduzida e envolveu, de forma direta, uma pequena parcela da população – menos de 2.000 pessoas –, o que leva a Grande Guerra a ser uma desconhecida do público brasileiro, seja na memória coletiva ou nos livros escolares. Comparativamente, observa-se que a participação brasileira na Segunda Guerra Mundial, que envolveu o envio de uma força expedicionária e de um grupo de aviação para a Itália, bem como o patrulhamento antissubmarino do Atlântico Sul, é hoje bem mais familiar aos brasileiros.

Esse silenciamento da memória é potencializado pela carência historiográfica sobre o tema, havendo muito poucas obras com uma abordagem direta sobre a participação brasileira na Grande Guerra. Nesse sentido, na oportunidade em que se rememora o centenário do conflito, outra intenção deste livro é revisitar a história da participação das Forças Armadas do Brasil no conflito.

Do ponto de vista metodológico, a pesquisa realizada para produzir a presente obra foi norteada sob a perspectiva da nova História Militar, que possui, como objeto, o estudo da guerra em todas as suas abordagens e com as respectivas interfaces com disciplinas afins, como a Sociologia, a Geografia, a Geopolítica, a Economia, a Ciência Política, as Relações Internacionais, dentre outras. Na concepção do historiador e professor Paulo Parente,

> devemos entender a Guerra como uma estrutura histórica dinâmica no tempo das civilizações, como outras estruturas históricas de investigação definidas pelos historiadores, tais como a economia, a religião, o direito dentre outras. [...] Portanto, o historiador da nova história militar não deve trabalhar o conceito de Guerra como um conceito absoluto, mas sim como um conceito histórico relativo e instrumental, pautado por uma metodologia específica.[7]

Nesse sentido, realizamos uma revisão bibliográfica nas obras disponíveis na historiografia sobre o tema, e buscamos documentos e fontes primárias em arquivos e museus, privados e governamentais, no Brasil e no exterior. Dentre as instituições e arquivos consultados, figuram a Biblioteca Nacional, o Arquivo Nacional, a Diretoria do Patrimônio Histórico e Documentação da Marinha, o Arquivo Histórico do Exército, o Centro de Documentação da Aeronáutica, o Instituto de Geografia e História Militar do Brasil, o Instituto Histórico-Cultural da Aeronáutica, o Arquivo do Itamarati, o Museu Naval, o Museu Histórico do Exército, o Museu Aeroespacial, o Senado Federal, a Câmara dos Deputados, o Arquivo Público do Estado de São Paulo, a Fundação Getúlio Vargas, o Imperial War Museum, a Biblioteca Nacional de la República Argentina, o National Archives do Reino Unido, os portais FirstWorldWar.com, U-boat.net, Project Gutemberg e Project Dreadnought. Adicionalmente,

INTRODUÇÃO

foram analisadas matérias e reportagens publicadas em periódicos brasileiros e estrangeiros, como os jornais *La Nación, The New York Times, The New York Herald, Le Figaro, BBC, El País, Deutsche Welle, Jornal do Commercio, Jornal do Brasil, O Estado de São Paulo, Correio da Manhã, A Cigarra, A Noite, Fanfulha, Lanterna, Daily Mail*, além de outros.

Dentre tantos documentos que tivemos acesso durante o percurso de nossa pesquisa, um nos chamou atenção de modo especial, pertencente ao acervo do Arquivo Histórico do Exército. O Ofício nº 13, datado de 7 de janeiro de 1919, do general Napoleão Felippe Aché, chefe da Comissão de Estudos de Operações de Guerra e de Aquisição de Material na Europa, endereçado ao coronel Dr. Nabuco de Gouvêa, chefe da Missão Médica Militar Brasileira, que assinalava o seguinte:

> Se um dia, minucioso historiador, na grande obra desta última guerra, quiser dedicar um capítulo ao nosso querido país, não poderá deixar de registrar a boa impressão deixada pelos seus representantes combatendo no *front*, sem receios nem temores [...].[8]

Decorrido um século da participação do Brasil na Grande Guerra, entendemos que chegou a hora de fazer justiça e evidenciar o papel desempenhado pelos brasileiros, ainda que modesto, mas com a convicção de que o conflito teve um custo para o Brasil. Ao todo, quase duzentos brasileiros perderam a vida nos navios e nos campos de batalha da Europa, a maioria vitimada pela pandemia de gripe espanhola e outros em decorrência de acidentes durante as operações. Nomes como Eugênio Possolo, Scylla Teixeira, Paulo de Mello Andrade, José Brasil da Silva Coutinho, Octávio Gomes do Paço, Roberto Mariante, Saturnino Furtado de Mendonça, Arlindo Dias dos Santos, Carlos de Andrade Neves, Paulo Monteiro Gondim Júnior, Asdrúbal Alves de Souza, João Franco, Antônio Gomes Cerqueira, Cecílio Ernesto da Silva, Antônio Pereira, Joaquim Martins Pereira, Antônio Pedroso Novaes de Abreu, César Seabra Muniz, Álvaro Luiz Fernandes, Oldemar Lemos, Raul de Mattos Costa, Antônio Moura Lima, Octaviano Vargas de Souza e tantos outros anônimos, virtualmente desconhecidos do público em geral, sacrificaram suas vidas em favor do esforço de guerra Aliado e na defesa das cores verde e amarelo na Grande Guerra.

Em memória a esses brasileiros é que dedicamos este livro.

Notas

[1] Eric Hobsbawm, *A era dos impérios 1875-1914*, São Paulo, Paz e Terra, 2009.

[2] Romain Rolland, *Au dessus de la mêlée*, Paris, Ollendorf, 1915.

[3] Carl von Clausewitz, *Da guerra*, São Paulo, Martins Fontes, 1979.

[4] Fernand Schneider, *História das doutrinas militares*, São Paulo, DIFEL, 1975, p. 17.

[5] Erich von Ludendorff, *A guerra total*, Rio de Janeiro, Inquérito, 1941.

[6] De acordo com Sondhaus (2015, p. 13), "em setembro de 1914, em declarações citadas pela imprensa norte-americana, o biólogo alemão e filósofo Ernst Haeckel fez a primeira referência registrada ao conflito como 'Primeira Guerra Mundial' [...]." No entanto, segundo o autor, "o rótulo de 'Primeira Guerra Mundial' só se tornaria corrente depois de 1939, quando a revista *Time* e uma série de outras publicações popularizaram seu uso como corolário da expressão 'Segunda Guerra Mundial'." Neste livro, utilizaremos a expressão corrente da época: "Grande Guerra".

[7] Paulo André Leira Parente, "A construção de uma nova história militar", em *Revista Brasileira de História Militar*, Rio de Janeiro, n. 1, dez. 2009, disponível em <http://www.historiamilitar.com.br/artigo1RBHM0.pdf>, acesso em 2 out. 2015, p. 2.

[8] Ofício nº 13, do general Napoleão Felippe Aché, chefe da Comissão de Estudos de Operações de Guerra e de Aquisição de Material na Europa, ao Sr. Coronel Dr. Nabuco de Gouvêa, chefe da Missão Médica Militar Brasileira, de 7 de janeiro de 1919. Acervo do Arquivo Histórico do Exército.

|1914|
O SUICÍDIO DA EUROPA

> "Ó morta civilização!
> Teu sangue podre, nunca mais!
> Cadáver hirto, ressequido, à cova, à cova!
> Teu canto novo, esse sim!
> Purificado, teu nome, Europa."
>
> Adolfo Casais Monteiro

Dois tiros que mudaram o mundo

Quem poderia imaginar que aqueles dois tiros, disparados na ensolarada manhã dominical de 28 de junho de 1914, iriam provocar a morte de 10 milhões de pessoas e deixariam 20 milhões de feridos, mutilados e incapacitados? Embora poucos pudessem, na ocasião, prever os sombrios dias que se abateriam sobre a Europa, o assassinato do arquiduque Francisco Ferdinando, herdeiro do trono do Império Austro-Húngaro, e de sua esposa, a duquesa Sofia de Hohenberg, desencadearia acontecimentos que culminariam no conflito que os jornais europeus denominaram de a "Grande Guerra" ou, ainda, a "Guerra das Guerras". Quando o armistício foi assinado, quatro anos depois, a humanidade havia passado pela maior experiência de autofagia de sua história.

A guerra, no entanto, foi o resultado de um longo período de maturação. Como observou sir Basil Liddell Hart, "foram gastos cinquenta anos no processo de tornar a Europa explosiva"[1] e, naturalmente, diferentes fatores se combinaram para provocar a tragédia.

A chegada do século XX representou um marco na história mundial. Na Inglaterra, reinava ainda a octogenária rainha Victória; na Alemanha, o Kaiser Guilherme II exigia para seu país um lugar entre as grandes potências da Europa; na Rússia Imperial, o czar Nicolau II começava seu breve e desgraçado reinado. Curiosamente, laços de sangue uniam esses três personagens, visto que Guilherme II e Nicolau II eram netos da rainha da Inglaterra.[2] O Império Austro-Húngaro, uma monarquia dual governada pela dinastia dos Habsburgo, era um colosso de 45 milhões de habitantes e dominava há séculos boa parte da Europa Central e Oriental, na região banhada pela bacia do rio Danúbio. Com seu sultão governando em Constantinopla, o Império Otomano controlava o Oriente Médio e parcela da península balcânica.

A África e a Ásia eram dominadas por umas poucas potências da Europa Ocidental, particularmente França e Grã-Bretanha, que submetiam as populações colonizadas desde o advento da Segunda Revolução Industrial, em busca de novos mercados consumidores para seus produtos industrializados. Os EUA eram, na ocasião, uma potência emergente e davam início à expansão de sua influência no Caribe e na América Latina, fundamentada na Doutrina Monroe[3] e com a aplicação do seu poder militar sempre que necessário, o chamado *Big Stick*.[4]

No cenário mundial, não havia dúvida que a hegemonia era da Europa, restando saber qual das potências prevaleceria sobre as demais. Mas, diante da possibilidade de terem seus mercados ameaçados pela concorrência, as principais potências buscaram se proteger por meio de alianças político-militares e tratados de cooperação e apoio mútuo.

Alguns indícios de que o débil equilíbrio geopolítico na Europa estava para ruir surgiram ainda nos últimos anos do século XIX. No dia 6 de dezembro de 1897, por ocasião de seu primeiro discurso no Reichstag,[5] o ministro do Exterior alemão, Franz von Bülow, fez um contraponto à máxima de que "o sol nunca se punha no Império Britânico" e, defendendo o início do imperialismo germânico na China, afirmou que a Alemanha também devia possuir seu "lugar ao sol".[6] Certo de suas pretensões, o Kaiser Guilherme II rompeu com os franceses e com os russos, e passou a investir na construção de uma poderosa frota naval, colocando as demais potências em estado de alerta.

O crescimento militar e econômico da Alemanha iniciado na Guerra Franco-Prussiana (1870-1871) era visto com grande apreensão pela França, Grã-Bretanha e Rússia, o que motivou a celebração de um tratado entre os três países, denominado Tríplice Entente, que estabelecia o socorro mútuo caso algum deles fosse atacado.[7] Em contrapartida, Alemanha, Império Austro-Húngaro e Itália coligaram-se na Tríplice Aliança, para se defenderem em caso de guerra. O estabelecimento dos dois blocos antagônicos provocou um estado de tensão permanente na Europa, que foi potencializado pela corrida armamentista e pela elaboração de engenhosos planos de guerra – dentre os quais o mais conhecido é o Plano Schlieffen alemão – que previam, dentre outras medidas, a mobilização e concentração de exércitos imensos, com o auxílio das novas ferrovias que rasgavam o continente. Para se ter uma ideia da corrida armamentista desencadeada a partir do estabelecimento das alianças, basta um rápido exame nos números. Até a década de 1880, os gastos militares das grandes potências mundiais (Grã-Bretanha, França, Itália, Rússia, Alemanha e Império Austro-Húngaro) somados pouco ultrapassavam a cifra de 130 milhões de libras. Na década de 1910, esse número quase dobrou, chegando a 288 milhões. No ano em que a Grande Guerra começou, 1914, os investimentos no campo militar saltaram para 397 milhões de libras.[8]

Outro fator que agravava as tensões na Europa era o crescente nacionalismo, movimento que havia se fortalecido a partir da segunda metade do século XIX. O nacionalismo foi utilizado pelos países europeus junto às suas populações, aguçando o sentimento de superioridade própria e fomentando a rivalidade para com seus vizinhos. Os principais movimentos nacionalistas que se desenvolveram na Europa no início do século XX e que contribuíram para o início da Grande Guerra foram o revanchismo francês, o pangermanismo e o pan-eslavismo.

O revanchismo francês tinha suas origens na Guerra Franco-Prussiana, quando, em 1871, suas tropas foram derrotadas pelos prussianos na Batalha de Sedan e, na ocasião, o imperador Napoleão III, sobrinho de Bonaparte, foi feito prisioneiro. Com o fim do conflito, os estados alemães foram unificados em torno da Prússia, e a França, derrotada, teve que ceder aos alemães o rico território da Alsácia-Lorena.[9] Constantemente lembrada do "desastre de Sedan", a população francesa desenvolveu em seu imaginário que a revanche contra os alemães era inevitável, e somente poderia ser obtida pela força das armas.

O pan-eslavismo era uma política estimulada pela Rússia que defendia a união de todos os povos de origem eslava do Leste Europeu, aproveitando-se da fragilidade do Império Otomano e incluindo os que estavam sob o domínio do Império Austro-Húngaro. Em oposição a esse movimento, os alemães desenvolveram a doutrina do pangermanismo, que propunha a formação de um bloco de países com população de origem germânica.

Os conflitos entre Áustria e Sérvia na península balcânica colaboram para acirrar as diferenças nacionalistas entre os países europeus. Com o apoio da Rússia, os sérvios tentaram conter o expansionismo austríaco. Em 1908, a Áustria anexou a Bósnia e a Herzegovina, impedindo que a Sérvia mantivesse sua política de organizar sua sonhada "Grande Sérvia", que incorporaria as regiões balcânicas de povos de origem eslava. As pretensões austríacas fizeram crescer os movimentos nacionalistas na região, gerando várias sociedades secretas para agir contra a Áustria, como a "Jovem Bósnia", que pretendiam a criação de um único Estado que envolvesse os povos eslavos da região. Para isso, julgavam necessário eliminar a política imperialista dos austríacos.

E foi exatamente a questão dos Bálcãs, uma região periférica da Europa, que precipitou o começo da mais destrutiva de todas as guerras até então vivenciadas pelo homem.

A gota d'água

Por volta de 1910, os tambores de guerra já rufavam na Europa. Todas as atenções se voltavam para a região dos Bálcãs, disputada pelas potências dos dois blocos antagônicos e agitada por sucessivos levantes nacionalistas.

Não foi à toa que, na época, a imprensa tivesse definido a região como "o barril de pólvora da Europa".

A Sérvia havia conquistado sua independência do Império Otomano em 1903 e representava a alma do movimento pan-eslávico, que era fortemente apoiado pela Rússia. O Império Austro-Húngaro, por sua vez, havia anexado a Bósnia e a Herzegovina, e era notória sua disposição para estender sua influência sobre a Sérvia. Foi, portanto, uma questão de tempo até surgirem grupos nacionalistas no país, que conspiravam contra o império e logo se lançaram à luta armada e ao terrorismo.

O movimento radical Unificação ou Morte, também conhecido como Mão Negra, era composto por diversos oficiais do Exército Sérvio, e tinha como principal líder o tenente-coronel Dragutin Dimitijević, de 36 anos de idade, chefe do Serviço de Inteligência do Exército, que atendia pelo codinome de Apis. Outro grupo nacionalista que logo se aliou ao Mão Negra foi a organização Jovem Bósnia, que reunia em seus quadros jovens provenientes da Bósnia e da Herzegovina de diferentes correntes ideológicas. Em comum, nutriam o ódio ao Império Austro-Húngaro e o desejo de unir os povos "eslavos do sul" para criar a Iugoslávia.

Apoiando-se mutuamente, os dois grupos iniciaram uma campanha terrorista contra o império dos Habsburgo, adotando como estratégia principal o assassinato de suas autoridades. Em 1898 a própria imperatriz Elizabeth, esposa do imperador austro-húngaro Francisco José, foi morta a punhaladas por um anarquista italiano, ao embarcar em um vapor em Genebra. Na Bósnia, o governador provincial Bogdan Žerajić sofreu um atentado, mas teve a fortuna de escapar com vida. Na Croácia, o *ban*[10] Slavko Cuvaj teve a mesma sorte, e conseguiu escapar ileso de dois atentados em 1912.

No final de 1913, o Mão Negra planejava um novo atentado contra o governador provincial da Bósnia e da Herzegovina, mas, quando os jornais noticiaram a visita do arquiduque Francisco Ferdinando a Sarajevo, capital da Bósnia, logo as intenções dos nacionalistas sérvios concentraram-se no herdeiro do Império Austro-Húngaro. Para executar o ousado atentado, foram recrutados sete militantes pertencentes aos quadros da Jovem Bósnia.

A viagem oficial a Sarajevo foi marcada para o dia 28 de junho, feriado ortodoxo de São Vito e aniversário da derrota sérvia para os otomanos na Batalha do Kosovo, de 1389, irritando ainda mais os nacionalistas, que consideraram a visita uma afronta e uma provocação. Assim, no final da manhã, os sete assassinos estavam posicionados nas três pontes que cruzavam o rio Miljacka, por uma das quais a comitiva do arquiduque teria obrigatoriamente que passar.

A organização do atentado impressiona até hoje pela falta de cuidado no planejamento, mas a ação acabou sendo bem-sucedida devido à negligência das medidas de segurança que estavam a cargo do general Oskar Potiorek, governador militar da Bósnia. As coisas começaram a dar errado para o arquiduque desde o início da visita. Deslocando-se em um luxuoso carro conversível Gräf & Stift Double Phaeton, com capota aberta, Francisco Ferdinando e sua esposa Sofia eram alvos fáceis para qualquer atirador bem posicionado. Pouco antes da primeira parada programada, Nedeljko Čabrinović atirou uma granada contra o veículo, mas ela ricocheteou no capô do motor e caiu no chão antes de explodir, provocando ferimentos em dois oficiais da comitiva. Ileso, o arquiduque seguiu com a programação e dirigiu-se à prefeitura, onde, enfurecido, interrompeu o discurso de boas-vindas do prefeito Curcic e manifestou seu desagrado: "Senhor prefeito, eu vim aqui para uma visita e lançaram bombas contra mim. É ultrajante!"[11]

Ao sair da prefeitura, Francisco Ferdinando decidiu cancelar os compromissos previstos e seguiu para o hospital, a fim de visitar os dois oficiais feridos na explosão. A mudança de roteiro, contudo, confundiu o motorista, que errou o itinerário e, como o veículo não possuía marcha à ré, foi necessário empurrá-lo até o cais Appel, de onde reiniciaria seu deslocamento. A manobra, no entanto, deixou o veículo parado bem diante do "Jovem Bósnio" Gavrilo Princip, de apenas 19 anos de idade. O terrorista não titubeou e, erguendo sua pistola 9 mm FN Modelo 1910, disparou dois tiros praticamente à queima-roupa.

A primeira bala atingiu o arquiduque na veia jugular e a segunda atingiu o abdome da duquesa. Gravemente ferido, o casal foi levado para atendimento médico na residência do governador. Conforme relatado pelo conde Harrach, as últimas palavras de Francisco Ferdinando foram: "Sofia, Sofia! Não morra! Viva para nossos filhos!", seguidas por seis ou sete declarações de "Não é nada", em resposta às perguntas do conde sobre seu estado de saúde.[12] Suas palavras foram, então, seguidas por um longo estertor de morte. Sofia morreu antes de chegar à residência do governador e o arquiduque expirou dez minutos depois.

Todos os envolvidos no atentado acabaram sendo capturados e, em outubro de 1914, foram submetidos a um breve julgamento. Alguns foram condenados à morte e executados, mas os que eram menores de idade foram condenados à prisão, conforme as leis em vigor, inclusive o assassino Gavrilo Princip, que recebeu a pena de 20 anos de reclusão. O executor do arquiduque Francisco Ferdinando, no entanto, não sobreviveu muito tempo na prisão, morrendo de tuberculose em abril de 1918.

Um conflito trágico e desnecessário

No mesmo dia do atentado, a notícia da morte do arquiduque espalhou-se por todo o Império Austro-Húngaro e, nos dias seguintes, os diferentes países europeus tomaram conhecimento do ocorrido. Mas, apesar da violência contra um mandatário dos Habsburgo, os constantes atentados praticados até então fizeram com que a Europa recebesse a notícia com frieza, e quase ninguém percebeu a grave tempestade que se formava. O jornalista do periódico francês *Le Figaro* Raymond Recouly publicou o sentimento geral de que

> [...] a crise em andamento logo seria reduzida à categoria dessas querelas balcânicas, que se repetiam a cada quinze ou vinte anos e eram resolvidas pelos próprios povos balcânicos, sem que nenhuma das grandes potências precisasse entrar na briga.[13]

O presidente da França Raymond Poincaré, mesmo depois de receber a notícia do atentado, deu-se ao luxo de assistir despreocupadamente as corridas de cavalo do Grande Prêmio de Longchamps, em Paris. O próprio imperador austro-húngaro Francisco José recebeu a notícia sem demonstrar maior emoção, embora estivesse furioso com a afronta representada pelo atentado e pela forma como o arquiduque fora morto.

Como ocorreu na Europa, a diplomacia brasileira também não conseguiu avaliar a gravidade da situação. O jornal *Correio da Manhã* publicou a opinião do dr. Cyro de Azevedo, que fora embaixador do Brasil junto ao Império Austro-Húngaro. De acordo com a apreciação do diplomata, o assassinato não traria maiores consequências. Dizia ele:

Não creio que o lamentável atentado contra o arquiduque Fernando [Ferdinando] tenha raízes na política ou na opinião pública. A minha primeira impressão é que o brutal assassinato não passa de um desvairamento isolado, sem nenhuma razão de justiça que o atenue.[14]

Todas essas estimativas, no entanto, estavam equivocadas, pois o atentado desencadearia um processo irreversível que libertaria os horrores da guerra e resultaria na morte de mais de 10 milhões de pessoas. Às seis horas da tarde do dia 23 de julho de 1914, quase um mês após o duplo assassinato, o Barão von Giesl Gieslingen, embaixador do Império Austro-Húngaro na Sérvia, entregou um ultimato para o Ministério das Relações Exteriores daquele país, contendo exigências abusivas e inaceitáveis para qualquer nação soberana, claramente uma medida para provocar um *casus belli*.[15] A resposta ao ultimato deveria ser dada em 24 horas, mas, antecipando o que poderia acontecer, Gieslingen fez suas malas e se preparou para deixar o país. O documento estabelecia que o governo sérvio deveria tomar as seguintes providências:

1. Suprimir qualquer publicação que incite o ódio e a desobediência à monarquia austríaca;
2. Dissolver imediatamente a sociedade *Narodna Odbrana*[16] ("A Defesa do Povo") e proceder do mesmo modo contra outras sociedades engajadas na propaganda anti-Áustria;
3. Eliminar de instituições públicas sérvias quaisquer aspectos que sirvam para fomentar a propaganda anti-Áustria;
4. Remover do serviço militar todos os oficiais ligados à propaganda anti-Áustria, oficiais que deverão ter seus nomes dados ao Governo austro-húngaro;
5. Aceitar a colaboração de organizações do Governo austro-húngaro na supressão de movimentos subversivos direcionados contra a integridade territorial da monarquia;
6. Iniciar uma investigação judicial contra os cúmplices da conspiração de 28 de junho que estão em território sérvio, com órgãos delegados pelo Governo austro-húngaro fazendo parte da investigação;
7. Prender imediatamente o major Voislav Tankosic e o oficial sérvio Milan Ciganovitch, comprometidos pelas investigações preliminares empreendidas pela Áustria-Hungria;

8. Providenciar por meio de efetivas medidas a cooperação da Sérvia contra o tráfico ilegal de armas e explosivos através da fronteira;

9. Fornecer à Áustria-Hungria explicações sobre declarações de altos oficiais sérvios tanto na Sérvia quanto no exterior, que expressaram hostilidades para com a Áustria-Hungria; e

10. Notificar a Áustria-Hungria sem demora a execução dessas medidas.[17]

Apesar da virulência do ultimato, o governo sérvio concordou com todas as condições, exceto a inclusão de representantes do Império Austro-Húngaro na investigação judicial, por considerá-la uma violação contra a soberania nacional. Diante da recusa do governo de Belgrado, no dia 28 de julho de 1914 o Império Austro-Húngaro, contando com o apoio da Alemanha, declarou guerra à Sérvia, e logo a política das alianças lançou a Europa nas garras da "guerra total".

A Rússia, contrária à ocupação austríaca, apoiou a Sérvia e decretou mobilização geral. Em seguida, a Alemanha declarou guerra contra a Rússia e, logo depois, contra a França. No dia 4 de agosto, a Alemanha invadiu a neutra Bélgica por se recusar a permitir a passagem das tropas alemãs pelo seu território, e pôs em prática o Plano Schlieffen,[18] que previa um amplo movimento circular para atacar a França pelo nordeste e subjugar o Exército francês rapidamente. Em represália à invasão da Bélgica, a Grã-Bretanha declarou guerra contra a Alemanha.

Com as sucessivas declarações de guerra, os países da Europa se dividiram em dois blocos. As Potências Centrais, assim chamadas por sua localização entre a França e a Rússia, eram a Alemanha e o Império Austro-Húngaro, que logo receberiam o apoio do Império Otomano, depois que o Kaiser alemão se declarou defensor dos muçulmanos no mundo e desenvolveu com os turcos programas de intercâmbio militar.[19] As Potências Aliadas eram a França, a Grã-Bretanha e a Rússia, mais tarde apoiadas pela Itália, que se recusou a entrar na guerra ao lado das Potências Centrais, embora fosse signatária do Tratado da Tríplice Aliança.

Apesar de existir uma falsa impressão de que a guerra seria breve e estaria resolvida antes do Natal, a realidade foi muito diferente. Os tiros em Sarajevo foram a gota d'água de uma tensão latente na Europa e deram início a uma matança de enormes proporções, que o historiador John Keegan classificou como "um conflito trágico e desnecessário".[20] A Guerra das Guerras estava apenas começando.

O Brasil de 1914

Em 1914, o panorama social e econômico do Brasil era complexo e cheio de contradições. Mesmo distante da Europa, o início da guerra afetou profundamente a economia brasileira, pois os principais parceiros comerciais eram exatamente os países europeus, envolvidos diretamente no conflito. Sem possuir uma base industrial sólida, o Brasil ainda era um país agrário, cuja economia baseava-se na exportação de dois produtos principais: o café e a borracha. Em 1913, o café representava mais de 62% da pauta de exportações brasileiras, e a borracha, 21,6%, conforme mostra a tabela a seguir:[21]

Exportações dos principais produtos primários brasileiros (%)				
Ano	Café	Borracha	Outros produtos agrícolas (*)	Outros produtos
1901	59,0	21,2	16,1	3,7
1902	55,8	20,0	19,2	5,0
1904	50,6	28,4	15,8	5,2
1906	52,0	26,5	16,8	4,7
1908	52,2	26,7	15,8	5,3
1910	42,3	39,1	14,2	4,4
1912	62,4	21,6	11,9	4,1
1913	62,3	15,9	17,3	4,5

(*) Algodão bruto, cacau, tabaco, mate, couros e peles.

O surto econômico da borracha, que havia financiado parcialmente programas de reaparelhamento da Marinha e do Exército, havia passado e as exportações do produto diminuíram consideravelmente em 1914. Os principais clientes, as potências europeias, estavam substituindo gradualmente as importações da borracha brasileira pela produzida na Malásia, de menor preço e mais acessível.

O café, no entanto, mantinha-se firme como o principal produto de exportação brasileiro e, transcendendo ao aspecto econômico, associava-se ao poder, com os chamados "barões do café", que dominavam o cenário político nacional desde a proclamação da República. Como a guerra trouxe

A campanha de bloqueio submarino: um cargueiro afunda após receber o impacto de torpedo disparado por *u-boat*.

reflexos extremamente negativos à economia brasileira, naturalmente a atividade mais afetada foi a exportação do café. Com os principais clientes envolvidos diretamente no conflito na Europa, muitos mercados consumidores tornaram-se inacessíveis. O transporte marítimo também foi bastante prejudicado, pois o bloqueio imposto pela Alemanha ampliou sobremaneira o risco das viagens, gerando um aumento expressivo nas taxas de frete e seguro. Para piorar a situação do transporte, em 1917 a Grã-Bretanha declarou o café como item "não essencial" ao esforço de guerra e limitou o espaço em seus navios para o produto.

Com a diminuição das exportações e o impacto causado pela guerra, o preço do café no mercado internacional diminuiu, acarretando ainda mais prejuízos para a economia brasileira. Finalmente, os banqueiros europeus, principais financiadores das safras de café no Brasil, passaram a se ocupar com os problemas de seus próprios países e reorientaram os investimentos para títulos de dívida pública nacional.

Se a economia não andava bem, a questão social no Brasil era ainda mais delicada. Com a abolição da escravatura em fins do século XIX, os sucessivos governos desenvolveram uma política de incentivo à imigração para suprir a lavoura cafeeira com trabalhadores. Apenas entre 1904 e 1913, chegaram ao país mais de um milhão de imigrantes,[22] o que representava cerca de 4% da população brasileira na época, que totalizava cerca de 25 milhões de habitantes. Em geral, os grupos étnicos majoritários que chegaram ao Brasil no período foram italianos (196.521), alemães (33.859) e sírios e libaneses (45.803), os quais se concentraram geograficamente em São Paulo e nos estados do sul do país.[23]

Não havia uma política governamental no sentido de promover a assimilação cultural desses imigrantes, e muitos mantinham os laços culturais com seus países de origem e sequer se davam ao trabalho de aprender a língua portuguesa. Em boa parte das comunidades do sul circulavam jornais publicados em italiano e alemão. Com a irrupção da guerra na Europa, o governo brasileiro viu-se ameaçado ante a possibilidade de perder parte do território meridional, onde o número de imigrantes totalizava 10% da população. Tal preocupação era agravada pelo fato de que os imigrantes europeus, em geral, adotavam conceitos de nacionalidade baseados no princípio *jus sanguinis*,[24] pelo qual consideravam, como nação, seus países de origem, e não o Brasil.

A crise econômica provocada pela guerra também chegou às cidades e às poucas fábricas existentes no Brasil. A carência de toda sorte de bens de consumo, habitualmente fornecidos pela Europa, foi sentida em todo o país, principalmente no meio urbano e na classe média, principal consumidora dos importados característicos da *Belle Époque*.[25] Os problemas também se fizeram sentir nas áreas rurais, afetadas pela crise cafeeira que reduziu significativamente a necessidade de mão de obra. Como resultado, o país experimentou uma inédita onda de êxodo rural que os grandes centros urbanos não conseguiram absorver, provocando um desemprego crônico.

O aumento da inflação e dos preços, os baixos salários e as condições de trabalho insalubres fizeram surgir no país uma grande mobilização social, particularmente entre o operariado. Em 1913 os preços subiram 23% enquanto os salários diminuíram, em média, 25%. Em São Paulo, por exemplo, o salário dos funcionários do Cotonifício Rodolfo Crespi caiu de 200-300 mil réis antes da guerra, para cerca de 100 mil, em 1917.[26]

O movimento operário brasileiro foi profundamente influenciado pela Internacional Socialista e, como em outros países, se opunha fortemente à guerra, considerada por eles uma luta entre burgueses. Surgiram assembleias de operários e diversos veículos de imprensa contestando a essência da guerra. No estado de São Paulo surgiram jornais específicos para este fim, como *A Rebelião* e *A Revolta* (1914); *O Combate* e *O Livre Pensamento* (1915); *A Plebe* e *A Defesa do Povo* (1917) e *O Operário* (1918).[27] Em março de 1915, os representantes de organizações e jornais operários se uniram, no Rio de Janeiro, para criar a Comissão Popular de Agitação contra a Guerra.[28] A agitação intensificou-se também em São Paulo, quando, no mesmo ano, foi criada a Comissão Internacionalista contra a Guerra, que conseguiu reunir cerca de 400 manifestantes na Praça da Sé, por ocasião do Dia do Trabalho. Um panfleto intitulado "Abaixo a guerra. Viva a Internacional dos trabalhadores!" e distribuído aos presentes permite mensurar o tom dos protestos.[29]

As mobilizações se tornaram cada vez mais frequentes e atraíram mais manifestantes, até que, em 1917, uma greve geral paralisou a cidade de São Paulo e reverberou nas principais capitais brasileiras. Acuado, o governo precisou responder à greve e às agitações com violenta repressão.

Além das questões ligadas à política externa e às relações internacionais, as dificuldades sociais e econômicas que o Brasil vivenciava em 1914 contribuíram para que o governo se posicionasse em favor da neutralidade.

Um país neutro

O rompimento do tênue equilíbrio na Europa e a deflagração da guerra não provocaram nenhum sobressalto imediato nos países latino-americanos, inclusive no Brasil, embora nos principais centros urbanos do país predominasse uma forte influência cultural francesa, decorrente da *Belle Époque*. Em razão da aplicação da Doutrina Monroe, os países da América Latina estavam muito mais ligados aos EUA do que às potências europeias, o que fez com que a escalada da crise que resultou no conflito não fosse percebida com clareza por suas chancelarias. Tal estado de espírito desinteressado pode ser bem avaliado pela opinião do escritor pernambucano José Medeiros e Albuquerque, secretário-geral da Academia Brasileira de Letras e autor da letra do Hino da Proclamação da República:

> Pergunta-se às vezes na Europa qual é a opinião pública no Brasil sobre a política internacional. A verdade é que não existe entre nós uma opinião pública a este respeito. A América Latina está longe demais de toda a agitação europeia para que esta lhe chame muito a atenção. Nossas pequenas questões internas já são suficientes para ocupar o público.[30]

A exceção eram os socialistas que, por seus vínculos com os partidos europeus congêneres e com a Segunda Internacional, estavam mais atentos à situação da Europa. O escritor socialista-anarquista argentino Leopoldo Lugones escreveu, entre 1912 e 1914, alguns artigos no diário *La Nación* alertando para o perigo que rondava o continente a partir das Guerras Balcânicas,[31] que ameaçavam desestabilizar toda a geopolítica regional:

> Todo o mundo concorda que o fogo belicoso da região balcânica pode de uma hora para outra incendiar a Europa, desencadeando a grande guerra há muito anunciada, que vai liquidar muita coisa.[32]

> O perigo aumenta [...] cada uma dessas guerras parciais torna mais provável o conflito geral. Das montanhas balcânicas o centro belicoso desloca-se em direção ao Mediterrâneo: chega ao coração da Europa. O que hoje parece ser controlado desagrega-se no dia seguinte. A pretendida ciência dos dirigentes políticos é um jogo de azar que se disputa às cegas.[33]

Passados cem anos do início da guerra, podemos constatar que a profética apreciação do escritor argentino estava precisamente correta.

Dado o desinteresse geral dos governos latino-americanos, foi natural que se declarassem neutros diante de uma "guerra europeia", pois não identificavam nenhuma razão para se aliar a qualquer um dos dois blocos antagônicos. Corroborando a liderança continental dos EUA, todos os países latino-americanos permaneceram neutros até sua entrada na guerra. No ano de 1917, Panamá e Cuba declararam guerra às Potências Centrais em abril; depois foi a vez do Brasil, em outubro. Costa Rica, Haiti, Nicarágua e Honduras declararam estado de guerra em 1918. Seis outros países romperiam relações diplomáticas com a Alemanha em 1917, sem, contudo, declarar-lhe guerra: República Dominicana, Peru, Bolívia, Uruguai, El Salvador e Equador. A Argentina permaneceria neutra até o final da guerra, apesar de estar mais alinhada culturalmente com a Alemanha.

O Brasil, que entraria em guerra com a Alemanha somente em outubro de 1917, formalizou sua condição de país neutro por meio do Decreto nº 11.037, de 4 de agosto de 1914, mesma data em que os britânicos declararam guerra às Potências Centrais. O decreto estabelecia as regras gerais de neutralidade do país no caso de guerra entre as potências estrangeiras, embora protestasse pela via diplomática contra a invasão da Bélgica pela Alemanha.[34] Redigido com 27 artigos, o documento elencava uma série de regras de conduta que tinham como objetivo manter o Brasil fora do conflito, muitas delas ligadas à navegação nas águas territoriais e à utilização dos portos nacionais por navios dos países beligerantes. Dentre os artigos do decreto, destacam-se:

> Art. 1º Os residentes nos Estados Unidos do Brasil, nacionais ou estrangeiros, devem abster-se de qualquer participação ou auxílio em favor dos beligerantes e não deverão praticar ato algum que possa ser tido como de hostilidade a uma das potências em guerra.

> Art. 2º Não é permitido aos beligerantes promover no Brasil o alistamento de nacionais seus, de cidadãos brasileiros, ou de naturais de outros países para servirem nas suas forças de terra e mar.

> Art. 3º O Governo Brasileiro não consente que se preparem ou armem corsários nos portos da República.

Art. 4º É absolutamente proibida a exportação de artigos bélicos dos portos do Brasil para os de qualquer das potências beligerantes, debaixo da bandeira brasileira ou de outra nação.

Art. 5º É proibido aos Estados da União e seus agentes exportar ou favorecer direta ou indiretamente a remessa de qualquer material de guerra a um dos beligerantes ou aos beligerantes.

Art. 6º Aos beligerantes é proibido fazer do litoral e águas territoriais dos Estados Unidos do Brasil base de operações navais contra os seus adversários, e também lhes é vedado colocar nessas águas estações radiotelegráficas flutuantes, servindo de meio de comunicação com forças beligerantes no teatro da guerra.

Art. 7º Se o teatro das operações de guerra ou os portos marítimos de um dos beligerantes estiverem a menos de doze dias de viagem dos Estados Unidos do Brasil, calculada a travessia, a vinte e três milhas, nenhum navio armado em guerra do outro ou outros beligerantes, acompanhado ou não de presas, poderá estacionar nos portos, baías ou ancoradouros brasileiros mais de 24 horas, salvo o caso de arribada forçada. [...][35]

A Alemanha era o segundo maior parceiro comercial do Brasil, só perdendo para a Grã-Bretanha, condição que fazia ser intenso o trânsito de navios mercantes entre os dois países. Dentre as companhias de navegação alemãs que operavam rotas para o Brasil, figuravam a HAPAG (Hamburg Amerika Line), a Hamburg-Bremen Afrika Line, a Hamburg Süd, a Roland Line, a Norddeustcher Lloyd, a Woernann Line, a Union Line e a Hansa Line, além da austro-húngara Unione Austriaca. Com o início da guerra, 734 navios alemães, mercantes e de transporte de passageiros, temendo ser apresados pelas marinhas aliadas, solicitaram refúgio em portos de países neutros, que, à luz do direito internacional, deveriam salvaguardá-los.[36] Nesse contexto, paralelamente ao decreto de neutralidade, o governo brasileiro determinou a internação de 44 navios mercantes alemães e 2 austro-húngaros que se encontravam em portos brasileiros, conforme mostra o quadro a seguir:[37]

Navio	Origem	Tonelagem (t)	Porto onde foi internado
Alice	Império Austro-Húngaro	6.122	
Frida Woermann	Alemanha	2.578	
Laura	Império Austro-Húngaro	6.122	Salvador
Rauenfels	Alemanha	5.473	
Santa Lucia	Alemanha	4.238	
Steiemark	Alemanha	4.570	
Alrich	Alemanha	6.692	
Arnold Amsinck	Alemanha	4.526	
Cap Roca	Alemanha	5.786	
Carl Woermann	Alemanha	5.715	
Coburg	Alemanha	6.750	
Ebemburg	Alemanha	4.410	Rio de Janeiro
Franken	Alemanha	5.099	
Gertrud Woermann	Alemanha	6.465	
Hohenstaufen	Alemanha	6.489	
Posen	Alemanha	6.596	
Roland	Alemanha	6.872	
Sierra Salvada	Alemanha	8.227	
Assuncion	Alemanha	4.663	Belém
Rio Grande	Alemanha	4.556	
Bahia Laura	Alemanha	9.790	
Blücher	Alemanha	12.334	
Cap Vilano	Alemanha	9.467	
Corrientes	Alemanha	3.775	
Eisenach	Alemanha	6.750	
Gundrun	Alemanha	4.772	
Henry Woermann	Alemanha	6.082	Recife
San Nicolas	Alemanha	4.739	
Santos	Alemanha	4.885	
Sierra Nevada	Alemanha	8.235	
Tijuca	Alemanha	4.801	
Walburg	Alemanha	3.081	
Gunther	Alemanha	3.037	
Palatia	Alemanha	3.558	
Prussia	Alemanha	3.557	Santos
Siegmund	Alemanha	3.043	
Valesia	Alemanha	5.227	

Minneburg	Alemanha	4.748	
Pessia	Alemanha	3.556	Cabedelo
Salamanca	Alemanha	5.970	
Santa Anna	Alemanha	3.739	Paranaguá
Santa Rosa	Alemanha	3.797	Rio Grande
Monte Penedo	Alemanha	3.695	
Stadt Schleswig	Alemanha	1.103	São Luís
Etruria	Alemanha	4.437	?
Pontos	Alemanha	5.703	?

Os navios permaneceriam internados até meados de 1917, quando, uma vez em guerra, o governo determinou que fossem considerados brasileiros e utilizados por companhias de navegação nacionais.

A guerra chega às águas brasileiras

Com o início da guerra na Europa, a Grã-Bretanha logo fez valer seu poderio naval para atacar as linhas de navegação alemãs onde fosse possível. O Atlântico Sul era estratégico para as potências europeias, pois por ele passavam as principais rotas marítimas para os oceanos Pacífico e Índico. Como a Alemanha possuía importantes vínculos comerciais com a América do Sul e com suas colônias africanas, em agosto de 1914 dezenas de navios alemães navegavam no Atlântico Sul e, apesar da neutralidade do país, a guerra não tardou a chegar às águas costeiras do Brasil.

O cargueiro Santa Catharina, pertencente à companhia Hamburg Süd, viajava de Nova York para Santos quando, na manhã de 14 de agosto de 1914, foi interceptado pelo cruzador britânico HMS Glasgow, próximo ao arquipélago dos Abrolhos, que imediatamente iniciou o ataque com seus canhões de 6 polegadas. Atingido em seu casco abaixo da linha d'água, o cargueiro alemão de 106 metros de comprimento e 4.247 toneladas afundou rapidamente, tornando-se a primeira vítima da guerra em águas brasileiras.

A canhoneira SMS[38] Eber era a última das seis unidades produzidas da classe Iltis, dentro do programa de reaparelhamento da Marinha Imperial alemã, projetada especificamente para proteger as colônias africanas. Construído em 1903, o navio possuía 67 metros de comprimento, era guarnecido por 130 oficiais e marinheiros e suas quatro

A canhoneira Eber transfere seu armamento para o corsário Cap Trafalgar, ao largo da ilha de Trindade.

caldeiras a vapor Thornycroft-Schulz possibilitavam o deslocamento a uma velocidade máxima de 14 nós. Seu armamento consistia de dois canhões calibre 10.5 cm, quatro de 8.8 cm, seis de tiro rápido com calibres menores, além de algumas metralhadoras para a autodefesa.

O início da Grande Guerra encontrou a Eber em Lüderitz, no sul da África do Sudoeste.[39] Sua primeira missão de guerra foi escoltar um comboio de navios-carvoeiros que iriam abastecer a Frota do Atlântico do vice-almirante Maximilian von Spee e alguns navios corsários. Estes, também classificados como incursores de superfície, eram navios mercantes armados e convertidos em cruzadores auxiliares para a luta no mar. Geralmente atuando isolados, praticavam a guerra de corso e semeavam o pânico entre as linhas de navegação inimigas.

Após três semanas protegendo os carvoeiros, a canhoneira Eber recebeu ordens para unir-se ao grande navio de passageiros Cap Trafalgar, para o qual deveria transferir seu armamento e a maior parte de sua tripulação, a fim de transformá-lo em incursor de superfície. O encontro entre os dois navios deu-se no dia 31 de agosto, junto à ilha de Trindade, em águas territoriais brasileiras. No dia 10 de setembro, completada a transferência dos canhões e do pessoal, agora arvorando em seu mastro uma bandeira de navio mercante e guarnecida por apenas trinta homens, a Eber partiu desarmada em direção à Bahia, e chegou a Salvador quatro dias depois, exatamente na mesma data em que o cruzador auxiliar britânico HMS Carmania afundou o SMS Cap Trafalgar em Trindade.

Chegando a Salvador, a canhoneira alemã desprovida de seu armamento foi internada no porto e, com a autorização da Capitania dos Portos da Bahia, fundeou na enseada de Itapagipe, local onde permaneceria imobilizada pelos próximos três anos. Alguns tripulantes desembarcaram e seguiram para o Rio de Janeiro, permanecendo a bordo apenas um reduzido grupo de 16 homens, necessários para a manutenção e segurança do navio.

O paquete a vapor Cap Trafalgar era um novíssimo navio de transporte de passageiros, com menos de um ano de uso, que deslocava 18.170 toneladas e possuía 187 metros de comprimento. Aproveitando sua modernidade e bom desempenho em alto-mar, a Marinha Imperial alemã resolveu transformá-lo em cruzador auxiliar para empreender a guerra de corso no Atlântico Sul, atuando em conjunto com os cruzadores SMS Karlsruhe e SMS Dresden.

A trajetória do corsário SMS Cap Trafalgar, no entanto, foi curta e desafortunada. Depois de a canhoneira Eber transferir seu armamento e partir para a Bahia, na manhã de 14 de setembro de 1914, o Cap Trafalgar estava sendo abastecido pelo navio-carvoeiro Eleonore Woermann, ainda na ilha de Trindade, quando foi surpreendido pelo cruzador auxiliar HMS Carmania, também um navio de passageiros convertido. Após breve perseguição, na qual embarcação alemã tentou se colocar fora do alcance do Carmania, os canhões dos dois navios abriram fogo, dando início a um tenso duelo que durou cerca de duas horas. Como os canhões britânicos possuíam maior alcance e eram servidos por uma central de tiro mais moderna, o Cap Trafalgar foi duramente atingido e começou a adernar. Quando atingiu a inclinação de 30º, o comandante alemão, *Korvettenkapitän*[40] Julius Wirth, ordenou o abandono do navio, que não demorou muito para afundar. A vitória não foi sem custo para os britânicos: o Carmania recebeu 73 impactos diretos das granadas dos canhões do Cap Trafalgar e, por muito pouco, também não afundou.[41] Depois de ter um incêndio a bordo controlado, o Carmania precisou ser escoltado pelos cruzadores HMS Bristol e HMS Cornwall até o porto do Recife, onde sofreu reparos de emergência, antes de seguir viagem.

Farringdon Co., setembro de 1914

Avarias no cruzador auxiliar HMS Carmania após o combate com o Cap Trafalgar. O navio sofreu 73 impactos durante a batalha.

Navios-carvoeiros alemães conseguiram resgatar do mar 279 marinheiros do Cap Trafalgar, muitos feridos com gravidade. A Batalha de Trindade, como ficou conhecido o episódio, resultou em 25 mortos, 9 britânicos e 16 alemães, inclusive o capitão Wirth, que, em conformidade com as melhores tradições navais alemãs, preferiu ir ao fundo com seu navio. Posteriormente, os marinheiros alemães sobreviventes foram desembarcados em Montevidéu, no Uruguai.

Na mesma data em que o Cap Trafalgar foi a pique, a Marinha Imperial alemã teve sua revanche em águas brasileiras. O cargueiro britânico Highland Hope, de 117 metros e 5.150 toneladas, que fazia a linha Liverpool–Buenos Aires, foi abordado pelo cruzador SMS Karlsruhe quando navegava perto do cabo de São Roque. Depois de capturar sua tripulação e apreender a carga e outros itens do navio julgados úteis, o cruzador alemão afundou o Highland Hope com tiros de seus canhões de 15 cm.

Em fins de outubro de 1914, foi a vez do navio de passageiros britânico Van Dyke ser afundado pelo mesmo cruzador SMS Karlsruhe, perto da ilha da Maraca, na foz do rio Amazonas. Após perseguir o enorme navio de 10.328 toneladas, o cruzador alemão conseguiu interceptá-lo e pilhou-o aplicando metodologia semelhante à utilizada contra o Highland Hope: retirados seus tripulantes e passageiros e apreendida a carga de valor, o Van Dyke foi afundado com cargas explosivas.

A importância estratégica do Atlântico Sul e os combates navais travados na região, já nos primeiros meses do conflito, eram um prenúncio de que a neutralidade brasileira não era definitiva. Pelo mar, a guerra chegava perto do Brasil.

Troca de comando

Enquanto os combates navais eram travados em águas territoriais, a sucessão presidencial brasileira se processava, com o fim do mandato do marechal Hermes da Fonseca (1910-1914). O eleito foi o vice-presidente Wenceslau Braz, indicado como candidato ao cargo de presidente da República pela "política do café com leite", caracterizada pelo revezamento de paulistas e mineiros no comando do país.

O presidente Wenceslau Braz assina o decreto que reconhece o estado de guerra entre o Brasil e a Alemanha.

Nascido em São Caetano da Vargem Grande,[42] Minas Gerais, em 1868, Wenceslau Braz Pereira Gomes iniciou seus estudos acadêmicos em São Paulo, onde se formou em Direito no ano de 1890. De volta a seu estado natal, fez carreira como promotor de justiça nas cidades de Jacuí e Monte Santo. Foi nessa cidade que se iniciou na política, sendo eleito vereador e escolhido como presidente da Câmara Municipal. Em 1892 elegeu-se deputado estadual e transferiu-se para Belo Horizonte. Após seu mandato, ocupou o cargo de secretário do Interior do Governo do Estado, e, em 1903, elegeu-se deputado federal. Depois de atuar como líder da bancada de Minas Gerais e da maioria no Congresso Nacional, assumiu o cargo de vice-presidente do estado de Minas Gerais. Com a morte do presidente João Pinheiro em 1909, assumiu a presidência do estado, cargo que ocupou até o ano de 1910.[43]

Em 1913, seu nome foi proposto como medida de conciliação entre Minas Gerais, São Paulo e os outros estados, como candidato à sucessão de Hermes. Os mineiros haviam vetado a candidatura de Pinheiro Machado, que era apoiado por Hermes da Fonseca, ao mesmo tempo em que Rodrigues Alves, presidente do estado de São Paulo, vetara a candidatura de Rui Barbosa.

O advogado Wenceslau Braz foi eleito presidente em 1º de março de 1914, obtendo 532.107 votos contra os 47.782 votos dados a Rui Barbosa. Tomou posse no Palácio do Catete em 15 de novembro de 1914, quando contava 46 anos de idade.[44]

Logo no início do seu mandato teve de enfrentar a insurreição do Contestado, crise herdada do governo anterior e, após debelar a revolta, mediou a disputa de terras entre os estados do Paraná e Santa Catarina, uma das principais causas geradoras do conflito.

No plano econômico, o bloqueio naval britânico às linhas de navegação alemãs interrompeu o intercâmbio entre o Brasil e a Alemanha, então o segundo maior parceiro comercial do país. O principal produto de exportação – o café – teve seu comércio enormemente prejudicado pelo conflito. Para enfrentar a redução drástica das exportações brasileiras, devido à desorganização do mercado internacional provocada pela guerra, foram queimadas três milhões de sacas de café estocadas, evitando-se assim a queda dos preços no mercado internacional.[45]

Com o início da Grande Guerra, Wenceslau Braz procurou manter a mesma política de neutralidade elaborada por seu antecessor, mas o rolo compressor da guerra terminaria por atropelar o Brasil. Em 1917, ele seria responsável por dirigir a participação do país no conflito.

Notas

[1] Basil Liddell Hart, *History of the First World War*, London, Papermarc, 1992.

[2] A rainha Victória, do Reino Unido, que reinou entre 1837 e 1901, era avó de dois monarcas de países diferentes. Imperador alemão entre 1888 e 1918, Guilherme II era o filho mais velho da princesa Victória, a primogênita da rainha, e de Frederico III da Alemanha. George V, que ocuparia o trono britânico entre 1910 e 1936, nasceu do casamento do rei Edward VII, também filho da rainha Victória, com Alexandra da Dinamarca. Esta, por sua vez, era irmã de Maria Feodorovna, imperatriz consorte da Rússia e mãe de Nicolau II, czar entre os anos de 1894 e 1917.

[3] A Doutrina Monroe foi proferida pelo presidente dos EUA James Monroe no dia 2 de dezembro de 1823, no Congresso. Em seu pronunciamento, Monroe deixou claro que o continente não deveria aceitar nenhum tipo de intromissão europeia, sob quaisquer aspectos. Sua expressão "a América para os americanos" resume o espírito da doutrina.

[4] Semelhantemente ao que estabelecia a Doutrina Monroe, Theodore Roosevelt, 26º presidente dos EUA (1901 a 1909), instituiu o que denominou de *Big Stick* (Grande Porrete). Inspirado em um provérbio africano que dizia "Fale com suavidade e tenha na mão um grande porrete", Roosevelt deixava claro que, para proteger os EUA, agiria com diplomacia, mas não hesitaria em utilizar seu poder militar caso fosse necessário.

[5] Parlamento alemão, localizado em Berlim.

[6] Lawrence Sondhaus, *A Primeira Guerra Mundial: história completa*, São Paulo, Contexto, 2015, p. 22.

[7] A Tríplice Entente teve origem em três acordos separados: a convenção militar e Aliança Franco-Russa (1892-1894), a Entente Cordial Anglo-Francesa (1904) e a Entente Anglo-Russa (1907), todas motivadas pelo temor em relação ao crescente poderio alemão.

[8] David Fromkin, *Europe's Last Summer: Who Started the Great War in 1914?*, New York, Alfred Kropf, 2004, p. 94.

[9] A Alsácia-Lorena é um território de população germânica, originalmente pertencente ao Sacro Império Romano-Germânico, tomado por Luís XIV da França depois da Paz de Vestfália em 1648, mas devolvido pela França à Alemanha recém-unificada, conforme o Tratado de Frankfurt, de 10 de maio de 1871, que encerrou a Guerra Franco-Prussiana.

[10] *Ban* era um título nobiliárquico utilizado em vários países da península balcânica e do Leste Europeu (Romênia, Croácia, Bósnia e Hungria), uma espécie de vice-rei.

[11] Luigi Albertini, *Origins of the War of 1914 – v.1*, New York, Enigma Books, 2005, pp. 36-7.

[12] Idem, p. 38.

[13] Jornal *Le Figaro* apud Max Hastings, *Catástrofe – 1914: a Europa vai à guerra*, Rio de Janeiro, Intrínseca, 2014, pp. 36-7.

[14] Jornal *Correio da Manhã*.

[15] *Casus belli* é uma expressão latina para designar um fato considerado suficientemente grave pelo Estado ofendido para declarar guerra ao Estado ofensor.

[16] O *Narodna Odbrana* era um grupo nacionalista sérvio que foi criado por volta de 1908 como uma reação à anexação da Bósnia e Herzegovina pela Áustria-Hungria.

[17] *The World War I Document Archive*, disponível em <wwi.lib.byu.edu>, acesso em 29 set. 2014.

[18] Criado em 1905, por Alfred von Schlieffen, chefe do estado-maior alemão, o plano oferecia uma alternativa para que os alemães vencessem uma guerra na Europa. De acordo com o planejamento, os alemães deveriam investir em um pesado ataque contra a França, utilizando praticamente noventa por cento de suas tropas. Enquanto isso, o restante da tropa alemã realizaria a proteção das fronteiras orientais do seu território natal. Realizando o ataque pela Bélgica e pela Holanda, os alemães poderiam fazer o que o plano determinara: que "o último soldado alemão da ala direita, roce com a manga direita do seu casaco nas águas do canal da Mancha". Em outros termos, o Plano Schlieffen realizaria uma ágil tomada do norte da França. Após essa significativa vitória, a Alemanha teria tempo e condições para reorganizar suas tropas e enfrentar as possíveis ofensivas britânicas e russas.

[19] Wolfgang Döpcke, "Apogeu e colapso do sistema europeu (1871-1918)", em José Flávio Sombra Saraiva, *Relações Internacionais - Dois séculos de história: entre a preponderância europeia e a emergência americano-soviética (1871-1947)*, Brasília, Instituto Brasileiro de Relações Internacionais, 2001, v. 1, p. 156.

[20] John Keegan, *The First World War*, London, Hutchinson, 1998.

[21] Brasil, *Anuário estatístico do Brasil 1939-1940*, Rio de Janeiro, IBGE, 1940.

[22] Idem.

[23] Brasil, *Recenseamento do Brazil realizado em 1 de setembro de 1920*, Rio de Janeiro, Typographia da Estatística, 1930.

[24] *Jus sanguinis* é um termo latino que significa "direito de sangue" e indica um princípio pelo qual uma nacionalidade pode ser reconhecida a um indivíduo de acordo com sua ascendência. O *jus sanguinis* contrapõe-se ao *jus soli* que determina o "direito de solo". Ainda hoje, na maioria dos países europeus, o princípio do *jus sanguinis* mantém-se como forma principal de transmissão da nacionalidade.

[25] A *Belle Époque* (expressão francesa que significa "bela época") foi um período de cultura cosmopolita na história da Europa que começou no fim do século XIX (1871) e durou até a eclosão da Grande Guerra em 1914. Foi uma época marcada pelo otimismo e por profundas transformações culturais que se traduziram em novos modos de pensar e viver o cotidiano.

[26] Olivier Compagnon, *O adeus à Europa: a América Latina e a Grande Guerra*, Rio de Janeiro, Rocco, 2014, p. 133.

[27] Maria Nazareth Ferreira, *A imprensa operária no Brasil 1880-1920*, Petrópolis, Vozes, 1978, p. 9.

[28] *Jornal do Brasil*, de 27 de março de 1915, Acervo da Biblioteca Nacional.

[29] Jornal *O Estado de São Paulo*, de 2 de maio de 1915, Acervo da Biblioteca Nacional.

[30] José Medeiros e Albuquerque, "Le Brésil et la guerre européenne", em *L'Amerique Latine et la guerre européenne*, Paris, Hachette, 1916, p. 41, apud Olivier Compagnon, *O adeus à Europa: A América Latina e a Grande Guerra*. Rio de Janeiro, Rocco, 2014, p. 32.

[31] As Guerras Balcânicas foram uma série de conflitos que ocorreram na região do sudeste europeu dos Bálcãs, no início do século XX. Consistiram de duas guerras curtas, entre Sérvia, Montenegro, Grécia, Romênia, Turquia (sucessor do Império Otomano) e Bulgária pela posse dos territórios remanescentes do Império Otomano, que estava se fragmentando.

[32] Jornal *La Nación*, novembro de 1912.

[33] Jornal *La Nación*, fevereiro de 1914.

[34] O Brasil foi o único país latino-americano que formalizou protesto contra a invasão da neutra Bélgica pelo Império Alemão.

[35] Brasil, *Decreto nº 11.037, de 4 de agosto de 1914 - Regras gerais de neutralidade do Brasil no caso de guerra entre as potências estrangeiras*, Brasília, Câmara dos Deputados. Disponível em <http://www2.camara.leg.br/legin/fed/decret/1910-1919/decreto-11037-4-agosto-1914-575458-publicacaooriginal-98652-pe.html>. Acesso em 6 out. 2014.

[36] Marc Ferro, *História da Primeira Guerra Mundial, 1914-1918*, Rio de Janeiro, Edições 70, 1990, p. 165.

[37] Susan Swiggum e Marjorie Kohli, *The Ships List*, disponível em <http://www.theshipslist.com/ships/lines/lloydbrasileiro.shtml>, acesso em 5 out. 2014.

[38] Os indicativos navais britânico e alemão, respectivamente, são HMS (Her/His Majesty's Ship) e SMS (Seiner Majestät Schiff), que possuem o mesmo significado: "navio de sua majestade".

[39] Atual Namíbia.

[40] Capitão de corveta.

[41] Project Gutemberg, *The Illustrated War News*, nov. 18, 1914, p. 21, disponível em <www.gutemberg.org/files/18333/18333-h/18333-h.htm>, acesso em 6 out. 2014.

[42] Atual Brasópolis-MG.

[43] Uol Educação, "Wenceslau Braz Pereira Gomes", disponível em <http://educacao.uol.com.br/biografias/wenceslau-braz-pereira-gomes.jhtm>, acesso em 29 set. 2016.

[44] Brasil, *Wenceslau Braz Pereira Gomes*. Biblioteca da Presidência da República, disponível em <http://www.biblioteca.presidencia.gov.br/ex-presidentes/wenceslau-braz>, acesso em 6 out. 2014.

[45] Ibid.

|1915|
BLOQUEIO SUBMARINO

> *"Seria uma boa coisa se vocês se acostumassem à ideia de que nunca mais verão a mim e a meus irmãos. Assim, se a má notícia vier mesmo, serão capazes de recebê-la com muito mais tranquilidade. E, se voltarmos para casa, poderemos aceitar essa alegria como algo inesperado, como um gracioso presente de Deus."*
>
> Walter Limmer, soldado alemão morto logo nas primeiras semanas da guerra

Não acabou antes do Natal

Muitos dos soldados que marcharam aos milhões para os campos de batalha da Europa acreditavam que a guerra seria curta e, por certo, terminaria antes do Natal de 1914. Estavam enganados. Diferentemente de seus inimigos e aliados, que mobilizaram grandes massas de recrutas e reservistas, os britânicos possuíam um pequeno exército de soldados profissionais, em quantidade insuficiente para atender às demandas daquela guerra. Somando o recentemente criado Exército Territorial, estruturado em 1908, e a mobilização das forças de reserva, os britânicos possuíam menos de 750 mil homens em armas, dos quais apenas 247.432 eram do exército regular. A França, que se preparava desde o final da Guerra Franco-Prussiana para outro conflito com a Alemanha, tinha 823 mil soldados em 1914. Em fins do mês de agosto, esse contingente foi ampliado com 2.870.000 soldados que se alistaram no serviço militar.[1] No total, a Grã-Bretanha enviou apenas 6 divisões de infantaria para a França, enquanto os franceses possuíam 62, os alemães, 87, e os russos, 114 divisões.

A Força Expedicionária Britânica desembarcou na França em agosto de 1914, no exato momento em que os franceses desencadeavam uma rápida ofensiva contra os territórios da Alsácia-Lorena, anexados pelos alemães ao final da Guerra Franco-Prussiana. Com essa operação, sem querer, os franceses estavam facilitando o trabalho dos alemães, que, colocando em prática o Plano Schlieffen, realizaram uma gigantesca manobra de flanco através da Bélgica, tendo como alvo o coração da França, com o principal objetivo de conquistar Paris. O fulminante ataque através do território belga, um país neutro e mais fraco, e a notícia de que os alemães cometeram atrocidades e crimes de guerra contra a população civil, chocou a opinião pública mundial e resultou na entrada da Bélgica na guerra contra as Potências Centrais.

No final do mês de agosto as experientes divisões britânicas venceram os alemães em Mons e os franceses, surpreendidos pelo movimento de flanco alemão, conseguiram se retirar em ordem para o corte do rio Marne e, sob o comando do general Joseph Joffre, conseguiram conter o avanço do Exército alemão.[2] Diante da falha em executar o grande plano estratégico alemão, o general Helmuth Johannes Ludwig von Moltke, sobrinho do marechal Moltke, que havia organizado o Estado-Maior alemão, foi substituído no comando do exército pelo general Erich von Falkenhayn. A linha de frente estabilizou-se no final de 1914, deixando frente a frente os exércitos rivais ao longo de 740 km de trincheiras, rapidamente escavadas, que se estendiam desde o mar do Norte até a fronteira com a Suíça. No fim de outubro, Von Falkenhayn tentou romper as linhas Aliadas, mas foi rechaçado pelos britânicos e franceses perto da cidade belga de Ypres.

No Extremo Oriente, motivado pela oportunidade de alcançar objetivos de longo prazo no leste da Ásia, onde pretendiam substituir a influência europeia na China, os japoneses declararam guerra à Alemanha em 23 de agosto de 1914. Em poucos dias, conquistaram a colônia alemã em Tsingtao, localizada no litoral do Mar Amarelo chinês.

Servindo-se de seu vasto poder naval, os britânicos passaram a utilizar sua Marinha Real para bloquear os portos alemães, no intuito de estrangular a economia e atuar contra o moral da população germânica, reduzindo sua vontade de continuar lutando. Em janeiro de 1915, o governo alemão implementaria o racionamento de pão e, em maio, o preço dos alimentos no país aumentou 65% em relação ao último, durante o mesmo período.[3]

Na Frente Oriental, dois corpos de exército alemães tiveram que socorrer às pressas o Exército austro-húngaro, que sofreu sucessivas derrotas diante dos russos, mas, apesar desse movimento de tropas, estava claro que, para os alemães, a Europa Ocidental seria o principal teatro de operações. Com a estabilização da frente, o natal de 1914 chegou sem ver o fim da guerra; pelo contrário, estava claro para todos que ela estava longe de acabar. O ano de 1915 começava com perspectivas sombrias de matança e destruição.

A Liga Brasileira pelos Aliados

O distanciamento da sociedade brasileira com a guerra e a posição de neutralidade adotada pelo governo não impediram que surgissem, na elite intelectual do país, acalorados debates entre partidários de uma e outra aliança. Ao se posicionarem ao lado das Potências Centrais ou da Tríplice Entente, os grupos passaram a defender não apenas suas ações bélicas, mas também os seus padrões culturais. Divididos entre germanófilos e aliadófilos, assimilavam a guerra não como um conflito exclusivamente político-econômico, mas, principalmente, cultural. Nas trincheiras, batiam-se a civilização latina francesa e a *kultur* germânica, modelos distintos e irreconciliáveis.[4]

Os aliadófilos, fortemente influenciados pelos valores culturais franceses, congregaram-se na Liga Brasileira pelos Aliados. Organizada pelo jornalista e membro da Academia Brasileira de Letras José Veríssimo, pelo diplomata e escritor Graça Aranha e pelo capitão Eliseu Montarroyos, todos intelectuais com ideias nacionalistas, a Liga foi fundada no dia 7 de março de 1915, com sede no Rio de Janeiro. Seu termo de adesão deixava clara a finalidade da agremiação e posicionava seus membros ao lado da Tríplice Entente:

> A Liga pelos Aliados tem por fim prestar o apoio moral e beneficência dos brasileiros e estrangeiros dos países neutros, cujas simpatias na atual guerra europeia sejam pelas nações aliadas, contra a Alemanha, Áustria e Turquia.[5]

Figuravam entre os membros da Liga eminentes figuras dos meios intelectual e político brasileiros, como Rui Barbosa, Olavo Bilac, Nestor Victor, Afrânio Peixoto, Paulo de Frontin, Osório Duque Estrada, Pedro Lessa, Barbosa Lima, Coelho Neto e Félix Pacheco. A Liga Brasileira pelos Aliados era gerida por uma diretoria e um presidente de honra, cargo ocupado por Rui Barbosa, e qualquer um poderia aderir à associação, desde que o fizesse por escrito e residisse no Brasil. Com sede no Clube de Engenharia, na cidade do Rio de Janeiro, seus integrantes se reuniam quinzenalmente e divulgavam suas manifestações e atividades por intermédio de boletins, publicados com bastante frequência nos mais importantes jornais do Distrito Federal, como o *Jornal do Brasil* e o *Jornal do Commercio*.[6]

A atuação da Liga dava-se por intermédio de festas, concertos, comícios, protestos contra a Alemanha e campanhas de arrecadação de contribuições para a Cruz Vermelha para auxiliar a população francesa, além de petições enviadas ao Congresso Nacional, como a que foi encaminhada em junho, reclamando da falta de controle do governo sobre as colônias de origem germânica no sul do país, consideradas suspeitas pelos associados:

> Um grave erro da nossa administração vem desde longos anos acumulando nos Estados do Sul do Brasil numerosos grupos de populações estrangeiras, notadamente alemães, de origem étnica, constituição histórica e social, formação espiritual e política, língua, religião, costumes completamente diferentes dos das populações genuinamente nacionais [...].

> A imprensa brasileira [...] tem muito frequentemente denunciado fatos da maior gravidade que comprovam o principal: a formação e desenvolvimento naquela importante região de nossa pátria de fortes

núcleos de população que sistematicamente se conserva estranha e quiçá hostil. Também a imprensa alemã, quer a da Alemanha, quer a do Brasil, e publicistas alemães recomendam, doutrinam tal constituição no seio do nosso país de comunidades alemãs distintas que ciosamente resguardam as suas qualidades e características alemãs.[7]

Mas, se havia um número elevado de notáveis defendendo a causa dos Aliados, os germanófilos também se articularam com personalidades da política e da intelectualidade brasileiras: o presidente da Associação Brasileira de Imprensa, João Dunshee de Abranches, o escritor Capistrano de Abreu, o diplomata Oliveira Lima, o jornalista Assis Chateaubriand e o chanceler Lauro Müller, entre outros. O grupo dos germanófilos defendia a manutenção da neutralidade do país por entender que a guerra era baseada em motivações comerciais e tinha por objetivo impedir a ascensão econômica da Alemanha.[8]

Utilizando-se também dos meios de comunicação disponíveis na época, os germanófilos confrontavam a Liga sempre que podiam. Um comunicado anônimo publicado no *Jornal do Commercio* argumentava "não ser lícito aos cidadãos de um país declaradamente neutro agremiarem-se para combater uma determinada nação, no momento em que esta se encontra em guerra".[9]

No mesmo sentido, Afonso Bandeira de Mello, agente de imigração e notório opositor das ações da Liga Brasileira, acusou a associação de "não apenas ser inútil à causa aliada, como contrariar os interesses do Brasil". A Liga respondeu com um boletim, publicado em janeiro de 1916, no qual afirmou que "nenhum mal, antes muito bem, adviria ao Brasil se nós pudéssemos afastar de nós esse elemento [os alemães], gravemente perturbador da nossa nacionalidade – qual ela se vem formando promete magnificamente desenvolver-se".[10]

Gradualmente, a campanha da Liga começou a dar resultado e, com o apoio de boa parte da imprensa, a opinião pública brasileira foi-se alinhando como simpatizante dos Aliados.

A guerra segue rondando o Brasil

A neutralidade não impediu que a guerra voltasse a rondar as águas territoriais brasileiras. Na tarde de 22 de fevereiro de 1915, o cargueiro francês

Guadalupe foi abordado e capturado pelo cruzador auxiliar alemão SMS *Kronprinz Wilhelm*, quando se encontrava cerca de 300 milhas a sudeste do arquipélago de Fernando de Noronha. O mercante francês era um vapor com casco de aço de 132 metros de comprimento e operava na linha França-Venezuela-Índias Ocidentais. No momento de sua captura, seguia para Bordeaux, vindo de Buenos Aires com escala no Rio de Janeiro.

Depois de reter o *Guadalupe* por duas semanas e consumir suas provisões, o cruzador alemão transferiu seus 143 tripulantes e passageiros para o mercante britânico *Chasehill*, também capturado, e afundou o navio francês, na tarde de 9 de março de 1915. Em seguida, o *Chasehill* foi liberado pelos alemães e mandado para Recife, onde chegou três dias depois.

No dia 19 de outubro, o brasileiro naturalizado Fernando Buschman foi fuzilado na Torre de Londres, após ter sido condenado por realizar espionagem em favor da Alemanha. Fernando nasceu em Paris, em 1890, mas veio ainda bebê para o Rio de Janeiro, onde o pai, Francisco, alemão naturalizado brasileiro, tinha uma loja de instrumentos musicais. Após se formar em engenharia na Áustria, retornou ao Rio de Janeiro para trabalhar com o irmão na loja da família, mas os negócios não prosperaram, o que levou Buschman a fazer nova sociedade com o brasileiro Marcelino Bello, em uma importadora e exportadora de produtos alimentícios. Culto, refinado, músico de qualidade, apaixonado pelo violino e pela aviação, então uma novidade, Fernando Buschman passou a viajar constantemente para a Europa, onde se casou com a filha de um milionário alemão. Quando a guerra começou em 1914, encontrava-se na Alemanha e lá foi recrutado pelo serviço de espionagem, provavelmente por causa da fachada já bem estabelecida de comerciante internacional de cigarros, alimentos e lâminas de barbear. Depois de uma breve passagem pela Itália e Espanha, chegou a Londres em abril de 1915, onde se estabeleceu como comerciante.

No exercício das atividades de espionagem, Fernando Buschman mostrou pouquíssimo rendimento. Em primeiro lugar, instalou-se num hotel que era bastante conhecido pela contraespionagem britânica como ponto de reunião de espiões, e, por isso, constantemente revistado. Suas cartas eram todas abertas, pois o endereço do destinatário batia com o de espiões alemães já identificados em Roterdã, nos Países Baixos. As informações que passava eram inócuas e sem importância, não correspondentes aos insistentes pedidos de dinheiro que fazia para as autoridades alemãs.

Na madrugada do dia 4 de junho de 1915, Buschman foi preso em sua casa na Harrington Road, no bairro londrino de South Kensington. Após intensos interrogatórios e um breve julgamento de guerra, no dia 30 de setembro foi condenado à morte como espião, por fuzilamento. Encarcerado na Torre de Londres, na véspera da execução, um advogado de quem se tornara amigo, Henry Francis Garrett, conseguiu que lhe devolvessem o violino, e Buschman, que negou até o fim ser um espião, tocou seu instrumento a noite inteira. Pouco antes das 7 horas da manhã de 19 de outubro de 1915, despediu-se do violino com um beijo e seguiu para a morte. No galpão de treinamento de tiro ao alvo, anexo à torre onde se procediam as execuções, prática que estava abolida no local desde 1601, sentou-se na cadeira indicada, dispensou a venda e "morreu como um cavalheiro", diante dos oito soldados do 3º Batalhão de Guardas escoceses que compunham o pelotão de fuzilamento.[11]

Executado aos 25 anos de idade, Fernando Buschman foi o primeiro brasileiro a morrer na guerra. Além dele, outros dez estrangeiros foram executados entre o fim de 1914 e o início de 1916, todos espiões amadores e pouco eficientes, controlados por uma organização igualmente descuidada, com sede em Roterdã.

Duas pátrias, uma guerra

Quando o conflito estourou, a Itália permaneceu neutra por um ano, mas em 1915 declarou guerra às Potências Centrais, principalmente devido à reivindicação sobre os territórios de Trentino, Gorizia, Gradisca, Valona e Trieste, então sob o domínio do Império Austro-Húngaro, questão que sempre foi objeto de interesse do nacionalismo italiano, mesmo entre as populações emigradas. Com o ingresso da Itália na guerra, imigrantes – muitos dos quais reservistas – e descendentes residentes no Brasil apresentaram-se como voluntários para lutar no Exército Real italiano, embora tal fato contrariasse a legislação que estabeleceu a neutralidade brasileira diante do conflito, que previa a proibição aos residentes no Brasil (nacionais ou estrangeiros) de participar,

49

auxiliar ou hostilizar os beligerantes (Artigo 1º, citado anteriormente) e a proibição aos beligerantes de promover o alistamento militar no país (Artigo 2º, também já citado).[12]

Apesar da proibição, o alistamento de voluntários no país prosseguiu durante todos os quatro anos da guerra e milhares de imigrantes e descendentes de italianos, de várias regiões do Brasil, mobilizaram-se para ajudar a Itália. Em julho de 1915, o descendente de italianos Olyntho Sanmartin, de 18 anos, deixou Santa Maria de trem em direção a Porto Alegre, decidido a se alistar no Exército Italiano. Da capital gaúcha, o jovem embarcou no navio Itassucê com destino ao Rio de Janeiro, de onde partiria para a Europa.

Quase ao mesmo tempo, na manhã de 5 de julho, um grave incidente abalou os ânimos dos ítalo-brasileiros de São Paulo. Pouco depois das 6 horas da manhã, um trem especial que levava para Santos 800 voluntários italianos – do porto santista, eles também seguiriam para o Rio – acabara de chegar à Estação da Luz. Incluindo os trabalhadores que seguiam para o serviço e os amigos e parentes que se despediam dos voluntários, mais de 15 mil pessoas se aglomeravam na estação, quando um empurra-empurra terminou com dezenas de pessoas caindo da plataforma em meio à linha férrea. Um editorial do jornal paulista *Fanfulha* descreveu a tragédia que se seguiu:

> A solene e imponente demonstração de afeto que fez acorrer esta manhã à estação uma multidão bem maior do que aquela que assistiu às partidas precedentes; em vez de uma festa de entusiasmo e patriotismo, transformou-se em uma sangrenta catástrofe [...]. O entusiasmo crescia a cada momento, tocou-se a 'Marcha Real Italiana' e o 'Hino a Garibaldi'.
>
> Os que partiam demonstravam sua alegria em oferecerem seus braços, as suas energias e inteligência à terra que os viu nascer ou a seus pais. O corredor de acesso à plataforma estava ocupado por um mar humano comprimido diante dos portões. Outra multidão que desejava entrar na estação, desobedecendo ordens, invadiu o recinto dando início ao tumulto que culminou na morte de cinco pessoas e dezenas de feridos.[13]

Alguns voluntários, no entanto, não chegariam à Europa. Ao ouvir as histórias do horror da guerra, narradas pelos colegas no trajeto entre

Montevidéu e o Rio de Janeiro, o comerciante uruguaio Pedro Sapelli arrependeu-se de ter se alistado e abandonou o navio no qual já estava embarcado, durante sua escala na capital brasileira. Após três tentativas frustradas de desembarque, na companhia do brasileiro Marcello Domênico, de 17 anos, que embarcara em Santos, Sapelli conseguiu deixar o navio usando uma corda, descendo em um bote no momento em que o vapor afastava-se do cais. Além deles, outros quatro voluntários escaparam dos horrores do *front* pulando nas águas da baía de Guanabara.

Seguindo viagem nos transportes Regina e Cavour, os voluntários chegaram à Itália, e, no país europeu, passaram inicialmente por um mês de exercícios, que incluíam marchas, ordem unida, toques de corneta, combate a baioneta e alarmes. Em seguida, foram enviados para Boves, nas montanhas. Após mais três meses de preparação, Sanmartin foi incorporado como soldado no 28º Regimento de Infantaria e chegou ao setor de trincheiras, junto à fronteira austríaca, no fim do outono. Sofrendo de anemia e escorbuto, foi reformado no exército e regressou ao Brasil, a bordo do vapor Príncipe Umberto.

Entre os alistados no Exército Real italiano estavam três irmãos pertencentes à família Ciscotto, que emigrara para Minas Gerais: Sílvio, Felice e Giuseppe Riccardo. Sílvio, o mais velho, foi o primeiro a se apresentar e foi incorporado como soldado no 116º Regimento de Infantaria, ainda em 1914. Combateu no norte do país, contra a ofensiva austro-húngara no Tirol, até que, em Val d'Assa, foi gravemente ferido e veio a falecer em 29 de outubro de 1915. Felice foi convocado em 1915 e destacado para servir no 138º Regimento de Infantaria. Menos de um ano após a morte do irmão Sílvio, teve o mesmo infortúnio e recebeu um tiro na cabeça, falecendo em junho do ano seguinte, aos 22 anos, no Altiplano di Asiago. O mais novo, Giuseppe Riccardo, também combateu no norte da Itália e sobreviveu à guerra. Entretanto, em razão de uma doença contraída nas trincheiras geladas da região alpina, faleceu em 24 de maio de 1920, dois anos após o fim do conflito.[14]

Ao todo, mais de 4 mil voluntários brasileiros, argentinos e uruguaios – entre eles, Sanmartin, os desafortunados irmãos Ciscotto e os 800 homens oriundos de São Paulo – viajaram para a Itália, com o propósito de combaterem no *front* italiano, por aquela que consideravam sua pátria

A imprensa brasileira e a guerra

O embate entre os grupos aliadófilo e germanófilo seguia acalorado nos veículos de imprensa brasileiros, particularmente os jornais, com o objetivo de angariar a simpatia da opinião pública para sua respectiva causa. No Rio de Janeiro, então capital do país, os jornais firmaram suas posições. O tradicional e conservador *Jornal do Commercio* e *A Noite* tinham uma postura pró-Aliados, enquanto o diário *A Tribuna* adotava uma linha editorial germanófila.[15] O *Jornal do Brasil* e o *Correio da Manhã* procuraram manter uma linha editorial mais neutra, até onde foi possível.

Apesar da isenção, o *Correio da Manhã* publicou, em 20 de abril de 1915, uma primeira página bastante simpática aos alemães, com informações procedentes direto de Berlim. O diário noticiou que o famoso aviador francês Roland Garros havia caído prisioneiro dos alemães e destacou, em uma reportagem detalhada, o sucesso da invasão dos otomanos no Egito. Arrematando a capa pró-Alemanha, o jornal estampou uma fotografia do imperador austríaco Francisco José visitando a capital alemã.[16]

Por se tratarem dos únicos meios de comunicação de massa disponíveis na época (o rádio só teria sua estreia no Brasil em 1922, por ocasião do centenário da Independência), os jornais assumiram o papel de formadores da opinião pública. Atenta à importância da mídia, a Marinha Real britânica empenhou-se em cortar os cabos submarinos que ligavam o Império Alemão aos países do além-mar[17] e logo os países da Tríplice Entente passaram a financiar a imprensa como meio de influenciar os neutros e atraí-los para sua causa.

Em um discurso onde fazia referência à queda da Bastilha, devidamente publicado no *Jornal do Commercio*, o senador e jornalista Irineu Marinho, associado da Liga Brasileira pelos Aliados, assinalou a matriz latina do Brasil:

> A data de hoje é também um dia de júbilo popular porque significa o valor da influência francesa sobre a evolução política do nosso país e a profunda ação das ideias, do pensamento, da cultura em uma palavra – da civilização francesa na formação da nossa mentalidade e da nossa alma nacional.[18]

A imprensa brasileira acabou por potencializar a influência cultural francesa, fortemente arraigada na elite intelectual brasileira, favorecendo o alinhamento com as potências da Entente.

Oceano proibido –
o bloqueio marítimo e a campanha submarina

A guerra no mar ocorreu de forma particularmente intensa no conflito. As forças navais foram empregadas não somente para destruir as esquadras inimigas, mas, principalmente, para bloquear as rotas comerciais marítimas e estrangular a economia dos oponentes. Os britânicos bloquearam o mar do Norte já em 1914, na tentativa de neutralizar o comércio marítimo da Alemanha. Tal decisão trouxe reflexos negativos para a economia brasileira, visto que o neutro Brasil tinha a Alemanha como seu segundo maior parceiro comercial. O bloqueio imposto pela Marinha Real motivou diversos protestos na imprensa nacional, como o que foi publicado no jornal *Correio da Manhã*:

> Intervindo com o seu tremendo poder naval para interromper as relações comerciais dos neutros com os impérios germânicos e até mesmo para impossibilitar o intercâmbio de um país com o outro, a Inglaterra não tem em vista obter resultados militares, mas sim anarquizar o comércio universal de forma a poder reorganizar mais tarde em seu proveito a vida econômica do mundo.[19]

Desde antes da guerra os alemães tinham consciência da superioridade naval da Grã-Bretanha, mas, ainda assim, procuraram formas de comprometer a economia de guerra britânica, baseada, principalmente, no comércio marítimo internacional. Para isso, no dia 4 de fevereiro de 1915, o secretário de Estado para a Marinha da Alemanha, almirante Alfred von Tirpitz, em resposta às ações da Marinha Real, determinou um bloqueio naval ao redor das ilhas britânicas e da Irlanda, com o objetivo de sufocar sua economia. Para isso, devido à inferioridade da Marinha Imperial em relação à sua oponente britânica, os alemães utilizaram seus incursores de superfície e, principalmente, sua frota de submarinos. Dizia assim o comunicado, emitido pelo almirante Hugo von Pohl, chefe do Estado-Maior da Marinha Imperial:

> As águas ao redor da Grã-Bretanha e da Irlanda, incluindo o Canal Inglês,[20] ficam proclamadas como zona de guerra.
> Em 18 de fevereiro e depois dessa data, cada navio mercante inimigo encontrado nesta região será destruído, mesmo que não seja possível avisar a tripulação ou os passageiros dos perigos que os ameaçam.

Os navios neutros também incorrerão em perigo na zona de guerra, onde, em vista do mau uso de bandeiras neutras encomendadas pelo governo britânico, e incidentes inevitáveis na guerra no mar, ataques destinados a navios hostis também podem afetar navios neutros.

A passagem do mar ao norte das ilhas Shetland, e a região oriental do Mar do Norte, em uma zona de pelo menos 30 quilômetros ao longo da costa da Holanda, não serão ameaçadas por algum perigo.

Almirante von Pohl
Chefe do Estado-Maior da Marinha[21]

Mesmo com a definição de que somente os navios mercantes inimigos seriam afundados, os alemães alertaram que embarcações de países neutros poderiam sofrer os efeitos colaterais dessa medida, um claro aviso para que ficassem fora da zona de guerra por eles definida. Naturalmente, muitos países neutros não deram importância para a advertência e navios mercantes começaram a ser afundados. De início, para esta finalidade, a Marinha Imperial alemã não possuía mais do que 25 submarinos (*u-boat*).[22]

O trágico fim do Lusitania

No dia 7 de maio de 1915, o transatlântico britânico RMS[23] Lusitania, proveniente de Nova York com destino a Liverpool, foi afundado pelo submarino alemão U-20, perto da costa da Irlanda. O Lusitania era um enorme transatlântico que possuía 240 metros de comprimento e deslocava 44.060 toneladas. O navio pertencia à companhia de navegação Cunard Line (concorrente da White Star Line, do RMS Titanic) e fazia a linha Liverpool-Nova York, transportando, a cada viagem, cerca de 2.100 passageiros, que eram servidos por 850 tripulantes.

O Lusitania saiu de Nova York no dia 1º de maio de 1915 com destino a Liverpool e, no dia 6, quinta-feira, o comandante foi informado de que havia submarinos alemães na área. Após alguns dias de viagem sem nenhuma ocorrência, o navio se aproximou das ilhas britânicas sem saber que estava sendo seguido de perto pelo submarino alemão U-20, comandado pelo *Kapitänleutnant*[24] Walther Schwieger. Na madrugada do dia 7 de maio, o U-20 disparou um torpedo que atingiu a proa do navio a boreste.[25] Seguida ao impacto do torpedo, uma enorme explosão sacudiu o navio e o Lusitania começou a afundar. Em apenas 18 minutos o navio havia desaparecido sob as águas, levando consigo para o fundo do mar 1.200 pessoas, inclusive 128 cidadãos norte-americanos.

Sob pesadas críticas da opinião pública mundial, o Lusitania foi classificado pelos alemães como alvo legítimo,[26] sob a alegação de que o mesmo transportava munições e armamentos para os britânicos. Muitas suposições foram feitas em relação ao naufrágio e as cargas a bordo; alguns falam em uma enorme quantidade em ouro e a presença do diretor da Galeria Nacional de Arte da Irlanda entre os passageiros parece confirmar que algumas telas de Rubens, Monet e outros mestres da pintura estavam a bordo.

O presidente norte-americano Woodrow Wilson usou a tragédia para ameaçar a Alemanha e exigir reparações. O Kaiser, preocupado em ter os EUA, com todo o seu poderio, como inimigo da Alemanha, resolveu suspender temporariamente a guerra submarina, mas, no âmbito da opinião pública norte-americana, o estrago estava feito e já era tarde demais. O jornal *The New York Herald*, em sua edição internacional, deu o tom da indignação coletiva no país:

> Enquanto o Kaiser e seu governo são acusados pelo assassinato de 1.145 homens, mulheres e crianças, incluindo mais de 100 norte-americanos, como resultado do torpedeamento e destruição do *Lusitania*, os povos do mundo civilizado têm seus olhos voltados para a Casa Branca, esperando uma resposta para a pergunta: "o que o Presidente Wilson vai fazer sobre isso?"[27]

De neutra e isolacionista, a sociedade norte-americana tornou-se gradativamente favorável a um engajamento militar contra as Potências Centrais e foi-se alinhando com a Entente, composta pela Grã-Bretanha, pela França e pela Rússia. O país, contudo, somente declararia guerra em abril de 1917, após o recrudescimento da campanha submarina e o afundamento de novos navios sob sua bandeira.

Notas

[1] Max Arthur, *Vozes esquecidas da Primeira Guerra Mundial*, Rio de Janeiro, Biblioteca do Exército, Bertrand Brasil, 2014, p. 17.

[2] O general Joffre visitou os quartéis-generais de seus comandados em um carro esportivo, coordenando as ações do Exército francês. Ao fim de um ano, havia destituído do comando dois de cada cinco comandantes de Exército, nove comandantes de Corpo de Exército e metade dos 62 comandantes de Divisão.

[3] Sondhaus, op. cit., p. 220.

[4] Lívia Claro Pires, "Pela nação e civilização: a Liga Brasileira pelos Aliados e o Brasil na Primeira Guerra Mundial", em XV Encontro Regional de História da ANPUH-RIO, 2012, *Anais*, Rio de Janeiro, 2012, p. 4.

[5] *Jornal do Commercio*, 18 de março de 1915.

[6] Pires, op. cit., p. 6.

[7] *Jornal do Commercio*, junho de 1915.

[8] Fernando da Cruz Gouvêa, *Oliveira Lima: uma biografia*, Recife, Instituto Arqueológico, Histórico e Geográfico de Pernambuco, 1976, v. 3, p. 1163.

[9] *Jornal do Commercio*, 1915.

[10] Pires, op. cit., p. 7.

[11] Mônica Vasconcelos, "Programa lembra história de brasileiro espião executado na Torre de Londres", em *BBC Brasil*, Londres, 11 jul. 2012, disponível em <http://www.bbc.co.uk/portuguese/noticias/2012/07/120709_espiao_brasileiro_torrelondres_mv.shtml>, acesso em 12 out. 2014.

[12] Brasil, *Decreto nº 11.037, de 4 de agosto de 1914 - Regras gerais de neutralidade do Brasil no caso de guerra entre as potências estrangeiras*. Brasília: Câmara dos Deputados, disponível em http://www2.camara.leg.br/legin/fed/decret/1910-1919/decreto-11037-4-agosto-1914-575458-publicacaooriginal-98652-pe.html, acesso em 6 out. 2014.

[13] Jornal *A Fanfulha*, de 4 de julho de 1915, Acervo da Biblioteca Nacional.

[14] Maurício Cannone, "Il lettore racconta", em *Comunità Italiana*, disponível em <http://www.comunitaitaliana.com/site/noticias/81-il-lettore-racconta/25196-illettoreracconta18-05-2015.html>, acesso em 20 out. 2015.

[15] Sidney Garambone, *A Primeira Guerra Mundial e a Imprensa Brasileira*, Rio de Janeiro, Mauad, 2003, p. 30.

[16] Idem, p. 71.

[17] João Dunshee de Abranches, *A ilusão brasileira: justificativa de uma atitude*, Rio de Janeiro, Imprensa Nacional, 1917, p. 20.

[18] *Jornal do Commercio*, 14 de julho de 1916, Acervo da Biblioteca Nacional.

[19] Jornal *Correio da Manhã*, n. 6206, de 21 de fevereiro de 1916, Acervo da Biblioteca Nacional.

[20] Canal da Mancha.

[21] First World War. *Primary Documents - Alfred von Tirpitz on German Declaration of Naval Blockade of Britain, 4 February 1915*, disponível em <http://www.firstworldwar.com/source/tirpitz_uboatwar1915.htm>, acesso em 18 out. 2014.

[22] Palavra alemã *Unterseeboot*, que significa, literalmente, "pequeno barco debaixo de água". Utilizada para designar os submarinos alemães da Primeira e da Segunda Guerra Mundial.

[23] RMS, de acordo com o código internacional de navios significa *Royal Mail Steamer*, ou navio real de transporte de correspondência.

[24] Capitão-tenente.

[25] Estibordo ou boreste, em termos náuticos, é o lado direito de quem se encontra numa embarcação, voltado para a sua proa.

[26] Embora tenha havido uma grande revolta por um navio mercante "inocente" ter sido afundado, os historiadores acreditam que o RMS Lusitania transportava 10 toneladas de armas a bordo, tornando-o um alvo válido sob as leis internacionais.

[27] Jornal *The New York Herald* – Edição Europeia, de 12 de maio de 1915, Acervo The New York Times Content.

|1916|
FORÇAS DESPREPARADAS

> "Se os fracos não têm a força das armas, que se armem com a força do seu direito, com a afirmação do seu direito, entregando-se por ele a todos os sacrifícios necessários para que o mundo não lhes desconheça o caráter de entidades dignas de existência na comunhão internacional."
>
> Rui Barbosa

A guerra se expande para novas frentes

Como resultado da ofensiva alemã, no curso do ano de 1915 a França perdeu 10% do seu território e teve sua capacidade industrial reduzida em um terço. As fábricas francesas e britânicas adaptaram suas linhas de produção e converteram-se à economia de guerra, passando a fabricar armas e munições em enormes quantidades.

Na Frente Ocidental, estabilizada pela extensa linha de trincheiras, 100 divisões alemãs opunham-se a 110 divisões Aliadas. A Força Expedicionária Britânica, que inicialmente possuía 10 divisões, foi ampliada para 37, inclusive com duas divisões canadenses. Tanto aliados quanto alemães tentaram romper o impasse das trincheiras em 1915, mas não obtiveram sucesso, apenas perderam milhares de homens em investidas frustradas. Os franceses lançaram uma grande ofensiva na região de Arras, mas foram rechaçados pelo mortífero fogo da artilharia e das metralhadoras alemãs e, até o fim dos ataques, haviam perdido mais de 100 mil mortos. Uma ofensiva ainda maior foi tentada pelos franceses e britânicos no setor da Champagne e de Loos, com o apoio maciço do fogo de artilharia, proporcionado por 700 canhões e obuseiros. Mais uma vez, o ataque foi mal sucedido. A perda de duas divisões inteiras, com a morte de 8 mil homens, fez com que o general Sir John French fosse substituído no comando da Força Expedicionária Britânica pelo general sir Douglas Haig, que liderava o 1º Exército. Apesar de sair da operação com a reputação abalada, o general Joseph Joffre foi mantido no comando do Exército francês.

Em abril estreava uma das armas mais mortíferas no campo de batalha, o gás venenoso, quando os alemães desencadearam um ataque químico contra posições francesas e inglesas perto da cidade belga de Ypres. O efeito do gás foi tão devastador que os alemães não conseguiram aproveitar o êxito e explorar a brecha aberta nas linhas Aliadas. Embora classificassem o ataque como atrocidade, os britânicos e franceses trataram de fabricar suas armas químicas, que seriam utilizadas mais tarde.

Na Frente Oriental, 80 divisões austro-húngaras e alemãs bateram-se contra 83 divisões russas em uma linha que se estendia dos montes Cárpatos até o mar Báltico. Dada a superioridade técnica e profissional das tropas das Potências Centrais, os russos foram varridos da Polônia e a Sérvia foi invadida pelos alemães.

Por insistência do primeiro-lorde do mar britânico Winston Churchill, uma operação diversionária de grande porte foi lançada contra o estreito dos Dardanelos e a península de Galípoli, em março de 1915, com o objetivo de golpear o Império Otomano que entrara na guerra ao lado das Potências Centrais no final de 1914. As tropas francesas e do Império Britânico (australianas, neozelandesas e indianas) conseguiram conquistar uma cabeça de praia em Galípoli, mas permaneceram detidas em suas trincheiras até o final do ano. Sem condições de serem reforçadas, em 1916 as forças Aliadas seriam expulsas com grandes perdas.

O gás e a metralhadora prenunciavam um ano ainda mais mortífero na guerra, o que efetivamente ocorreria em 1916.

O primeiro navio brasileiro é afundado

No dia 3 de maio de 1916, o submarino alemão UB-27[1] afundou o cargueiro Rio Branco quando navegava em águas restritas, o primeiro navio de bandeira brasileira a ir ao fundo do oceano. O vapor havia sido cedido ao governo britânico e navegava a seu serviço, com tripulação norueguesa, o que tornou o ataque legal à luz das leis de guerra. Mas, apesar disso, o afundamento provocou comoção e protestos no Brasil, pois o Rio Branco navegava com bandeira brasileira e com a inscrição "BRASIL" pintada bem visível em seu casco. Apesar dos protestos, o fato de o afundamento ter sido efetuado de acordo com as regras de guerra fez com que o governo brasileiro se mantivesse cauteloso e conservasse sua situação de país neutro.

Dando tons internacionais à sua campanha pelo fim da neutralidade, Rui Barbosa propagou suas ideias na Argentina, exatamente um dos países mais simpáticos à Alemanha na América do Sul. Convidado pelo país platino para comparecer aos festejos comemorativos do primeiro centenário de sua independência, o Brasil credenciou Rui Barbosa como enviado extraordinário, o qual, após as cerimônias e protocolos oficiais, participou de uma conferência na Faculdade de Direito de Buenos Aires, em 14 de julho de 1916, onde abordou o tema "O dever dos neutros", à luz do direito internacional. Na ocasião, em eloquente discurso, o jurista brasileiro contribuiu com sua visão sobre o verdadeiro conceito de neutralidade:

> A reforma a que urge submetê-las [as regras da neutralidade] deve seguir a orientação [...] pacificadora da justiça internacional. Entre os que destroem a lei e os que a observam não há neutralidade admissível. Neutralidade não quer dizer impassibilidade: quer dizer imparcialidade; e não há imparcialidade entre o direito e a injustiça.

Quando entre ela e ele existem normas escritas, que os definem e diferenciam, pugnar pela observância dessas normas não é quebrar a neutralidade, é praticá-la. Desde que a violência calca aos pés, arrogantemente, o código escrito, cruzar os braços é servi-la. Os tribunais, a opinião pública, a consciência não são neutros entre a lei e o crime. Em presença da insurreição armada contra o direito positivo, a neutralidade não pode ser a abstenção, não pode ser a indiferença, não pode ser a insensibilidade, não pode ser o silêncio.[2]

Reconhecendo o apoio prestado à causa Aliada com seus discursos e, em particular à França, na semana seguinte o primeiro-ministro francês Georges Clemenceau utilizou a mídia para elogiar a posição de Rui Barbosa em favor dos Aliados, a quem comparou com o mais importante diplomata francês presente no Congresso de Viena, de 1814-1815: "Idealista humanitário, eloquente ao extremo, enfim jurisconsulto de Haia, para coroar tantas virtudes. [...] Os discursos de Rui Barbosa continham expressões dignas de um Talleyrand".[3]

A Liga de Defesa Nacional

Complementando o trabalho realizado pela Liga Brasileira pelos Aliados, no dia 7 de setembro de 1916 foi fundada no Rio de Janeiro a Liga de Defesa Nacional pelo poeta Olavo Bilac, pelo ministro do Supremo Tribunal Federal Pedro Lessa e pelo deputado federal Miguel Calmon, e com o apoio do presidente da República Wenceslau Braz. Suas finalidades foram definidas no discurso de Bilac na Biblioteca Nacional, onde foi inicialmente instalado o diretório central da Liga, no ato de sua fundação. De acordo com o poeta, a nova agremiação destinava-se a "[...] estimular o patriotismo consciente e coesivo; propagar a instrução primária, profissional, militar e cívica; e defender: com a disciplina, o trabalho; com a força, a paz; com a consciência, a liberdade; e, com o culto do heroísmo, a dignificação da nossa história e a preparação de nosso porvir".[4]

A Liga procurou atuar na divulgação de dois eixos principais: o desenvolvimento do patriotismo e a valorização das Forças Armadas brasileiras, ambos pela defesa do conceito do soldado-cidadão e da implantação do serviço militar universal como meio de inclusão e cidadania. O poeta, em seu discurso, ampliou sua visão de patriotismo:

> O verdadeiro patriotismo, o patriotismo que deveis compreender e cultivar, é, antes de tudo, a renúncia do egoísmo. Nada valemos por nós, individualmente. Valemos muito, e tudo, pela nossa comunhão. Todos valemos pelo bem que damos à Pátria. Os poetas, que lavram as almas, e os políticos, que dirigem os povos, não valem mais do que os agricultores, que aram a nossa terra, e os pastores, que guardam os nossos gados.[5]

A Liga de Defesa Nacional lançou a campanha do serviço militar, destacando que as unidades militares constituíam-se em verdadeiras escolas de cidadania. A esse respeito, Olavo Bilac destacou o papel do serviço militar na formação da consciência patriótica do cidadão:

> Todo o brasileiro pode ser um admirável homem, um admirável soldado, um admirável cidadão. O que é preciso é que todos os brasileiros sejam educados. E o Brasil será uma das maiores, uma das mais formidáveis nações do mundo, quando todos os brasileiros tiverem a consciência de ser brasileiros.[6]

A divulgação dos ideais da Liga era feita por meio de livros, panfletos, discursos e viagens por todo país. Bilac, em suas conferências, conclamava a intelectualidade brasileira a se engajar na causa nacionalista e a apontava como responsável pela defesa da pátria. A campanha desenvolvida pela agremiação foi bem sucedida e conseguiu mobilizar a população das principais cidades do país, em especial os estudantes, empolgados por um sentimento nacionalista trazido pela guerra. Obteve a proeza de que, ainda no ano de 1916, apenas três meses após sua fundação, fosse realizado o primeiro sorteio militar, instrumento previsto em lei já há alguns anos, mas que não tinha sido ainda posto em prática.[7]

Uma força despreparada - o Exército brasileiro no começo do século XX

Quando irrompeu a guerra na Europa, o Exército brasileiro encontrava-se defasado e completamente despreparado para participar de um conflito de proporções mundiais, limitações que tinham origem ainda no Império.

A Guerra da Tríplice Aliança contra o Paraguai (1864-1870) consumiu mais recursos do que o país podia produzir, dando origem a uma severa crise econômica e uma grande dívida pública. Com o término do conflito, o orçamento das Forças Armadas foi reduzido drasticamente, afetando a manutenção da operacionalidade da Marinha e do Exército imperiais. Os soldos extremamente baixos pagos aos oficiais e aos praças, a falta de investimentos e o emprego do Exército para capturar escravos fugidos, levou boa parte da oficialidade a se alinhar com a causa republicana, e não foi por acaso que a instituição desempenhou papel decisivo e central na proclamação da República, efetivada em 15 de novembro de 1889, pondo fim ao regime monárquico no Brasil.

A mudança do sistema político, no entanto, embora implantado e consolidado por dois governos militares sucessivos, não foi capaz de atender às demandas e suprir as carências das Forças Armadas brasileiras, e o Exército permaneceu despreparado e estagnado. Logo nos primeiros anos da República, ainda no curso do século XIX, dois conflitos internos deixaram clara a fragilidade do Exército brasileiro. A Revolução Federalista (1893-1895), ocorrida no sul do país, foi uma luta fratricida extremamente violenta que colocou em campos opostos duas parcelas da força terrestre nacional, evidenciando a falta de coesão de seus integrantes. Quase ao mesmo tempo, no sertão da Bahia, a campanha contra o Arraial de Canudos foi ainda mais emblemática, na medida em que o Exército teve grande dificuldade para debelar o movimento que poderia, e deveria, ser solucionado por forças policiais de segurança pública. Foram necessárias quatro expedições - três delas com tropas do Exército - para vencer os jagunços de Antônio Conselheiro, deixando claro o despreparo da instituição. Após anos de descaso governamental e de falta de investimentos, a força terrestre brasileira não era capaz de sufocar com facilidade um movimento interno promovido por uma população mal armada e sem qualquer treinamento militar. Evidentemente não estava preparada para um conflito externo.

A Reforma Hermes

A estagnação no Exército somente foi rompida no início do século XX, com as transformações iniciadas pelos ministros da Guerra marechais João Nepomuceno de Medeiros Mallet, Francisco de Paula Argolo e Hermes da Fonseca, entre os anos de 1900 e 1908. Com o apoio do barão do Rio Branco, que intercedeu junto ao presidente da República Afonso Pena, Hermes da Fonseca conseguiu promover um processo de revitalização do Exército, que incluía o sorteio militar, a aquisição de armamentos e a criação de novas unidades. A "Reforma Hermes", como ficou conhecido esse processo de modernização, compreendeu a reestruturação da força terrestre, a reorganização do ensino militar, a criação e a regulamentação do Estado-Maior e a melhoria das defesas da barra do Rio de Janeiro, então capital federal. A partir de 1908, foi fixada uma nova organização de comando para o Exército brasileiro, ficando o território nacional dividido em 21 regiões para alistamento militar e 13 para inspeção.

Foram criados os quadros de dentistas, intendentes e veterinários e o posto de marechal em tempo de paz deixou de existir. O efetivo do Exército foi fixado em 28 mil homens, distribuídos, pelas diversas unidades das armas, de acordo com a tabela a seguir:[8]

INFANTARIA	
Unidade / Tipo	Quantidade
Regimentos de linha (3 batalhões)	15
Batalhões de caçadores	12
Companhias de caçadores	13
Companhias de metralhadoras	5
Seções de metralhadoras	12
CAVALARIA	
Unidade / Tipo	Quantidade
Regimentos de linha (4 esquadrões)	9
Regimentos independentes (4 esquadrões)	3
Regimentos orgânicos de Brigadas de Infantaria	5
Pelotões de estafetas e exploradores	12

ARTILHARIA	
Unidade / Tipo	Quantidade
Regimentos de artilharia montada (3 grupos)	5
Baterias de obuses	5
Grupos de artilharia a cavalo (3 baterias)	3
Grupos de artilharia de montanha (3 baterias)	2
Batalhões de artilharia de posição	9
Parques de artilharia	15
ENGENHARIA	
Unidade / Tipo	Quantidade
Batalhões de engenharia (4 companhias)	5
Pelotões de engenharia	17
TRENS	
Unidade / Tipo	Quantidade
Esquadrões de trens	5

Em junho de 1908, foram criadas as grandes-unidades, compreendendo as brigadas estratégicas, as divisões e os exércitos.[9] Com tal organização, Hermes procurou dotar a força terrestre com uma estrutura capaz de atenuar a difícil relação entre o pequeno efetivo e o imenso território nacional. Para guarnecer as fronteiras com tropas especializadas, foram criadas Companhias Regionais de Fronteira no Acre, Juruá, Purus e Amapá.[10]

Hermes da Fonseca era um grande admirador do Exército Prussiano e dizia publicamente que a força terrestre brasileira precisava atingir o nível dos germânicos, onde se destacava o Estado-Maior, criado por Helmuth von Moltke, e a tecnologia de ponta na produção de armamentos. Assim, motivado também pela inexistência de uma indústria bélica nacional, viajou para a Alemanha em agosto de 1908 em busca de material bélico moderno e de novos conhecimentos técnico-profissionais. Como resultado da viagem, foram adquiridos armamentos variados em grandes quantidades, como 400 mil fuzis Mauser calibre 7 mm para a infantaria e 10 mil lanças Ehradt, 20 mil espadas e 10 mil mosquetões para a cavalaria. A artilharia de campanha foi servida com 27 baterias de canhões Krupp 75 mm Modelo 1908, 6 de canhões Krupp 75 mm de montanha e 5 de obuses Krupp 105 mm. A artilharia de costa também foi reaparelhada, com o início da construção do Forte de Copacabana e a

|1916| FORÇAS DESPREPARADAS

O canhão Krupp 75 mm M908 foi um dos armamentos adquiridos na Alemanha pela Reforma Hermes.

aquisição de seus imensos canhões Krupp de 305 mm. Parte deste armamento adquirido na Alemanha, no entanto, não chegaria ao Brasil, devido ao início da guerra na Europa.

O rearmamento brasileiro ia ao encontro da demanda provocada pela corrente armamentista em curso na América do Sul, desencadeada pelo espírito nacionalista. Contemplando em suas hipóteses de guerra um conflito contra o Brasil, a Argentina, tradicional rival, aprovou, em 1901, uma lei de recrutamento militar obrigatório e traçou planos de mobilização. Apesar de possuírem um exército reduzido, com apenas 20 mil homens, os argentinos encomendaram na Europa 400 mil fuzis e centenas de peças de artilharia, sem dúvida um número muito superior às suas necessidades.

O ministro Hermes da Fonseca também aprovou um novo plano de uniformes para o Exército,[11] que introduziu fardamentos claramente influenciados pela Alemanha, como os capacetes tipo *pickelhaube* e a cor cáqui, uma inovação que favorecia a camuflagem em combate. Foi adotada a ferramenta de sapa, para a infantaria, cuja eficiência fora comprovada pelos japoneses durante a guerra contra os russos, entre 1904 e 1905.[12]

Outro fruto da visita foi o acordo para que oficiais brasileiros estagiassem no Exército alemão visando ao aperfeiçoamento da doutrina militar e à aquisição de conhecimentos técnico-profissionais atualizados.[13] Entre 1908 e 1912, três turmas de oficiais foram enviados à Alemanha para estagiarem em seu exército e, no regresso, formarem um núcleo para a modernização do Exército brasileiro. Por defenderem reformas substanciais e a implantação da doutrina militar alemã no Brasil, os oficiais que estudaram na Alemanha foram apelidados de "jovens turcos", uma referência aos oficiais otomanos de Mustafá Kemal "Atatürk", que também estagiaram em Berlim e promoveram um golpe de Estado na Turquia, em 1908. Para transformar a mentalidade dos oficiais, os "jovens turcos" fundaram a revista A *Defesa Nacional*, publicação que tinha por objetivo tornar o Exército brasileiro uma instituição profissional por meio do estudo de problemas de natureza militar. Tal pensamento opunha-se de forma radical ao movimento humanista observado nas escolas militares do Brasil, ainda com seus currículos atrelados ao positivismo e cientificismo de Augusto Comte. Além disso, os redatores da revista possuíam um projeto de nação que os influenciaria a seguir pelos caminhos da política, como indicava já seu primeiro editorial:

> [...] o Exército, única força verdadeiramente organizada no seio de uma tumultuosa massa efervescente, vai, às vezes, um pouco além de seus deveres profissionais para tornar-se, em dados momentos, um fator de transformação política ou de estabilização social.[14]

Muitos dos oficiais "jovens turcos" tiveram carreiras notáveis no Exército e tornaram-se expoentes da vida política nacional nas décadas de 20 e 30 do século XX, homens como Estevão Leitão de Carvalho, Bertholdo Klinger, Epaminondas de Lima e Silva, José Pompeo Cavalcanti de Albuquerque, Jorge Pinheiro, Amaro de Azambuja Vila Nova, Joaquim de Souza Reis, César Augusto Praga Rodrigues, Euclydes Figueiredo, Mario Clementino de Carvalho, Francisco de Paula Cidade e Basílio Taborda.

A estratégia elaborada pelo Estado-Maior do Exército elencava em primeira prioridade uma hipótese de conflito contra a Argentina, motivo pelo qual boa parte das unidades militares estava concentrada no Rio Grande do Sul, a fim de proteger a extensa faixa de fronteira meridional. Em 1910, o major Augusto Tasso Fragoso, adido militar em Buenos Aires, escreveu uma longa apreciação intitulada "Conjecturas sobre o plano de operações da Argentina contra o Brasil", especulando que os argentinos poderiam lançar um ataque com 50 mil homens a partir de Corrientes contra a linha Itaqui-São Borja-Uruguaiana, enquanto mobilizariam uma reserva de igual tamanho no prazo de um mês.[15]

Além da deficiência operacional, das carências em seu sistema logístico e da instrução de baixa qualidade, a articulação do Exército também era bastante precária. As unidades militares eram poucas e demasiadamente esparsas por todo o território nacional. No sul do país, por exemplo, alguns regimentos e batalhões distavam mais de 500 km uns dos outros, dificultando as comunicações, o apoio mútuo e a logística. Nas regiões Norte, Nordeste e Centro-Oeste, as tropas eram ainda mais escassas, representando um vazio de presença militar em diversas áreas do território nacional.

Nem a aquisição de novas armas na Alemanha, nem a ideia de reformas trazidas pelos "jovens turcos" foram capazes de preparar o Exército brasileiro para um novo problema interno que irrompeu em 1912, na divisa entre os estados de Santa Catarina e Paraná: a insurreição do Contestado. No conflito, motivado por um misto de disputa territorial e messianismo, o Exército teve grande dificuldade logística e operacional para enfrentar os revoltosos e, mesmo empregando uma divisão completa, somente em 1916 conseguiu pacificar a região. Muitos erros praticados em Canudos se repetiram no Contestado, evidenciando o despreparo da instituição e de suas lideranças.

Enquanto a força terrestre combatia a insurreição do Contestado no Sul, a polícia da Capital Federal conseguiu debelar um movimento revoltoso de cunho político que envolveu cerca de 240 sargentos, que, juntamente com outros 14 cabos e soldados, foram expulsos a bem da disciplina.

Em 1916, eram muitas as carências do Exército que comprometiam sua operacionalidade. O relatório anual apresentado pelo ministro da Guerra, marechal graduado José Caetano de Faria, ao presidente da República, em maio de 1917, deixou claro os problemas de material e de infraestrutura:

> O material do exército é incompleto; sua artilharia, metralhadoras e material de engenharia são insuficientes [...]. O serviço de material bélico ressente-se muito da falta de depósitos, estando o material espalhado por diversas partes, ocupando até armazéns da alfândega, emprestados pelo Ministério da Fazenda. Ressente-se também da falta de paióis, que satisfaçam as exigências especiais dessas construções [...].

> As obras da Vila Militar pararam por falta de verba; mas é preciso completar o que está feito, melhorar o arruamento para permitir o trânsito da tropa. [...][16]

O mesmo relatório expôs as deficiências da instrução e do adestramento da tropa, realizados com reservistas, como foi o caso das manobras anuais realizadas pela 3ª Região Militar no Estado da Bahia, em outubro de 1916:

> No decorrer dos exercícios algumas faltas foram notadas em se tratando de voluntários de manobras cuja instrução ficou um tanto aquém daquela que, em geral, se ministra aos soldados nos períodos normais [...].[17]

O oficial da reserva Demócrito Cavalcanti de Arruda resumiu as dificuldades para instruir a tropa, destacando a instrução da tropa precaríssima, feita nos pátios dos quartéis, nos jardins das cidades ou em pequenos terrenos nas proximidades dos quartéis. Artilheiros não tinham munição para exercícios e os infantes dispunham de 60 tiros por homem/ano. Os campos de instrução existentes, de Saicã, no Rio Grande do Sul, e Gericinó, no Rio de Janeiro, tímidas experiências, anotando-se, por exemplo, a respeito desse último, a ausência de coleções líquidas, rios ou outras, que habilitassem os infantes aos exercícios de transposição de corrente, a vau, em balsa, por meios de fortuna etc.; à cavalaria, para treinar a travessia a nado ou por outras formas; à engenharia, para lançar pontes ou exercitar pontoneiros. As chamadas grandes manobras não passavam de pequenos exercícios, sem plano e sem alcance.[18]

Para piorar a situação da força terrestre, faltavam oficiais de determinadas armas e quadros para completar as unidades. Prosseguia o ministro Caetano de Faria em seu relatório:

As armas de artilharia e engenharia continuam com grande falta de oficiais do primeiro posto, por não haver aspirantes com os respectivos cursos; na primeira há 107 vagas e na segunda, 21. Antes do fim do ano, começará também a falta nas armas de infantaria e cavalaria, pela extinção de aspirantes habilitados à promoção.[19]

No final de 1916, o efetivo do Exército, previsto para 25 mil homens, havia sido reduzido a 18 mil em razão das dificuldades financeiras, motivo pelo qual muitos regimentos e batalhões estavam incompletos ou apenas parcialmente organizados. Alguns estados da federação sequer possuíam guarnição federal permanente ou unidades militares, como Amazonas, Piauí, Rio Grande do Norte, Paraíba, Alagoas, Sergipe, Espírito Santo e Goiás.

Para minimizar as carências de pessoal, o Exército servia-se das Linhas de Tiro, órgãos de formação de reservistas criados também no bojo da Reforma Hermes que se espalhavam por todo o território nacional. Embora tivessem o objetivo de "manter repletas as casernas", segundo o próprio Hermes, as Linhas de Tiro tinham valor militar quase nulo, devido à baixa qualidade da instrução militar ministrada.

A despeito das reformas implementadas por Hermes da Fonseca, o Exército brasileiro estava obviamente despreparado para enfrentar uma guerra de proporções continentais, como a que era travada na Europa. O plano de criar um exército numeroso, ao estilo europeu, enfrentou outro grave problema: considerável parcela dos armamentos adquiridos não chegou ao Brasil, pois ainda se encontrava na Europa quando do início da guerra. Alguns canhões e obuseiros que já haviam sido recebidos não puderam ser utilizados em sua plenitude, pois faltavam as lunetas de pontaria. Em 1917, o Exército possuía em sua dotação menos de cem metralhadoras, número extremamente reduzido se comparado com as 15 mil existentes no Exército alemão.

A Marinha do Brasil no início da República

Se o Exército não estava devidamente preparado para enfrentar os desafios de um conflito global, o mesmo ocorria com a força naval brasileira. O advento da República trouxe um estado de estagnação e obsolescência à Armada. As dificuldades econômicas e o clima de instabilidade política restringiram o orçamento da pasta da Marinha, impedindo o reaparelhamento da Esquadra, uma necessidade cada vez mais evidente.

Em 1893 irrompeu, no Rio de Janeiro, uma revolta de oficiais contra a falta de atenção dada à Esquadra pelo presidente Floriano Peixoto – a Revolta da Armada –, liderada pelo almirante Custódio José de Melo, ministro da Marinha. Embora tenha sido sufocado pelo governo, o movimento provocou uma ruptura na hierarquia da Marinha e a destruição de boa parte do material e da infraestrutura da Armada.

No final de 1902, assumiu a presidência da República o antigo conselheiro do Império, Francisco de Paula Rodrigues Alves, que nomeou, para a pasta da Marinha, o almirante Júlio César de Noronha. Aproveitando uma conjuntura econômica mais favorável, decorrente do *boom* da borracha no comércio internacional, o novo ministro não perdeu tempo, e, após fazer um diagnóstico da situação dos meios e instalações navais, elaborou um ousado plano de reaparelhamento. Em seu relatório ministerial de 1903, Júlio de Noronha reconheceu o estado de obsolescência dos meios da Armada e defendeu seu programa de modernização nos seguintes termos:

[...] o nosso material flutuante está tão empobrecido que nem sequer conta uma verdadeira unidade de combate, na moderna acepção do termo. Efetivamente, exceção feita dos guarda-costas Deodoro e Floriano, do cruzador Barroso e dos cruzadores torpedeiros Timbira, Tupi e Tamoio, no seu gênero, são eficientes, e bem assim do Riachuelo, Aquidaban, Benjamin Constant e República que podem ser utilizados como força de reserva, nenhum outro navio tem o menor valor militar [...]. Deste rápido exame se conclui que o nosso poder naval, que em outros tempos não tinha quem lhe disputasse a primazia na América do Sul, está em decadência, periclita. [...] Assim sendo, outra coisa não nos é lícito fazer, senão enfrentar o problema da reconstituição do nosso poder naval com resolução e patriotismo, distinguindo com justeza o que é vital, indispensável do que é acessório, adiável, a fim de que a renda pública seja bem utilizada. O preparo para a guerra é o melhor meio de torná-la improvável.[20]

Para apresentar o projeto à Câmara dos Deputados, o ministro contou com a valiosa colaboração do deputado Laurindo Pitta, entusiasta das reformas e preocupado em dotar o Brasil com uma Marinha à altura de sua importância geopolítica. O projeto foi aprovado com ampla maioria, e transformado na Lei n. 1.296, publicada em 14 de novembro de 1904. O programa de revitalização ia além da aquisição de navios, e incluía a construção de novas instalações administrativas e logísticas, necessárias ao apoio à Esquadra. O Arsenal do Rio de Janeiro, o principal da Marinha, era bastante antigo e encontrava-se com equipamentos obsoletos, além de ter suas instalações dispersas por vários locais na baía de Guanabara. Nesse sentido, previu-se a construção de um novo arsenal e de um porto militar de grande porte, ambos fora do Rio de Janeiro. O programa incluía a aquisição de 3 encouraçados (de 12.500 a 13.000 toneladas), 3 cruzadores-encouraçados (de 9.200 a 9.700 t), seis contratorpedeiros de 400 t, seis torpedeiros de alto-mar de 120 t, seis torpedeiros de porto de 50 t, três submarinos, um navio-carvoeiro e um navio-escola.[21] Sob a perspectiva da geopolítica, a modernização era influenciada pelos conceitos de poder naval elaborados pelo almirante Alfred Tayer Mahan[22] e tinha como principal objetivo obter a hegemonia naval no continente sul-americano e assegurar a defesa nacional contra a Argentina e o Chile, potenciais antagonistas do Brasil.[23]

Com a chegada de Afonso Pena à presidência da República, em 15 de novembro de 1906, foi nomeado para o cargo de ministro da Marinha o almirante Alexandrino Faria de Alencar, que modificaria e ampliaria substancialmente o programa de modernização proposto por Júlio de Noronha.

O Programa Alexandrino

Assim que assumiu a pasta da Marinha, o almirante Alexandrino colocou em prática o programa "Rumo ao Mar", que, a exemplo das proposições de seu antecessor, previa grandes transformações na Armada. O novo programa, no entanto, diferia na tonelagem dos principais navios, e priorizava os grandes encouraçados, que seriam empregados como navios capitais, em torno dos quais as esquadras seriam constituídas. Este novo conceito baseava-se na recente experiência da Guerra Russo-Japonesa (1904-1905), na qual, durante a Batalha de Tsushima, os grandes encouraçados japoneses, sob o comando do almirante Heihachiro Togo, imprimiram uma derrota definitiva à Marinha Russa.

Outra referência que norteou o realinhamento da política naval brasileira foi o lançamento do grande encouraçado HMS Dreadnought, pela Marinha Real britânica, em 1906. O navio era fortemente blindado, media 160,6 metros de comprimento e, apesar de deslocar 21.845 toneladas completamente carregado, podia desenvolver a expressiva velocidade de 21 nós. Armado com dez canhões de 12 polegadas (305 mm), o dobro da quantidade de qualquer outro encouraçado existente, o HMS Dreadnought possuía blindagem mais pesada, que conferiria proteção efetiva contra os impactos das granadas inimigas.[24] O surgimento do navio foi tão impactante que os encouraçados que dele derivaram passaram a ser chamados, genericamente, de *"dreadnoughts"* e o poderio das marinhas passou a ser mensurado pela quantidade de navios dessa categoria que possuíam.

Acompanhando a tendência das grandes potências mundiais, o almirante Alexandrino enviou ao Congresso Nacional um projeto que reformulava o programa naval de Júlio de Noronha, o qual foi aprovado em 24 de novembro de 1906, com a ressalva de que o orçamento inicialmente previsto deveria ser respeitado:

O Presidente da República dos Estados Unidos do Brasil:

Faço saber que o Congresso Nacional decretou e eu sanciono a resolução seguinte:

Art. 1º Fica o Presidente da República autorizado a efetuar as modificações que forem necessárias no contrato celebrado para a construção de navios de guerra em virtude da lei n. 1296, de 14 de novembro de 1904, aumentando o deslocamento dos couraçados e caça-torpedeiras (*destroyers*) e substituindo os cruzadores-couraçados por esclarecedores extra-rápidos, assim como o navio carvoeiro e o navio-escola, por um navio mineiro e um pequeno navio destinado ao serviço de hidrografia e de exploração da costa.

Art. 2º As despesas com as novas construções não podem exceder às do orçamento constante do plano naval de 1904. [...][25]

O novo programa compreendia a incorporação de dois encouraçados *dreadnought*, de 19.500 toneladas, com 12 canhões de 305 mm e 14 de 120 mm; um encouraçado *dreadnought* deslocando 28 mil toneladas, com 14 canhões de 305 mm, 20 de 152,4 mm e 12 de 76 mm; 3 cruzadores tipo *scout*,[26] de 3.150 toneladas e com 10 canhões de 120 mm; 10 contratorpedeiros, de 560 toneladas e armados com 2 canhões de 101,6 mm e tubos lança-torpedos; além de 3 submarinos.[27]

Com as facilidades proporcionadas pelas boas relações bilaterais entre o Brasil e a Grã-Bretanha e devido ao fato de aquela ser o berço do HMS Dreadnought e a referência mundial em tecnologia de construção naval, o governo brasileiro resolveu encomendar seus encouraçados e cruzadores no estaleiro Armstrong Whitworth & Co Ltd. Shipbuilders, de Elswick, Inglaterra, e os contratorpedeiros no Yarrow Shipbuilders Limited, situado em Glasgow, Escócia.

O programa "Rumo ao Mar" de Alexandrino de Alencar, no entanto, precisou ser modificado em razão da crise econômica e financeira que assolou o país a partir de 1908. A primeira baixa do programa foi o encouraçado de 28 mil toneladas, cujo nome era Rio de Janeiro, que teve sua aquisição cancelada pelo governo.[28] O arrefecimento das relações do Brasil com seu principal rival, a Argentina, e a diminuição da exportação da borracha levaram o governo brasileiro a vender o navio, ainda em construção, para a Marinha Otomana, em dezembro de 1913, onde recebeu o nome de

Sultan Osman I. O encouraçado estava quase pronto quando irrompeu a Grande Guerra, o que levou os britânicos a confiscá-lo e incorporá-lo à Marinha Real, com o nome de HMS Agincourt. O navio entrou em serviço na Grande Esquadra, atuando no mar do Norte, e participou da Batalha da Jutlândia, em 1916.

Além da desistência de adquirir o encouraçado, também foi abandonada a ideia de construir um porto militar e um novo arsenal fora da baía de Guanabara. Em seu lugar, o almirante Alexandrino decidiu recuperar as instalações do Arsenal do Rio de Janeiro,[29] modernizando suas oficinas e equipamentos, e construindo novos diques secos com capacidade de receber navios de maior porte. Outra providência tomada pelo ministro foi dotar a esquadra de uma rede de bases de apoio e suprimento, instalando depósitos de carvão no Pará, Rio Grande do Norte, Pernambuco, Bahia, Rio de Janeiro e Santa Catarina. Planejou também a construção de quatro novas bases navais, em Santa Catarina, Rio de Janeiro, Rio Grande do Norte e Pará, além de uma estação naval no Rio Grande do Sul e duas estações fluviais em Tabatinga e Ladário.

Em 1910 começaram a chegar os navios adquiridos na Grã-Bretanha, os quais foram prontamente incorporados à Armada brasileira. Nesse ano, foram recebidos os encouraçados Minas Gerais e São Paulo, pertencentes à classe dos *dreadnoughts* mais poderosos do mundo; os cruzadores Bahia e Rio Grande do Sul; e os contratorpedeiros Amazonas, Pará, Piauí, Rio Grande do Norte, Paraíba, Alagoas, Sergipe, Paraná, Santa Catarina e Mato Grosso.

A chegada dos novos navios encheu de orgulho a sociedade brasileira, em especial a população do Rio de Janeiro, cidade na qual ficariam baseados. O jurista Gilberto Amado ficou particularmente impressionado com a chegada do Minas Gerais ao porto da cidade, no dia 18 de abril de 1910:

> "Lá vem! Lá vem! Oh! Oh!" Logrei, afinal, numa aberta oportuna, divisar o Minas Gerais, apontando, majestosamente, lento, na entrada da baía, sob o estrondo das fortalezas [...]. Durante o dia, no Itamarati, onde fui, na Avenida, na Colombo, onde me sentei, de noite na redação de *A Imprensa*, que começara a frequentar, só ouvia isto: "O Minas! Você viu?". Entusiasmo total. Os brasileiros estuavam de fervor patriótico. Sorrisos largos. Olhos brilhantes.[30]

|1916| FORÇAS DESPREPARADAS

Anônimo, c. 1909

Recebido em 1910, fruto do programa de reaparelhamento naval, o encouraçado Minas Gerais baseava-se no HMS Dreadnought e era um dos navios mais poderosos do mundo.

Nos anos subsequentes, chegaram os navios restantes do programa de reaparelhamento: o contratorpedeiro Maranhão; os submarinos F1, F3, F5 e Humaitá; o tênder Ceará; e outras embarcações auxiliares. O programa naval de 1906 recriava, de certo modo, as antigas ideias dos estadistas do Império, que defendiam o equipamento da esquadra, e acabou estimulando uma corrida armamentista na América do Sul, assombrando o Chile e a Argentina, que se sentiram ameaçados.[31]

A evolução da tecnologia naval recebeu grande impulso na década de 1910, modificando o perfil das marinhas das principais potências mundiais. Fruto da Segunda Revolução Industrial, os navios mais modernos abandonaram a propulsão a carvão/vapor e passaram a ser movidos por motores a óleo combustível, aumentando a eficiência e autonomia e reduzindo sua dependência de depósitos de carvão e navios-carvoeiros. Além disso, os novos motores a óleo eram muito mais confiáveis do que as antigas caldeiras a vapor, que entravam em pane com bastante frequência e exigiam processos de manutenção complexos e demorados.

Quando o Brasil reconheceu o estado de guerra com a Alemanha, em 1917, os navios da Marinha já estavam obsoletos, apesar de serem relativamente novos. A mudança do sistema de propulsão e a total falta de capacidade dos navios brasileiros para a guerra antissubmarina os contraindicavam para participarem do conflito europeu, no qual estavam presentes as principais potências navais. Mas seria exatamente com essa força naval obsoleta e tecnicamente despreparada que o Brasil iria à guerra contra a Alemanha.

Notas

[1] Os submarinos classificados como UB na Marinha Imperial alemã eram embarcações de menor porte, projetadas para operar em águas costeiras. Durante a guerra, os alemães construíram e operaram 154 submarinos desta categoria.

[2] Rui Barbosa, *Os conceitos modernos do direito internacional*, Rio de Janeiro, Fundação Casa de Rui Barbosa, 1983, p. 54.

[3] Projeto Memória, *Rui Barbosa - 150 anos*, disponível em <http://www.projetomemoria.art.br/RuiBarbosa/periodo3/lamina19/index.htm>, acesso em 13 out. 2014.

[4] Olavo Bilac, *A defesa nacional (discursos)*, Rio de Janeiro, Liga da Defesa Nacional, 1917, p. 76.

[5] Idem, p. 117.

[6] Idem, p. 133.

| 1916 | FORÇAS DESPREPARADAS

[7] A Lei do Sorteio (oficialmente Lei n. 1860) foi uma polêmica legislação de 1906 que instituía o serviço militar obrigatório e através de sorteio. Os seus defensores diziam que na época os soldados do Exército brasileiro eram, em sua maioria, ex-trabalhadores braçais de baixas condições. Com a adoção do sorteio militar, todas as classes sociais passariam a ser recrutadas. A lei que "regula o alistamento e sorteio militar e reorganiza o Exército" foi aprovada na Câmara dos Deputados no dia 4 de janeiro de 1908. Apenas em 10 de dezembro de 1916, quase nove anos após a aprovação da lei, foi realizado o primeiro sorteio, no Quartel-General do Exército, em solenidade aberta ao público, a que compareceram o presidente da República, o ministro da Guerra, o poeta Olavo Bilac e outras autoridades.

[8] Aureliano Pinto Moura, "Transformações e evolução das instituições militares no início do século XX (1898-1918)", em História Militar Brasileira II, Palhoça, Unisul, 2010, pp. 94-6.

[9] Decretos nº 6.971 e 6.972, de 4 de junho de 1908.

[10] Decreto nº 6.876, de 12 de março de 1908.

[11] Decreto nº 7.201, de 30 de novembro de 1908.

[12] A Guerra Russo-Japonesa (1904-1905) foi um conflito regional entre o Império do Japão e o Império Russo, que disputavam os territórios da Coreia e da Manchúria.

[13] Decreto nº 2.050, de 31 de dezembro de 1908.

[14] Revista A Defesa Nacional, n. 1, edição de 10 de outubro de 1913.

[15] Frank McCann, Soldados da Pátria: história do exército brasileiro, 1889-1937, Rio de Janeiro, Companhia das Letras, 2007, pp. 57-63.

[16] Brasil, Relatório apresentado ao Presidente da República dos Estados Unidos do Brazil pelo marechal graduado José Caetano de Faria, Ministro de Estado da Guerra, em maio de 1917, Rio de Janeiro, Imprensa Militar, 1917, pp. 14-7.

[17] Idem, p. 86.

[18] Demócrito Cavalcanti Arruda, "Depoimento dos oficiais da reserva sobre a FEB", em Grandes Guerras, disponível em <http://www.grandesguerras.com.br/artigos/text01.php?art_id=195>, acesso em 30 out. 2014.

[19] Idem, pp. 22-3.

[20] Brasil, Relatório apresentado ao Presidente da República dos Estados Unidos do Brazil pelo contr'almirante Júlio César de Noronha, Ministro de Estado dos Negócios da Marinha, em abril de 1903, Rio de Janeiro, Imprensa Nacional, 1903, pp. 5-7.

[21] Armando Vidigal, Evolução do pensamento estratégico naval brasileiro, Rio de Janeiro, Biblioteca do Exército, 1985, p. 325.

[22] O almirante Alfred Thayer Mahan (1840-1914), da Marinha dos Estados Unidos, notabilizou-se por seus estudos de geopolítica. Suas ideias sobre o poder naval influenciaram a visão estratégica das marinhas de todo o mundo e ajudaram a desencadear o grande investimento em meios navais que se verificou nos anos que precederam a Primeira Guerra Mundial. Seu trabalho de investigação na área da história naval permitiu-lhe publicar, em 1890, a obra The Influence of Seapower on History, 1660-1783, que se revelaria uma das principais influências no pensamento estratégico naval dos primórdios do século XX.

[23] José Miguel Arias Neto, "A marinha brasileira no início do século XX – tecnologia e política", em Antíteses, v. 7, n. 13, p. 103, jan./jun. 2014.

[24] Vidigal, op. cit., p. 59.

[25] Brasil, Decreto nº 1.568, de 24 de novembro de 1906 - Modifica o plano naval da lei n. 1296, de 14 de novembro de 1904, Brasília, Câmara dos Deputados, disponível em <http://www2.camara.leg.br/legin/fed/decret/1900-1909/decreto-1568-24-novembro-1906-583464-publicacaooriginal-106281-pl.html>, acesso em 4 jun. 2015. O texto foi convertido pelo autor para a língua portuguesa contemporânea.

[26] Os scouts eram cruzadores leves e velozes que tinham a tarefa de esclarecer, em apoio à linha de batalha formada por encouraçados e cruzadores de batalha.

[27] Brasil, Relatório apresentado ao Presidente da República dos Estados Unidos do Brazil pelo Contra-Almirante Alexandrino Faria de Alencar, Ministro de Estado dos Negócios da Marinha, em 1907, Rio de Janeiro, Imprensa Nacional, 1907.

[28] David Topliss, "The brazilian dreadnoughts, 1904-1914", em Warship international, Holden-EUA, v. 25, n. 3, pp. 246-7, jul.-set. 1998.

[29] Atual Arsenal de Marinha do Rio de Janeiro – AMRJ.

[30] Gilberto Amado, Mocidade no Rio e primeira viagem à Europa, Rio de Janeiro, José Olympio, 1956, pp. 54-5.

[31] Arias Neto, op. cit., p. 107.

| 1917 |

A GUERRA CHEGA AO BRASIL

"Agora eu sei o que são os horrores da guerra. Ouvimos falar de grandes sucessos, mas é claro que há derrotas e parece que há pilhas de ingleses e alemães mortos."

John Stanhope Walker,
capelão do Exército Britânico

A guerra assume proporções inimagináveis

A incapacidade de romper o impasse das trincheiras em 1915 levou os Aliados e as Potências Centrais a planejarem grandes ofensivas com o objetivo de derrotar o inimigo. O resultado foi que, no ano de 1916, a guerra assumiu proporções até então inimagináveis.

Os franceses e britânicos planejavam uma extensa ofensiva na região do Somme para ser desencadeada no verão de 1916, mas, antes que isso acontecesse, foram os alemães quem lançaram sua ofensiva, em fevereiro, contra o importante entroncamento ferroviário de Verdun, perto de Metz. Se capturassem Verdun, os alemães poderiam aproveitar a malha ferroviária para transportar tropas e suprimentos para a linha de frente. O general Von Falkenhayn planejava aplicar um forte golpe na França para tentar tirá-la da guerra.

A campanha de Verdun foi a mais longa ocorrida durante a guerra e deixou a França perigosamente perto da derrota. Em meados de fevereiro, cerca de 1.400 canhões e morteiros alemães abriram fogo contra a linha francesa e, ao longo da batalha, dispararam mais de 2 milhões de granadas. Os ataques alemães resultaram na conquista do Forte Douaumont, mas suas tropas não conseguiram obter vantagem tática significativa. Em março e abril foram capturadas as principais posições francesas na margem oeste do rio Meuse, mas, depois de contra-ataques na margem leste, a partir de julho, nenhum lado conseguiu obter qualquer vantagem territorial. Tal situação perdurou até outubro, quando os franceses deram início a uma sucessão de ataques que resultaram na reconquista do Forte Douaumont e no fim da batalha.

Para um avanço de apenas 8 km, os alemães perderam, nos dez meses de duração da campanha de Verdun, 434 mil homens, frustrando os planos de Von Falkenhayn. Os franceses, por sua vez, tiveram um número estimado de 542 mil baixas, embora saíssem com o orgulho nacional fortalecido por conseguirem deter a ofensiva inimiga.[1] A Batalha de Verdun foi a mais intensa da guerra, sob a perspectiva da concentração geográfica. Quase todas as mortes ocorreram dentro de uma área de 2,6 km², sobre a qual foram disparadas 10 milhões de granadas, equivalentes a 1,35 milhões de toneladas de aço e explosivos.

A ofensiva Aliada no Somme previa a participação dos franceses e britânicos, mas, diante do ataque alemão contra Verdun, o alto-comando francês solicitou aos britânicos o seu adiamento, pois a prioridade era defender a França da ameaça. Os britânicos, no entanto, visando aliviar a pressão contra seus aliados, decidiram prosseguir com a operação praticamente sozinhos. O plano traçado pelo general sir Douglas Haig pouco diferia do adotado pelo comandante alemão em Verdun, e consistia em atacar as trincheiras inimigas frontalmente, com uma barragem de artilharia prévia tão intensa que pudesse destruir os alambrados de arame farpado e desmoralizar os soldados alemães em suas posições.

O terreno favorável à defesa, com solo calcário que facilitava a escavação de abrigos, permitiu que os alemães fortificassem suas posições com três linhas sucessivas de trincheiras, com uma densa rede de arame farpado e obstáculos capazes de dificultar o avanço da infantaria inimiga. Centenas de metralhadoras cruzavam seus fogos tornando ainda mais difícil o ataque às posições.

O bombardeio da artilharia britânica teve início no dia 24 de junho de 1916 e durou uma semana, mas não conseguiu romper o arame nem foi capaz de destruir as posições inimigas. Quando a infantaria britânica saiu de suas trincheiras e cruzou a "terra de ninguém",[2] ao amanhecer do dia 1º de julho, foi recebida com o mortífero fogo das metralhadoras Maxim e da artilharia alemãs. Esta data ficou marcada como o dia mais sangrento da história do Exército Britânico, onde, de suas 17 divisões, 16 entraram em ação, sofrendo impressionantes 57.470 baixas, das quais 19.240 mortos. A Batalha do Somme durou até 19 de novembro, inclusive com a utilização pelos britânicos de uma nova arma, o *tank*[3] (carro de combate), e, apesar do grande desgaste, não resultou em vantagem significativa para nenhum dos lados.

A análise dos números grandiosos atesta o custo da Batalha do Somme para britânicos e alemães. A Real Artilharia britânica disparou, entre 2 de julho e 15 de setembro, mais de 7 milhões de granadas; 138 divisões alemãs tomaram parte nessa frente de combate, o dobro da quantidade em Verdun. Os Aliados sofreram cerca de 600 mil baixas, enquanto os alemães perderam 630 mil soldados. Com tantas perdas e diante de nenhum ganho territorial ou estratégico, era evidente que a estratégia utilizada precisava ser repensada. No final de agosto, o general Von Falkenhayn foi substituído no comando do Exército Alemão pelos generais Paul von Hindenburg e Erich von Ludendorff. As enormes perdas francesas em Verdun também custaram o comando ao general Joseph Joffre, que foi substituído pelo general Robert Nivelle.

Na Frente Oriental, o general russo Alexsei Brusilov lançou, no princípio de junho de 1916, uma bem-sucedida ofensiva de surpresa contra o Exército austro-húngaro e, em oito dias, a linha ao sul dos pântanos de Pripet cedeu e os russos conseguiram capturar 250 mil prisioneiros. Como resultado do desânimo que se abateu sobre os austro-húngaros, suas tropas foram postas sob comando alemão.

Na Rússia, no entanto, no curso do ano de 1916 a insatisfação contra a guerra e contra o governo do czar Nicolau II e a agitação promovida pelos bolcheviques chegou ao exército e alguns motins começaram a ocorrer, prenunciando a revolução que ocorreria no ano seguinte.

A chegada do ano de 1917 deu-se de forma sombria na Europa. As campanhas de atrito em Verdun e no Somme não haviam conseguido dar um fim à guerra, que deveria "acabar antes do Natal [de 1914]", e os mortos, feridos e incapacitados já chegavam à cifra dos milhões. Para o Brasil, 1917 seria decisivo, pois o afundamento de navios mercantes nacionais finalmente levariam o país à guerra.

O bloqueio marítimo torna-se mais intenso

Em março de 1916, Von Tirpitz foi substituído no comando da Marinha Imperial por defender a guerra submarina irrestrita a fim de romper o impasse na Frente Ocidental. Por ordem do Kaiser, a campanha havia sido suspensa temporariamente desde o afundamento do RMS Lusitania, que chocou a opinião pública mundial e provocou a ira dos norte-americanos. O chanceler Theobald von Bethmann-Hollweg, temendo a entrada dos EUA na guerra, manobrou para que Tirpitz fosse destituído da Secretaria de Estado para Marinha. No entanto, o experiente almirante conseguiu articular para que fosse nomeado como seu sucessor o almirante Eduard von Capelle, também favorável à guerra submarina irrestrita. Capelle, então, trabalhou para convencer o Kaiser sobre a importância de ampliar a campanha submarina, e finalmente, em 1º de fevereiro de 1917, Guilherme II a autorizou sem restrições geográficas. Defendendo seu posicionamento em favor do bloqueio e criticando as dissensões internas no governo alemão sobre a questão, Tirpitz registrou em suas memórias seus argumentos:

> Longo e triste capítulo o da guerra submarina! Nosso regime político, nos últimos anos, era tão desorganizado que só trazia confusão e incoerência. A declaração de bloqueio pela qual começou a guerra submarina foi prematura e mal concebida. [...] Nossas hesitações reforçaram as assertivas inglesas sobre a imoralidade da guerra submarina. Ninguém falava dos atos desumanos que a Inglaterra cometia. É que ela os fazia com resolução, crueza e tinha habilidade em divulgá-los. O povo alemão, crédulo, suportou pacientemente o bloqueio da fome que a Inglaterra lhe infligiu. E que teve como consequência a bancarrota do país, a doença, a miséria e a morte.[4]

|1917| A GUERRA CHEGA AO BRASIL

O bloqueio alemão se torna mais intenso: tripulantes tentam se salvar antes que seu navio, torpedeado por um *u-boat*, afunde.

O conde Johann von Bernstorff, embaixador alemão em Washington, alertou ao secretário de Estado dos EUA Robert Lansing, em um comunicado diplomático, sobre os perigos que corriam os navios de países neutros:

> [...] Os navios neutros que navegam nestas zonas de bloqueio o fazem por sua própria conta e risco. Embora cuidados tenham sido tomados para que navios neutros que estão a caminho de portos das zonas de bloqueio em 1º de fevereiro de 1917, [...] é altamente recomendável avisá-los com todos os meios disponíveis, a fim de fazer com que regressem.
>
> Os navios neutros que, em 1º de fevereiro, estiverem nos portos das zonas de bloqueio poderão, com a mesma segurança deixá-los. As instruções dadas aos comandantes de submarinos alemães preveem um período suficientemente longo, durante o qual é garantida a segurança dos passageiros em navios de passageiros inimigos desarmados. [...][5]

Ao tomar conhecimento do anúncio do bloqueio, o Brasil não poderia aceitar passivamente os seus termos, pois sua economia dependia essencialmente das exportações de café para a França e para a Grã-Bretanha. Embora o país não considerasse o café como produto de guerra, e, com isso os navios brasileiros que o transportavam estariam, em tese, livres de ataques, a Alemanha julgava o transporte de café para seus inimigos como contrabando, o que tornaria qualquer ataque justificável.

Mesmo pertencendo ao grupo germanófilo, o chanceler brasileiro Lauro Müller reuniu representantes de outros países sul-americanos em Petrópolis para angariar apoio e protestou contra a nova política de bloqueio alemã. Dentre outras considerações, a reclamação diplomática brasileira assinalava que

> [...] Por causa de os meios utilizados para realizar esse bloqueio, a extensão das zonas interditadas, a ausência de todas as restrições, incluindo a ausência de advertência para os navios sob ameaça, mesmo neutros, e a intenção anunciada de utilizar todos os meios militares de destruição de não importa qual país, esse bloqueio não seria nem normal, nem eficaz e seria contrário aos princípios de direito e às regras convencionais estabelecidas para as operações militares desta natureza.

Por estas razões, o governo brasileiro, apesar de seu desejo sincero e com vontade de evitar qualquer desacordo com as nações em guerra, com quem está em termos amigáveis, acredita ser o seu dever protestar contra esse bloqueio e, consequentemente, para deixar inteiramente com o Governo Imperial alemão a responsabilidade por todos os atos que envolvam cidadãos brasileiros, de mercadoria, ou de navios e que, comprovadamente, tenham sido cometidos com violação dos princípios reconhecidos do direito internacional e das convenções assinados pelo Brasil e pela Alemanha.[6]

Em resposta ao protesto diplomático, no dia 9 de fevereiro, o ministro das Relações Exteriores alemão, Arthur Zimmerman, enviou um ofício ao governo brasileiro justificando a nova política de seu país:

> [...] contra suas intenções, devido à atitude dos inimigos da Alemanha, [esta] se vê na obrigação de abater as restrições às quais se sujeitou o emprego de suas forças navais durante quase dois anos, apesar dos importantes interesses militares prejudicados por semelhante resolução.[7]

A expansão do bloqueio trouxe grandes problemas para a economia brasileira, baseada na exportação de produtos agrícolas para a Europa, especialmente o café. Para piorar a situação, os britânicos proibiram a sua importação, sob a alegação de que era um produto supérfluo e ocupava muito espaço nos navios e estes deveriam dar prioridade para transportar itens necessários ao esforço de guerra. Apesar da ameaça, no entanto, os navios mercantes brasileiros continuaram a transportar suas cargas na linha Brasil-Europa e logo pagariam o preço por isso.

Os Estados Unidos entram na guerra

Desde o afundamento do navio de linha RMS Lusitania pelo submarino U-20 em 1915, quando 128 cidadãos norte-americanos perderam a vida, a opinião pública dos EUA voltou-se contra as Potências Centrais, em especial contra a Alemanha, e o isolacionismo foi aos poucos sendo deixado de lado. A ameaça de afundamento de novos navios de bandeira americana levou o presidente Woodrow Wilson, em um pronunciamento no Congresso no dia 3 de fevereiro de 1917, a solicitar o rompimento de relações diplomáticas com a Alemanha. Disse o presidente, já aumentando o tom e ameaçando intervir na guerra:

> [...] Eu não consigo acreditar que eles de fato não levem em conta a amizade antiga entre seu povo e os nossos próprios ou as obrigações solenes que foram trocadas entre os dois [...] e destruir navios americanos, e tirar a vida de cidadãos americanos intencionalmente com o programa naval implacável que eles anunciaram a intenção de adotar.
>
> [...] se os navios norte-americanos e vidas americanas devem de fato ser sacrificados por seus comandantes navais em negligente violação dos justos e razoáveis entendimentos do direito internacional e dos ditames óbvios da humanidade, vou tomar a liberdade de vir novamente perante o Congresso para pedir que me seja dada autoridade para usar todos os meios que possam ser necessários para a proteção de nossos marinheiros e do nosso povo na execução de seu trabalho legítimo e pacífico em alto-mar. [...][8]

A reação negativa dos americanos era prevista, mas nem mesmo a ameaça de tirar os EUA do isolamento e trazê-los para a guerra parecia preocupar os mandatários germânicos. Sobre isso, o almirante Eduard von Capelle, secretário de Estado para a Marinha, foi direto, ainda em janeiro: "Os americanos nem mesmo chegarão, porque nossos submarinos irão afundá-los. Do ponto de vista militar, os americanos não significam nada, nada, e mais uma vez, nada."[9]

Mesmo assim, talvez por precaução, em janeiro de 1917, Berlim propôs ao México, em troca do apoio do país latino-americano à causa alemã, a devolução de uma grande parte do território norte-americano, incluindo o Texas, o Arizona e o Novo México, caso a Alemanha saísse vencedora no conflito. A proposta foi feita um telegrama assinado pelo ministro do Exterior, Zimmermann, e foi interceptada pela inteligência britânica, que a entregou no final de fevereiro ao presidente Wilson, recentemente reeleito. A publicação da carta na imprensa dos EUA, em 1º de março – três dias antes do discurso inaugural do segundo mandato do presidente –, alimentou ainda mais a causa intervencionista e provou que a neutralidade não poderia ser sustentada por muito mais tempo.[10]

Entre 1º de fevereiro, quando teve início a campanha submarina irrestrita, e o começo de abril, nada menos do que onze navios mercantes com bandeira norte-americana foram afundados ou avariados[11] pelos submarinos de Von Capelle, o que levou os EUA a declararem, em 6 de abril, guerra contra a Alemanha.

O ingresso dos norte-americanos na guerra representou um alento e reacendeu as esperanças de vitória para os governantes das potências Aliadas. O primeiro-ministro francês, Alexandre Ribot, discursou, cheio de júbilo:

> A bandeira estrelada irá tremular ao lado da tricolor. Nossas mãos se unirão e nossos corações baterão em uníssono. A poderosa e decisiva assistência que os Estados Unidos nos trazem não é apenas material; será uma ajuda moral, acima de tudo, uma verdadeira consolação.

Na mesma linha, seu congênere britânico David Lloyd George, em pronunciamento feito no Clube Americano de Londres, anteviu a possibilidade de os EUA desequilibrarem a balança de forças e romperem o impasse na Frente Ocidental:

> Já vejo a paz chegando – não a paz que será o começo de uma guerra, nem a paz que será uma preparação sem fim para mais derramamento de sangue, mas uma paz real. Hoje lutamos a mais devastadora guerra que o mundo já viu; amanhã – um amanhã talvez não tão distante – a guerra poderá ser abolida para sempre da categoria dos crimes humanos. Acho que os conselheiros militares alemães já devem estar percebendo que atrair os Estados Unidos para a guerra foi um daqueles trágicos erros de avaliação que leva ao desastre e à ruína.[12]

Em razão do alinhamento político do Brasil com os EUA, decorrente da Doutrina Monroe, a declaração de guerra teve reflexos imediatos no país. Em um despacho com o ministro das Relações Exteriores Lauro Müller no início de 1917, o presidente Wenceslau Braz afirmou que em qualquer evento relacionado com a guerra na Europa apoiaria o posicionamento dos EUA. O chanceler se opôs e expressou sua divergência para o presidente nos seguintes termos:

O argumento dos oradores nas praças públicas é sempre o mesmo: o Brasil tem que seguir o exemplo dos Estados Unidos. Isto significa tornarmos nossas as opiniões dos Estados Unidos. Mas um povo independente governa-se por si. [...] Muito e preciosamente vale a força extrínseca que vem do apoio amigo; ela, porém, não se fixa duradouramente sobre [...] as nações que se subalternizam.[13]

Apesar da posição do governo, a neutralidade brasileira não poderia durar muito tempo. A guerra, que rondava as águas territoriais do país e que havia provocado o afundamento de navios britânicos e alemães, logo faria vítimas brasileiras.

O afundamento do Paraná

A crescente ameaça submarina à navegação e à costa brasileiras estava ligada diretamente à importância das rotas comerciais que cruzavam o Atlântico, seja no serviço de cabotagem, seja nas viagens de longo curso entre o Brasil e a Europa. A Marinha do Brasil, pequena e obsoleta, não tinha condições de patrulhar os mais de 7 mil quilômetros de extensão do litoral do país e garantir a segurança da navegação.[14] Com tanta liberdade, os corsários alemães navegavam tranquilamente em águas brasileiras desde o início da guerra, como foi o caso do incursor de superfície SMS Möwe, que, em 28 de janeiro de 1917, foi abastecido de carvão junto à foz do Igarapé do Inferno, no longínquo e desabitado litoral do Amapá. Além de abordar e capturar navios mercantes britânicos e franceses, o Möwe lançou minas no Atlântico Sul, ao largo do Brasil.

Mesmo ciente da ameaça proporcionada pelos *u-boats*, o mercante Paraná zarpou do Rio de Janeiro no dia 9 de fevereiro, com destino ao porto francês de Havre, carregado com 95 mil sacas de café e de feijão. O vapor Paraná deslocava quase 4.500 toneladas, pertencia à Companhia de Comércio e Navegação e era, na época, o maior cargueiro da América Latina. Comandava o navio, já há alguns anos, o capitão José da Silva Peixe, português de nascimento, que emigrara para o Brasil ainda muito jovem e cedo ingressara na Marinha Mercante. Após escala no Recife, onde passou uma semana completando seu carregamento com sacas de açúcar, o navio partiu para aquela que seria sua última viagem. Na noite de 3 para 4 de abril de 1917, o Paraná navegava a cerca de 10 milhas ao largo do cabo Barfleur, a poucas horas de navegação de seu porto de destino, com todas as luzes acesas, a bandeira nacional hasteada em seu mastro e o nome "BRASIL" pintado nitidamente em seu casco de aço, tudo de acordo com as exigências feitas aos navios de países neutros.

Perto da meia-noite, sem qualquer aviso prévio, o navio foi atingido por um torpedo a bombordo, na altura do compartimento de máquinas, a cerca de um metro abaixo da linha de navegação, exatamente onde a inscrição "BRASIL" estava pintada no costado. O Paraná começou a soçobrar, quando o agressor, o submarino alemão UB-32, emergiu. Sob o comando do *Kapitänleutnant* Max Vieberg, que recentemente havia recebido a mais alta condecoração alemã, a Pour Le Mérite,[15] o UB-32, mudando de bordo, disparou cinco tiros de canhão contra o casco do navio já avariado e com as máquinas paradas, com a clara intenção de afundá-lo rapidamente. A decisiva intervenção de uma torpedeira francesa que patrulhava a área impediu uma tragédia, pondo o submarino em fuga e recolhendo os náufragos no dia seguinte. O Paraná, contudo, afundou nas primeiras horas do dia 4, levando consigo o 4º maquinista Antônio Machado Soares e dois foguistas brasileiros. A perda do navio foi relatada pelo próprio comandante Peixe, em despacho enviado para a Companhia de Comércio e Navegação:

> Paraná torpedeado, sem aviso, à meia-noite. Quarto maquinista e dois foguistas foram mortos, ficando ferida grande parte da tripulação, em consequência da explosão. Espero que me remeta, urgente, crédito. Fomos salvos depois de 12 horas, em botes de torpedeiras francesas. Foi um cúmulo o procedimento bárbaro dos alemães.[16]

O afundamento do Paraná provocou grande comoção no Brasil. A agressão reverberou na imprensa nacional, que passou a cobrar uma atitude mais enérgica do governo brasileiro e o alinhamento com os EUA na guerra contra a Alemanha. Uma crônica publicada na revista *A Cigarra* permite avaliar o tom da indignação nacional:

A alma brasileira, solidária e unida, vibra de indignação e patriotismo, diante da selvageria alemã, torpedeando um navio nosso e atirando contra a tripulação indefesa. Houve, no Brasil inteiro, um movimento de surpresa, logo substituído pela mais pronta e mais formidável repulsa de um povo ofendido nos seus brios. [...]

Ao lado dos Estados Unidos da América do Norte, os Estados Unidos da América do Sul propugnarão pela continuidade e solidez crescente da liberdade do continente americano. É pela segurança da paz, pela igualdade humana, da fraternidade universal, que nos bateremos, nós, que erigiremos nosso pavilhão. [...] O Brasil saberá se vingar com altivez o assassinato de seus filhos e patentear ao mundo culto, a compreensão dos seus altos deveres de povo livre.[17]

O embaixador alemão no Rio de Janeiro, Adolph Pauli, apressou-se em dar explicações, mas o governo brasileiro recusou-se a recebê-lo. No dia 11 de abril, o Brasil rompeu relações diplomáticas com a Alemanha e devolveu os passaportes aos seus representantes, o que, na linguagem diplomática internacional, representava sua expulsão do país. Um navio do Lloyd Brasileiro foi requisitado pelas autoridades para conduzir a legação alemã de volta ao seu país.

Mas, ainda que discordasse da política de bloqueio marítimo e sofresse prejuízos em sua economia, o governo brasileiro decidiu agir com cautela e manteve a neutralidade ante a declaração de guerra dos EUA contra a Alemanha e, para isso, publicou decreto em 25 de abril formalizando o posicionamento do Brasil:

O Presidente da Republica dos Estados Unidos do Brasil:

Havendo o Governo Federal recebido notificação oficial do Governo Americano de que o mesmo se acha em estado de guerra com o do Império Alemão;

Resolve que sejam observadas e cumpridas pelas autoridades brasileiras, enquanto o contrário lhes não for ordenado, as regras [de neutralidade] constantes da circular que acompanhou o Decreto nº 11.037, de 4 de agosto de 1914, no atual estado de guerra entre os Estados Unidos da América e o Governo do Império Alemão.[18]

A medida foi considerada demasiadamente branda, e os políticos de oposição, dentre os quais se destacava Rui Barbosa, seguiram pressionando o governo para que o Brasil acompanhasse o posicionamento dos EUA e também declarasse guerra contra a Alemanha.

Pressão popular e agitação no Brasil

O afundamento do Paraná provocou diversas manifestações públicas a favor da declaração de guerra. No sul do país e em São Paulo dezenas de estabelecimentos comerciais e propriedades de imigrantes alemães e de seus descendentes foram atacados e pilhados. Em Petrópolis, uma multidão atacou residências, fábricas e clubes, como a Gesellschaft Germânia, a empresa Arp, a escola alemã, o jornal *Diário Alemão* e o restaurante Brahma, que foi completamente destruído.

Em Porto Alegre, o tumulto teve início no Café Colombo, no dia 15, local de onde partiram os manifestantes para depredarem as propriedades alemãs. No café, que se achava lotado, um empregado do Arsenal de Guerra reprovou o atentado realizado contra o jornal *Deutsche Zeitung* na véspera, e convidou o povo a ser ordeiro. O orador foi interrompido constantemente, aos gritos de "não pode!". Após este, falou um indivíduo paulista, apoiando o atentado e pedindo ao povo que usasse de toda a violência. Em seguida, uma enorme massa, calculada em mais de 5 mil pessoas, dirigiu-se, de bonde e em outros veículos, para os arredores de São João, a fim de pôr termo à reunião dos alemães sócios do Clube Turnebund,[19] mas um piquete da Brigada Militar, que chegara ali a tempo, conseguiu evitar que se consumasse o ato de violência. Na volta, os populares que regressavam de bonde vaiaram durante todo o trajeto as casas alemãs, e, ao passarem pela pensão Schmidt, no Caminho Novo, apedrejaram o estabelecimento. O proprietário, seu filho e dois empregados reagiram com disparos de armas de fogo, ferindo os manifestantes Armando de Barros Casal, na coxa, e Justiniano Maria dos Santos, que teve ambas as pernas atravessadas por balas. O proprietário da pensão, seu filho e os empregados foram presos imediatamente pela polícia e conduzidos para o quartel do 1º Batalhão.

Findo o ato reprovável, os populares dirigiram-se para o centro da cidade, atacando as choperias e quebrando tudo o que encontravam. A Casa Voelckler, localizada na rua dos Andradas, teve as vitrines quebradas. Além disso, os populares arrancaram várias placas e picharam os letreiros dos estabelecimentos alemães. As farmácias Alemã e Popular também foram atacadas e tiveram os vidros de suas portas e vitrines quebrados.[20]

Em sentido contrário, operários e sindicalistas de linha comunista e anarquista posicionavam-se contra a guerra e acusavam o governo de estar desviando a atenção dos problemas sociais internos. Em algumas oportunidades, tais grupos entraram em choque com os nacionalistas que defendiam a entrada do Brasil na guerra. Uma greve geral foi deflagrada, lançando o país em um clima de desordem e instabilidade e obrigando o governo a reprimir violentamente o movimento.

Em um de seus vários discursos a favor da entrada do país na guerra, Rui Barbosa ponderou que a posição do Brasil era semelhante à dos EUA, perguntando se as vidas dos brasileiros valeriam menos do que as dos norte-americanos, já que eles tinham entrado na guerra e Brasil não. A imprensa brasileira também passou a pressionar abertamente o governo, publicando diversos editoriais que cobravam uma postura mais firme, como este do jornal *Correio da Manhã*:

> A guerra entrou em uma fase em que nenhuma nação pode mais ficar isolada. E nesses agrupamentos de potências, o nosso lugar está marcado pela ação fatal das circunstâncias, ao lado dos Estados Unidos. Nós não temos mesmo necessidade de procurar o rumo. O nosso destino está ligado ao da grande república do norte.[21]

Desde o início da guerra, o ministro das Relações Exteriores Lauro Müller, catarinense descendente de alemães, era acusado de ser germanófilo, principalmente por ser um defensor da neutralidade do Brasil. Natural de Itajaí, Müller graduou-se como engenheiro na Escola Militar e, após ingressar na política, foi ministro da Indústria, Viação e Obras Públicas do presidente Rodrigues Alves e governador de Santa Catarina. Na chancelaria, substituiu o barão do Rio Branco. Como responsável por conduzir a política externa, Lauro Müller adotou as medidas necessárias para manter o Brasil neutro, pelo que recebeu elogios dos representantes da diplomacia da França e da Rússia. Sua fidelidade à pátria foi questionada pelos jornais, em um movimento capitaneado por Rui Barbosa. Com a manutenção da neutralidade depois do afundamento do Paraná, os ataques contra sua reputação se intensificaram, e Müller, pressionado, pediu demissão no dia 3 de maio.

Dois dias após a renúncia, tomou posse no Ministério das Relações Exteriores o político Nilo Peçanha, defensor da causa Aliada e admirador de Rui Barbosa. Peçanha logo deu sinais dos novos rumos que iria dar à política externa: no dia 10 de maio, encaminhou um telegrama para o governo norte-americano declarando a intenção de o Brasil estreitar as relações com os EUA, desde que recebesse algumas compensações em troca do apoio.[22] A situação interna do país, contudo, iria se agravar ainda mais com o afundamento de mais dois navios brasileiros em um curtíssimo intervalo de tempo.

Mais dois navios brasileiros vão para o fundo do mar

No fim do mês de março, o cargueiro Tijuca, atracado no porto do Rio de Janeiro, carregava 37.500 sacas de café para serem conduzidas à França. Seu capitão, o português naturalizado brasileiro Carlos Antônio Duarte, tinha motivos para estar preocupado: o Tijuca era um navio velho, construído em Newcastle no ano de 1883, e havia sofrido uma explosão quando atracado no porto de Nova York alguns anos antes. Além disso, o capitão Duarte acabara de ser promovido na Companhia de Comércio e Navegação, deixando o comando do vapor Capivary, que fazia a linha de cabotagem, e assumindo suas novas funções no Tijuca. Seria sua primeira viagem à Europa como comandante, através de um oceano infestado de submarinos alemães.

Completado o carregamento, o navio zarpou do Rio de Janeiro na manhã de 28 de março de 1917, com destino ao porto de Le Havre, na França. Após realizar escalas no Recife, no arquipélago de Cabo Verde e na ilha da Madeira, o Tijuca partiu de Funchal em 12 de abril, para cumprir a última etapa de sua viagem. Porém, na noite de 20 de maio, quando navegava em águas do canal da Mancha a poucas milhas da ilha francesa de Ouessant, um torpedo arrebentou seu casco a estibordo. Imediatamente, seus tripulantes abandonaram o navio e conseguiram divisar o submarino que os atacou, o UC-36,[23] que se aproximou para abordar uma das baleeiras de socorro que haviam sido baixadas ao mar. O comandante do submarino *Kapitänleutnant* Gustav Buch[24] tentou interrogá-los, primeiro em alemão e depois em inglês, mas, como os brasileiros não compreendiam, finalmente utilizou o idioma espanhol. Após isso, o comandante Buch ordenou o disparo contra uma baleeira que estava vazia, desejou cinicamente "boa viagem" aos náufragos e partiu com seu submarino. As baleeiras com os tripulantes do Tijuca começaram a chegar à ilha de Ouessant, que emitiu comunicado para as autoridades navais francesas informando o ocorrido:

> Acaba de chegar a este porto uma embarcação com dezesseis homens do vapor brasileiro *Tijuca*, torpedeado no dia 20 do corrente, às 22 horas e 40, cinco milhas a sudoeste do farol de Pierres Noires. O primeiro oficial do *Tijuca* declarou ao comandante militar da ilha que ainda estavam no mar três embarcações com tripulantes do vapor, dos quais dois, pelo menos, apresentavam ferimentos.[25]

Perdeu a vida no ataque apenas um tripulante, o marinheiro João Gomes de Lima, vitimado pela explosão do torpedo. Posteriormente, os 36 tripulantes sobreviventes do navio foram conduzidos a Bordeaux e depois a Portugal, pelo paquete francês Garenne.

O Brasil ainda recebia as notícias do afundamento do Tijuca quando, apenas dois dias depois, em 22 de maio, o submarino U-47 interceptou o cargueiro Lapa, do Lloyd Nacional, ao largo do cabo Trafalgar, na costa espanhola. O Lapa fora construído em 1872, também em Newcastle, possuía 229 metros de comprimento e deslocamento bruto de 1.366 toneladas. Antes de ser adquirido pelo Lloyd, o navio navegou com bandeira francesa, com o nome Sparta, e argentina, nomeado Tagus. Sob o comando do capitão Francisco de São Marcos, outro oficial nascido em Portugal e naturalizado brasileiro, o navio partiu do Rio de Janeiro em direção a Santos, no dia 21 de março, carregado de frutas e conduzindo 8.750 sacas de café. No porto paulista, o Lapa carregou mais 12.341 sacas de café e partiu com destino a Marselha, na França. Depois de passar por reparos no porto de Vitória e realizar as escalas de praxe no Recife, Cabo Verde e Las Palmas, o navio seguia para Gibraltar, a fim de adentrar o mar Mediterrâneo, quando teve sua rota alterada pelo Almirantado britânico, que, por razões de segurança, determinou que seguisse para Cádiz, na Espanha.

O submarino U-47 patrulhava a costa ibérica e foi detectado pelos Aliados ao largo de Algarve, passando a ser perseguido por torpedeiros britânicos e portugueses. A embarcação alemã já havia conseguido despistar seus caçadores quando localizou o Lapa, obrigando-o a parar as máquinas com três tiros de canhão.[26] O submarino aproximou-se pela proa, identificou o navio e, após a apreensão de documentos e um breve interrogatório, o *Kapitänleutnant* Heinrich Metzger, comandante do submarino, deu cinco minutos para a evacuação do navio. Pouco depois de as baleeiras se afastarem do navio brasileiro com todos os seus 31 tripulantes, duas fortes explosões sacudiram o Lapa, que afundou em pouco mais de dois minutos. Um barco de pesca recolheu os náufragos e os levou em segurança a Sanlúcar de Barrameda, na Espanha.[27]

O afundamento dos navios teve como consequência o fim da neutralidade brasileira perante a guerra entre os EUA e a Alemanha, e o confisco dos navios alemães que estavam retidos nos portos brasileiros desde 1914, o que foi formalizado pelo Decreto nº 12.501, publicado no dia 2 de junho:

> O Presidente da Republica dos Estados Unidos do Brasil, usando da autorização que lhe concede o nº 1 do art. 2º do decreto legislativo nº 3.266, de 1º de junho do corrente ano, DECRETA:
>
> Art. 1º O Governo do Brasil requisita todos os navios mercantes alemães ancorados nos portos da República, a fim de utilizá-los como o aconselharem as conveniências e necessidades da navegação e do comércio.
>
> Art. 2º Uma vez ocupados, nos termos do decreto legislativo acima mencionado, esses navios serão considerados brasileiros para o efeito de poderem arvorar desde logo o pavilhão nacional.
>
> Art. 3º O Governo providenciará para que, no mais breve prazo possível, essas embarcações sejam postas em condições de navegar e no serviço de transportes, de acordo com o disposto no art. 1º.[28]

Os tripulantes dos navios foram desembarcados e alojados, sem maiores dificuldades, passando a ser alimentados pelo governo federal. A diplomacia alemã protestou, por intermédio da embaixada dos Países Baixos, que representava seus interesses junto ao Brasil depois do rompimento das relações diplomáticas entre os dois países. O chanceler Nilo Peçanha respondeu justificando a medida como represália, de acordo com as regras do direito internacional. Os navios foram rebatizados com nomes nacionais e receberam tripulações brasileiras. Alguns foram distribuídos para as companhias de navegação do país, a estatal Lloyd Brasileiro e a recém-criada Lloyd Nacional, de capital privado. Umas poucas embarcações foram incorporadas à Marinha do Brasil e as demais foram arrendadas para a França, como contribuição brasileira ao esforço de guerra.

Curiosamente, um desses navios, o Palatia, rebatizado como Macau, seria afundado por um submarino alemão em outubro, e seria o motivo para a entrada do Brasil na guerra.

Em 4 de junho, o embaixador brasileiro em Washington, Domenico da Gama, escreveu ao secretário de Estado norte-americano Robert Lansig, declarando que o Brasil estava revogando o estado de neutralidade e rompendo os laços diplomáticos com a Alemanha:

> O Brasil nunca teve nem tem ambições bélicas, e, apesar de sempre se abster em mostrar qualquer parcialidade com relação ao conflito europeu, não pode mais permanecer despreocupado quando a luta envolveu os Estados Unidos. Não temos qualquer interesse, seja qual for, apenas lutamos em favor da ordem jurídica internacional quando a Alemanha nos incluiu e a outras potências neutras nos mais violentos atos de guerra.[29]

Com o fim da neutralidade, o presidente Wenceslau Braz autorizou o uso dos portos brasileiros por navios de guerra norte-americanos, que aproveitaram de imediato a oferta para marcar presença e demonstrar força. Em maio de 1917, a Marinha dos EUA enviou o Esquadrão de Patrulha do Atlântico Sul para o Brasil, sob o comando do almirante William Banks Caperton, Comandante em Chefe da Frota do Pacífico. Caperton, que logo identificou sua missão mais como diplomática do que militar, tornou-se o mais conhecido representante dos EUA na América do Sul e trabalhou em estreita colaboração com diplomatas civis para maximizar a influência norte-americana na região.

Receosos com a política desenvolvida anteriormente pelos EUA para a América Latina, caracterizada pelo *Big Stick*, setores da imprensa brasileira questionaram publicamente a vinda dos navios norte-americanos, o que levou sua embaixada no Rio de Janeiro a emitir um comunicado explicando a finalidade da presença naval de seu país no Atlântico Sul:

> Desenvolvendo as primeiras notícias aqui publicadas com referência à esperada vinda ao Brasil de uma esquadra de navios pertencentes à Marinha dos Estados Unidos da América, a imprensa brasileira, principalmente desta capital, tem dado curso a versões as mais desencontradas, sobre o motivo da vinda dessa esquadra. [...]
>
> A esquadra vem estacionar-se no Atlântico meridional com o intuito, alta e puramente amigável, de patrulhar as águas desse oceano, procurando garantir a livre navegação aos navios sob qualquer pavilhão de qualquer das nações amigas, e de cooperar com todas as forças vivas empenhadas em proporcionar aos povos livres do continente o gozo das regalias consagradas pelas regras do Direito e da Humanidade.[30]

Com efeito, em meados de junho a esquadra norte-americana, composta pelos cruzadores blindados USS Pittsburg, USS Pueblo e USS South Dakota, e pelos cruzadores auxiliares Frederik Karl e Von Restander, depois de uma escala no porto de Salvador, chegou ao Rio de Janeiro, onde foi recebida festivamente pelas autoridades brasileiras. Além de romper as conversações da diplomacia com os alemães, o governo brasileiro alinhavase com os EUA e preparava o caminho para ingressar na guerra contra a Alemanha. Com o apoio norte-americano, a opinião pública intensificou ainda mais sua posição contra as Potências Centrais e os preparativos para apoiar a causa dos Aliados tornaram-se mais evidentes.

Guerra fantasma na madrugada

Um incidente ocorrido na madrugada de 28 de julho revelou como a tensão provocada pelo fim da neutralidade deixou as Forças Armadas brasileiras em estado de alerta máximo. No silêncio da noite, foram ouvidos estrondos provenientes do mar, que poderiam ser um canhoneio, ao largo do Rio de Janeiro na direção da ilha Rasa. Alguns vigias de serviço na Fortaleza de Santa Cruz, localizada na barra da baía de Guanabara, chegaram a afirmar que distinguiram perfeitamente os clarões provocados pelos disparos de artilharia. Na madrugada, a fortaleza se comunicou com o oficial de serviço no Arsenal de Marinha, dando ciência do que poderia estar ocorrendo nas proximidades da ilha Rasa, à entrada do porto do Rio de Janeiro. De posse deste comunicado, o oficial transmitiu o informe ao ministro da Marinha e ao chefe do Estado-Maior da Armada. Concomitantemente, as fortalezas de São João, do Imbuí e de Copacabana se comunicaram com as autoridades navais ratificando as notícias da Fortaleza de Santa Cruz.

Às duas horas da manhã o ministro da Marinha chegou ao Arsenal de Marinha, aonde pouco tempo depois chegaram o chefe do Estado-Maior da Armada e o comandante da Divisão Naval do Centro. Os almirantes conferenciaram durante um certo tempo e, em seguida, o almirante Francisco de Mattos, comandante da Divisão, embarcou no encouraçado Minas Gerais. Com o raiar do dia, as autoridades navais tomaram as providências para que os navios da Esquadra se pusessem em movimento.

O comandante da Fortaleza de Santa Cruz também se comunicou por telefone com o ministro da Guerra, marechal Caetano de Faria, informando-o que haviam sido vistos grandes clarões, característicos da explosão de granadas, parecendo, do ponto de vista daquela fortificação, de algum combate naval, quase nas proximidades da ilha Rasa. Ciente do alarmante comunicado, o ministro ligou-se por telefone com o general Silva Faro, comandante da 5ª Região Militar, que determinou a imediata prontidão das fortalezas. Com efeito, as fortalezas de Santa Cruz, Laje, Imbuí, São João e Copacabana entraram em prontidão desde cedo, com as guarnições a postos e as respectivas baterias municiadas e assestadas para qualquer eventualidade.

Os navios da Esquadra receberam, logo pela madrugada, ordem para estarem de sobreaviso. O encouraçado Minas Gerais, o tênder Ceará e os contratorpedeiros Santa Catarina e Mato Grosso acenderam suas caldeiras imediatamente e as flotilhas de hidroaviões e de submersíveis entraram em prontidão. Após receberem ordem específica, a fim de verificarem o que havia ocorrido fora da barra, deixaram seus ancoradouros os submarinos F1 e F3.

O contratorpedeiro Santa Catarina recebeu a missão de seguir para fora da barra, o que fez às 9 horas da manhã, a fim de proceder a uma exploração nas imediações da ilha Rasa, onde se acreditava ter sido travado o combate naval. O tênder Ceará ficou cruzando a entrada da barra, assim como os submarinos. O Mato Grosso recebeu ordens para estacionar nas proximidades do costão da Fortaleza de Santa Cruz.

Com a partida de todos os navios britânicos que estavam fundeados na baía de Guanabara 48 horas antes, quando zarpou o cruzador HMS Glasgow, acreditava-se que este navio ou qualquer outro da Marinha Real houvesse encontrado alguma embarcação inimiga, dando motivo ao suposto combate naval. Ficou então acordado que o encouraçado Minas Gerais, em razão de sua estação radiotelegráfica de longo alcance, procurasse falar com o HMS Glasgow. Chamado o cruzador britânico, respondeu o transporte HMS Macedonia, o qual informou que a flotilha britânica seguia em rota sem nenhum problema. Após nova insistência, o Glasgow respondeu ao Minas Gerais, dando ciência da situação de completa normalidade.[31]

De posse das informações e como nada de anormal havia sido avistado pelo Santa Catarina, o ministro da Marinha determinou o retorno dos navios ao porto, o que ocorreu por volta das três e meia da tarde. Embora não resultasse em nenhuma consequência, o incidente demonstrou o grau de prontidão do exército e da marinha na capital brasileira.

O afundamento do Macau

O Palatia era um cargueiro com casco de aço com 111 metros de comprimento e 3.558 toneladas de deslocamento. O navio fora fabricado pelo estaleiro Flensburger Schiffsbau-Ges, na Alemanha, em 1912, e se encontrava atracado no porto de Santos a serviço da companhia HAPAG, quando eclodiu a guerra. Depois de permanecer internado pelo governo brasileiro, com o decreto de 2 de junho foi confiscado, rebatizado como Macau e distribuído ao Lloyd Brasileiro para atuar na linha Brasil–França. O navio partiu de Santos em 5 de setembro, carregado de café e transportando uma tropa do Tiro Naval de Santos, com destino ao Rio de Janeiro, onde completou sua carga de 67 mil sacas de café e feijão, adquiridas pelo governo da França. No dia 18, zarpou em direção ao porto francês de Havre, com escalas de reabastecimento previstas para Recife e Bordeaux. Comandava o Macau o capitão Saturnino Furtado de Mendonça, que, um ano antes, quando comandara o

Guajará, havia enfrentado um motim de parte de sua tripulação, após ocorrer um acidente com uma válvula que quase levou o navio a pique diante do porto de Nova York. Esta, que seria a primeira viagem no Macau para a Europa, sob a bandeira brasileira, também seria a última.

No dia 18 de outubro, o navio navegava a 200 milhas do cabo Finisterra, na Galícia, acidente fisiográfico que forma a extremidade ocidental da península ibérica, local onde, em 1747, a esquadra francesa de Jacques-Pierre de La Jonquière foi derrotada pelos navios ingleses do almirante George Anson, durante a Guerra de Sucessão Austríaca. Nessa posição, já em águas espanholas, o Macau foi interceptado e torpedeado pelo submarino U-93. O comandante alemão, *Kapitänleutnant* Helmuth Gerlach, ordenou ao capitão brasileiro e ao taifeiro Arlindo Dias dos Santos que desembarcassem e subissem a bordo do submarino, enquanto os demais tripulantes procuravam abrigo nas baleeiras. Em poucos minutos o Macau desapareceu sob as águas do Atlântico, mas todos os 47 tripulantes que estavam nas baleeiras conseguiram se salvar. Contudo, nada mais se soube do paradeiro do capitão Saturnino e do taifeiro Arlindo. Depois do ataque, o U-93 continuou sua patrulha ao longo da costa francesa, no setor compreendido entre as ilhas do Canal e Penmarch. O último contato com o submarino foi em 5 de janeiro de 1918, embora afundamentos de mercantes mostrem que ele esteve ativo pelo menos até o dia 15. Depois dessa data, nunca mais se teve notícia do U-93 ou de sua tripulação.

O chanceler Nilo Peçanha procurou, por intermédio da embaixada brasileira na Suíça, cobrar do governo alemão informações sobre os marinheiros desaparecidos, mas não obteve sucesso. O embaixador brasileiro em Berna, Raul Rio Branco, enviou um telegrama para o Ministério das Relações Exteriores, assinalando mais incertezas do que respostas:

> Dos campos de concentração de prisioneiros, fortemente desorganizados devido aos acontecimentos recentes, não me forneceram o menor indício sobre o comandante do vapor brasileiro *Macau*. Julgo falsa a explicação anteriormente dada pelo almirantado alemão e sou mais inclinado a crer que o comandante do *Macau*, prisioneiro a bordo do submarino que lhe afundou o navio, tenha desaparecido com toda a equipagem do mesmo submarino, torpedeado pouco depois por um destroier inglês.[32]

Durante quatro mandatos presidenciais sucessivos, o Brasil pressionou a Alemanha para saber do paradeiro dos dois tripulantes do Macau, mas, como não houve resposta, o assunto foi esquecido com o passar do tempo, permanecendo um dos grandes mistérios da história militar brasileira.

Revolta e reconhecimento do estado de guerra

A notícia do torpedeamento do Macau chegou ao país somente cinco dias depois, em 23 de outubro. A indignação que se seguiu ao afundamento fez recrudescer a revolta popular. No Rio de Janeiro, armazéns, restaurantes, fábricas, e jornais de empresários germânicos foram vandalizados e saqueados, a exemplo do que ocorrera em São Paulo e no sul do país.

O afundamento do Macau também foi a gota d'água para o governo brasileiro, restando apenas reconhecer a existência de um estado de guerra já existente. O presidente Wenceslau Braz encaminhou ao Congresso Nacional, em 25 de outubro, uma mensagem apresentando sua disposição em romper a neutralidade e reconhecendo que o Brasil, de fato, já se encontrava em guerra, nos seguintes termos:

> Senhores membros do Congresso Nacional,
>
> Cumpro o penoso dever de comunicar ao Congresso Nacional que, por telegramas de Londres e Madri, o governo acaba de saber que foi torpedeado, por um submarino alemão, o navio brasileiro *Macau* e que está preso o seu comandante.
>
> A circunstância de ser este o quarto navio nosso posto a pique por forças navais alemãs é por si mesma grave, mas esta gravidade sobe de ponto com a prisão do comandante brasileiro.
>
> Não há como, senhores membros do Congresso Nacional, iludir a situação ou deixar de constatar, já agora, o estado de guerra que nos é imposto pela Alemanha.
>
> A prudência com que temos agido não exclui, antes nos dá a precisa autoridade, mantendo ilesa a dignidade da nação para aceitar os fatos como eles são e aconselhar represálias de franca beligerância.

Se o Congresso Nacional, em sua alta sabedoria, não resolver o contrário, o governo mandará ocupar o navio de guerra alemão que está ancorado no porto da Bahia, fazendo prender a sua guarnição, e decretará a internação militar das equipagens dos navios mercantes de que nos utilizamos.

Parece chegado o momento, senhores membros do Congresso Nacional, de caracterizar na lei a posição defensiva que nos têm determinado os acontecimentos, fortalecendo os aparelhos de resistência nacional e completando a evolução da nossa política externa, à altura das agressões que vier a sofrer o Brasil.

Palácio da Presidência, Rio de Janeiro, 25 de outubro de 1917. Wenceslau Braz P. Gomes.[33]

No dia seguinte, após um exaltado debate que mobilizou deputados e senadores, o Congresso Nacional publicou o Decreto nº 3.361, reconhecendo o estado de guerra contra a Alemanha:

O Presidente da República dos Estados Unidos do Brasil:

Faço saber que o Congresso Nacional decretou e eu sanciono a seguinte resolução:

Artigo único – Fica reconhecido e proclamado o estado de guerra iniciado pelo Império Alemão contra o Brasil e autorizado o Presidente da República a adotar as providências constantes da mensagem de 25 de outubro corrente e tomar todas as medidas de defesa nacional e segurança pública que julgar necessárias, abrindo os créditos precisos ou realizando as operações do crédito que forem convenientes para esse fim; revogadas as disposições em contrário.[34]

Apenas o senador Joaquim Pires, do estado do Piauí, votou contra a resolução, alegando ser inconstitucional. Observa-se que não houve declaração formal de guerra, mas sim o "reconhecimento" do estado de beligerância, artifício retórico elaborado por Rui Barbosa pelo qual o Brasil se dava o direito de reagir às agressões da Marinha Imperial alemã.

Dias depois, o chanceler Nilo Peçanha enviou uma carta aberta ao embaixador brasileiro no Vaticano, com a clara intenção de ser lida e conhecida por todos os países do mundo, explicando para o papa Bento XV as razões do Brasil para entrar no conflito e invocando o propósito do país em criar um mundo mais pacífico e democrático no pós-guerra:

> A nação brasileira, que nunca se envolveu em uma guerra de conquista, mas sempre defendeu a arbitragem como solução para os conflitos externos na Constituição da República, e não tem queixas e sofrimentos passados ou presentes de vingança; que tem resolvido com serenidade todas as perguntas relativas limites territoriais, e com um conhecimento preciso do que pertence a ela e com a extensão de seu vasto território; que, graças ao trabalho não só de seus próprios filhos, ansiosos para provar-se digno de tão rico patrimônio, mas da de todos os estrangeiros que nossa hospitalidade assimilou; esta nação, Vossa Excelência pode garantir sua Santidade, teria permanecido além do conflito na Europa, apesar da simpatia da opinião pública para a causa liberal dos Aliados [...].

> Felizmente hoje as repúblicas do Novo Mundo são mais ou menos aliadas em seus direitos, mas todas, igualmente ameaçadas em sua liberdade e sua soberania, aproximaram os laços de solidariedade que anteriormente era meramente geográfico, econômico e histórico, e que as necessidades de autodefesa e independência nacional agora também impõem uma política comum.[35]

Finalmente, após a guerra rondar as águas brasileiras desde 1914, o Brasil entrava no conflito, acompanhando os mesmos passos dos EUA, com uma defasagem de seis meses. É interessante observar que não houve uma declaração formal de guerra pelo Brasil, mas sim o reconhecimento de um estado de guerra iniciado pelo Império Alemão. Embora as disputas entre as potências europeias que deram origem à guerra fossem um assunto distante do Brasil, o país agora teria que dar sua contribuição para o esforço de guerra dos Aliados.

O fim da canhoneira Eber

Uma das primeiras ações militares após a entrada oficial do Brasil na guerra foi a tentativa de captura da canhoneira SMS Eber, que estava internada na baía de Todos os Santos havia quase três anos. A operação já era de conhecimento público, visto que vinha sendo anunciada há algum tempo pela imprensa brasileira, o que gerou reações do comandante de um dos mercantes alemães confiscados, o qual se dirigiu em tom desafiador e insolente às autoridades marítimas do porto de Salvador:

> Deixamos os brasileiros entrarem nos navios de comércio alemães, porque temos a certeza de que sairão deles com a mesma facilidade com que entraram, assim que a Alemanha for vitoriosa. Mas o que não admitiremos é que esse povo de ladrões e assassinos ouse tomar ou fiscalizar um navio de guerra alemão. É por isso que faremos a canhoneira *Eber* ir pelos ares, se por acaso o governo brasileiro quiser confiscá-la.[36]

No dia 26 de outubro, o ministro da Marinha telegrafou ao almirante Francisco de Matos em Salvador ordenando a captura do navio. A missão foi atribuída à capitania dos Portos de Salvador, que destacou uma tropa de marinheiros do contratorpedeiro Piauí para abordar e apreender a canhoneira.

Conforme ameaçaram os alemães, já havia sido planejado há tempos o afundamento da Eber caso o Brasil entrasse em guerra contra a Alemanha, para que ela não caísse em mãos brasileiras. O plano consistia em incendiar o navio e abrir as válvulas de porão para provocar o afundamento e, com a escalada da guerra no mar e o aumento das tensões entre Brasil e Alemanha, a tripulação da Eber destruiu a documentação do navio, inclusive os livros de criptografia de comunicações.

A aproximação dos marinheiros enviados para fazer a abordagem foi percebida por uma sentinela alemã na Eber, e o plano de destruição do navio foi posto em prática, com o derramamento de combustível no convés para provocar o incêndio, e a abertura das válvulas no porão. Por volta das 19h30, a canhoneira já estava praticamente submersa e seus tripulantes a abandonaram. Ao chegarem em terra, 13 marinheiros alemães foram capturados pela tropa do Tiro Naval, comandada pelo capitão-tenente Plínio Rocha, que havia sido enviada para reforçar a ação principal. Coube ao comandante Mello Pinna, capitão dos portos de Salvador, transmitir as más notícias para o ministro da Marinha, via telegrama:

|1917| A GUERRA CHEGA AO BRASIL

Arthur Renard, Kiel, 1899

A canhoneira SMS Eber foi afundada em Salvador pela própria tripulação para não cair nas mãos das autoridades brasileiras.

Ao iniciar determinado vossas ordens, tripulação canhoneira *Eber* incendiou navio, não sendo possível dominar fogo indo navio a pique, estando também válvulas abertas, saudações.[37]

A demora em agir e a falta de um plano de abordagem previamente formulado e devidamente ensaiado fizeram com que se perdesse a oportunidade de capturar um navio de guerra moderno que poderia ser utilizado pela Marinha do Brasil.

Duplo ataque nas ilhas do Cabo Verde

Mesmo com o bloqueio e com a ação dos submarinos, a economia de guerra não podia parar e o tráfego de navios mercantes entre o Brasil e a Europa permanecia intenso. O vapor Guahyba, de 1.119 toneladas e pertencente à Companhia de Comércio e Navegação, partiu do porto de Santos com destino ao Havre, carregado com 37 mil sacas de café. Comandava o navio o capitão Paulo Nunes Guerra, um experimentado oficial da Companhia com muitas horas de mar.

Quase ao mesmo tempo o Acary, um dos navios alemães confiscados pelo Brasil (ex-Ebemburg), zarpou do Rio de Janeiro transportando 43 mil couros salgados para serem entregues em Liverpool, e 30 mil sacas de café adquiridas pelo governo da França, previstas para descarga no Havre. O navio possuía 118 metros de comprimento, deslocava 4.275 toneladas e pertencia à frota do Lloyd Brasileiro. Os dois navios deram entrada no Porto Grande, da ilha de São Vicente do arquipélago do Cabo Verde, com apenas 24 horas de diferença, o Acary em 30 de outubro e o Guahyba no dia seguinte. Praticamente todos os navios que se dirigiam da América do Sul para a Europa faziam escala de reabastecimento na ilha, onde, sob a proteção das fortalezas de Boa Vista, Santo Antão e Rochedo dos Pássaros, localizadas na entrada do porto, podiam recompletar seu suprimento de carvão e fazer a aguada.

Na manhã do dia 3 de novembro, apenas uma semana após o reconhecimento do estado de guerra pelo Brasil, o submarino alemão U-151, comandado pelo *Kapitänleutnant* Waldemar Kophamel, outro agraciado com a medalha Pour le Mérite, atacou, em um único dia, os dois navios mercantes brasileiros.[38]

Pouco depois das sete horas da manhã, o Guahyba, acabara de zarpar para a etapa final de sua viagem e nem sequer havia saído do porto quando recebeu o impacto direto de um torpedo, que atingiu o casco perto da sala de máquinas e provocou a morte instantânea de dois foguistas. Agindo com rapidez e tirocínio, o capitão Paulo Guerra conseguiu manobrar o navio e conduzi-lo de volta ao porto, encalhando-o, propositalmente, em águas rasas.

Após atingir o Guahyba, o comandante Kophamel visualizou o mercante Acary ainda em processo de reabastecimento de carvão no porto e decidiu atacá-lo. Atingido por um torpedo, o comandante do navio, capitão Pedro Velloso da Silveira, acendeu suas caldeiras e, mesmo com avarias na casa de máquinas e com o porão de ré inundado, também conseguiu encalhá-lo em uma praia próxima, para evitar o afundamento.

Em uma entrevista concedida quando de seu regresso ao Brasil, o praticante de piloto do Guahyba, Satyro Duque Estrada, narrou como se deu o duplo ataque do U-151:

> Seriam 7 e 15 da manhã [...] quando eu e alguns colegas, que nos achávamos no salão de refeições, ouvimos um forte estampido. Conversávamos, no momento, sobre os perigos que enfrentávamos prestes ao término de uma tão perigosa jornada. O acontecido do Macau não nos saía da cabeça e todos nós comentávamos a atitude do Brasil desde o rompimento diplomático. Sentíamos em nós vibrar o patriotismo e a nostalgia natural desaparecia, então. Ao estampido, que tudo abalou, erguemo-nos, como que movidos por uma mesma mola. O Guahyba parecia adernar. O primeiro momento foi de espanto. O comandante deu as ordens precisas, e o navio moveu-se. O torpedo atingira-o na casa das máquinas, produzindo um grande rombo, e, quando ainda a bordo todos nós, como que aparvalhados, mal ouvíamos a voz de comando, um outro estampido ecoou formidável. Outro navio? Esquecemo-nos, por um momento, de nós mesmos. Corremos ao convés e vimos, distintamente, numa carreira vertiginosa, o submarino. Torpedeara ele o Acary, que estava no porto de São Vicente, fundeado muito perto de nós. Passado o pasmo e, à voz de tripular baleeiras, a marinhagem se moveu. Só então, pudemos, de perto, e com mais calma, medir as consequências do torpedeamento: um rombo de seis metros de extensão e quatro de largura vimos na casa das máquinas.[39]

O duplo ataque provocou a morte de dois tripulantes do Guahyba – os foguistas Octaviano Vargas de Souza e Antônio Moura Lima – e deixou cerca de uma dezena de feridos. Mais uma vez, ficou evidente que a navegação no Atlântico Sul, particularmente na costa da África Ocidental, não era uma atividade segura.

As defesas do porto procuraram responder à ação do submarino inimigo com todos os meios disponíveis e as fortificações ao redor da baía começaram a disparar sobre o ponto em que supunham estar o submarino. A canhoneira portuguesa Ibo, que se encontrava atracada sendo abastecida, largou logo que obteve pressão nas caldeiras e partiu em perseguição do submarino por entre os destroços que flutuavam pelas águas do porto. O submarino, ao ver o navio de guerra português se aproximar, submergiu e, com um 30 metros de água sobre o casco, ficou protegido de qualquer tiro de canhão que fosse disparado contra ele. O U-151 manteve-se escondido por alguns dias nas imediações da ilha, mas, na noite de 7 de novembro, com ousadia, ingressou novamente no porto e encostou junto ao navio holandês Kennemerland, que, na verdade, era um navio espião alemão, mas foi prontamente repelido por disparos da Ibo, que o obrigaram a mergulhar e fugir.[40]

O submarino manteve-se na área até ao dia 14, quando desapareceu de vez das águas de São Vicente e se dirigiu para a ilha da Madeira. O U-151 provocou grandes prejuízos à navegação mercante aliada e tornou-se um dos mais bem sucedidos da guerra. Ao final do conflito, quando se rendeu aos franceses em Cherbourg, havia afundado 34 navios, perfazendo um total de 88.395 toneladas.

O Brasil em estado de sítio

O efetivo reconhecimento do estado de guerra contra a Alemanha não foi suficiente para arrefecer as tensões internas no Brasil. Em julho, uma greve geral foi deflagrada em São Paulo pelos sindicatos com orientação anarcocomunista, na qual mais de 40 mil trabalhadores paralisaram suas atividades, causando pressão social e instabilidade política. O movimento operário reivindicava 20% de aumento salarial para os trabalhadores das fábricas e ameaçava se estender para Santos, importante cidade portuária

|1917| A GUERRA CHEGA AO BRASIL

O cruzador
Rio Grande do Sul (C-3)
patrulhando águas africanas.

por onde era escoada boa parte da produção cafeeira, e Campinas. Pode-se ter uma ideia do estado de espírito do movimento e de seu impacto na capital paulista pela matéria publicada no jornal *Guerra Sociale*:

> [...] eram quase 22 horas quando os manifestantes se puseram em movimento em direção à rua 15 de Novembro em grande coluna, a cuja frente iam as duas bandeiras vermelhas. E assim, cantando hinos revolucionários, dando morras à sociedade burguesa, estigmatizando a guerra, o sorteio obrigatório etc., erguendo vivas aos nossos ideais e levantando os punhos cerrados para os burgueses que, medrosamente, deixavam ver as suas caras nas janelas [...].[41]

Outro fator de pressão interna era a situação dos colonos de origem alemã no sul do país, muitos pangermanistas fanáticos, que eram vistos pelo governo federal como uma ameaça à manutenção do controle na região. Em Florianópolis, o cônsul alemão incentivava os imigrantes a se armarem e promoverem agitações nas cidades catarinenses com população majoritariamente de origem germânica.

Ameaçado em sua frente doméstica, o presidente Washington Luís resolveu, em 17 de novembro, decretar o estado de sítio nos estados do Sul e do Sudeste:

> O Presidente da República dos Estados Unidos do Brasil; usando da autorização contida no Art. 1º da Lei n. 3.393, de 16 de novembro deste ano, DECRETA:

> Artigo único. São declarados em estado de sitio o Distrito Federal e os Estados do Rio de Janeiro, S. Paulo, Paraná, Santa Catharina e Rio Grande do Sul, ficando suspensas as garantias constitucionais.[42]

Sendo um homem do Direito, em discurso no Senado, Rui Barbosa protestou contra a implantação do estado de sítio que, a seu ver, diminuía a simpatia da população pela entrada do Brasil na guerra:

> Aqui não há território ocupado, nem território invadido; não se mobiliza, nem se chama a nação em armas. Mas o governo, em lugar de aviventar o espírito público, acender a paixão do povo, em vez de animar a nação, de chamar o país a vir colaborar com o governo, oferece-lhe o estado de sítio, afugentando os elementos de popularidade da guerra, incitando a guerra a ser amaldiçoada pela nação.[43]

Mas, apesar dos protestos de Rui Barbosa, o estado de sítio foi efetivamente implementado com a suspensão de direitos civis e garantias constitucionais. As greves foram reprimidas pela polícia e, no sul do país, medidas xenófobas foram adotadas, como a proibição de circularem jornais publicados em língua alemã. Foi proibido o funcionamento de escolas germânicas e se organizou a mais severa fiscalização em torno das demais escolas estrangeiras, que foram obrigadas a adotar o ensino da língua portuguesa, da geografia e história pátrias. O estado que possuía maior número de escolas alemãs era o de Santa Catarina, onde somente o município de Blumenau, contava com cerca de 120. O governo tentava, com tais medidas, manter o controle e a unidade do país, que agora deveria contribuir com os Aliados no esforço de guerra.

Defendendo o litoral

Considerando que a guerra chegara ao Brasil pelo mar e em virtude da agressividade da campanha submarina alemã, a defesa do litoral passou a ser um problema a ser enfrentado com prioridade, que era agravado pela sua imensidão de mais de 7.400 quilômetros de extensão. Com as limitações das Forças Armadas brasileiras, era necessário selecionar as áreas a serem defendidas, e três logo despontaram na escala de prioridades. No principal porto e centro econômico e político mais importante do país, o Rio de Janeiro, instituiu-se uma linha de minas submarinas cobrindo 600 metros entre as fortalezas da Laje e de Santa Cruz, fechando a boca da baía de Guanabara. Duas ilhas oceânicas preocupavam as autoridades navais de então, devido à possibilidade de serem utilizadas como pontos de refúgio e reabastecimento de navios e submarinos inimigos: Trindade e Fernando de Noronha.

A primeira foi ocupada militarmente em maio de 1916, com um contingente de cerca de 50 marinheiros e fuzileiros navais, com o objetivo de impedir a sua utilização por navios inimigos. Uma estação radiotelegráfica mantinha as comunicações com o continente, e Trindade era frequentemente visitada por navios de guerra para o seu reabastecimento. Quanto a Fernando de Noronha, lá existia um presídio administrado pelo estado de Pernambuco. A Marinha, então, assumiu a defesa da ilha, destacando um grupo de militares para guarnecê-la. Não houve, contudo, no decorrer da guerra, nenhuma tentativa de ocupação por parte dos alemães.

Por iniciativa dos deputados Coelho Neto e Augusto de Lima, foi criado, em outubro de 1917, o Serviço de Defesa das Costas e Fronteiras do Brasil por meio de Engenhos Aéreos, com a finalidade de realizar o patrulhamento aéreo para detectar a presença de submarinos inimigos em águas territoriais brasileiras. A Câmara dos Deputados aprovou um crédito inicial de 500 contos de réis e foram realizadas algumas subscrições públicas para arrecadar fundos destinados à compra de aeronaves. Embora alguns aviões chegassem a ser adquiridos e a Marinha planejar o emprego dos meios aéreos, o Serviço não pôde ser organizado a tempo de se tornar operacional antes que a guerra terminasse.[44]

Como contribuir?

Uma vez oficialmente em estado de guerra, o Brasil apressou-se em oferecer seus préstimos à causa Aliada, apesar da carência de infraestrutura e de seu pouco expressivo poder militar. Entre 20 de novembro e 3 de dezembro de 1917 ocorreu em Paris a Conferência Interaliada, na qual o representante brasileiro, Olyntho de Magalhães, antigo ministro das Relações Exteriores, ofereceu uma divisão naval para patrulhar e combater os submarinos alemães no Atlântico Sul. Pressionada pela falta de unidades navais, a Grã-Bretanha logo aceitou a oferta brasileira de uma frota composta por cruzadores e contratorpedeiros. Na ocasião também ficou decidida a abertura dos portos brasileiros para as nações Aliadas, o envio de aviadores navais para a Inglaterra e de uma missão médica militar para a França.

Como contribuição para o esforço de guerra, o Brasil cedeu para a França 30 dos 44 navios alemães que haviam sido confiscados pelo prazo de um ano e a um custo de cerca de 105 milhões de francos, os quais operariam com tripulações brasileiras. Além disso, foi criada, em 21 de dezembro, a Comissão de Estudos de Operações e Aquisição de Material na França. Sob o comando do general Napoleão Felippe Aché, a comissão funcionaria com oficiais brasileiros adidos ao Exército francês e, no desempenho dessa tarefa, muitos entrariam em combate incorporados às unidades francesas.

O candidato a presidente da República Rodrigues Alves encomendou um estudo confidencial ao ex-ministro da Fazenda João Pandiá Calógeras, na ocasião exercendo mandato parlamentar e considerado um dos maiores especialistas em defesa e assuntos internacionais de sua época. O Plano Calógeras, como ficou conhecido o documento que reunia o planejamento, somente ficou pronto no início de 1918 e previa o envio de um grande Corpo Expedicionário para combater na França e o emprego de quase toda a Marinha do Brasil na luta antissubmarino. De acordo com Calógeras, as forças brasileiras seriam financiadas por empréstimos norte-americanos que, após o final da guerra, seriam cobrados das nações derrotadas.[45] A falta de infraestrutura do país e a debilidade do Exército e da Marinha, no entanto, impediram que o plano fosse posto em prática, e o mesmo terminou arquivado. Tratado com extremo sigilo, o Plano Calógeras tornou-se público somente após a morte de seu autor, na década de 1930.

Notas

[1] Hedley Paul Willmott, *Primeira guerra mundial*, Rio de Janeiro, Nova Fronteira, 2008, p. 143.
[2] "Terra de ninguém" é um termo empregado para designar um território não ocupado ou, mais especificamente, um território sob disputa entre partes que não o ocuparam por medo ou incerteza. O termo é uma derivação da expressão da língua inglesa "*no man's land*" (literalmente "terra de nenhum homem") criada durante a Primeira Guerra Mundial.
[3] Embora inicialmente chamados de *landships* (em português, navios terrestres) pelo Almirantado britânico, eram geralmente referidos como *water-carriers* (transportadores de água), e mais tarde referidos oficialmente como "tanques" para manter em segredo o projeto e protegê-lo da espionagem alemã, bastante ativa no Reino Unido. A palavra "tanque" foi utilizada para dar a sensação aos trabalhadores que estes estariam a trabalhar na construção de cisternas de água com lagartas para o Exército britânico na Mesopotâmia.
[4] Alfred von Tirpitz, *Mémoires de grand admiral Von Tirpitz*, Paris, Payot, 1922, pp. 446-7.
[5] First World War. *Primary Documents - Germany's Policy of Unrestricted Submarine Warfare, 31 January 1917*, disponível em <http://www.firstworldwar.com/source/uboat_bernstorff.htm>, acesso em 18 out. 2014.
[6] First World War. *Primary Documents - Brazil's Reaction to Germany's Policy of Unrestricted Submarine Warfare, 6 February 1917*, disponível em <http://www.firstworldwar.com/source/uboat_brazil.htm>, acesso em 18 out. 2014.
[7] Adler Homero Castro, "O Brasil na 1ª Guerra Mundial e a DNOG", em *Revista Brasileira de História Militar*, Rio de Janeiro, n. 14, ago. 2014, disponível em <http://www.historiamilitar.com.br/artigo8RBHM14.pdf>, acesso em 18 out. 2014.
[8] First World War. *Primary Documents - President Wilson's Speech to Congress Regarding Unrestricted U-Boat Warfare, 3 February 1917*, disponível em <http://www.firstworldwar.com/source/uboat_wilson.htm>, acesso em 18 out. 2014.
[9] Spencer Tucker, *Who's Who in Twentieth Century Warfare*, London, Routledge, 2002.
[10] *The New York Times*, 1º de março de 1917.
[11] American Merchant Marine At War. *U.S. Merchant Ships, Sailing Vessels, and Fishing Craft Lost from All Causes During World War I*, disponível em http://www.usmm.org/ww1merchant.html, acesso em 18 out. 2014.
[12] *The New York Times*, 8 de março de 1917.
[13] Marcos Konder, *Lauro Müller: a pequena pátria*, Florianópolis, Fundação Catarinense de Cultura, 1982, pp. 50-1.
[14] O Brasil é banhado pelo oceano Atlântico, desde o cabo Orange até a foz do arroio Chuí, em uma extensão de 7.408 km, que aumenta para 9.198 km se consideradas as saliências e as reentrâncias.
[15] U-boat.net. *Max Viebeg*, disponível em <http://www.uboat.net/wwi/men/commanders/376.html>, acesso em 18 out. 2014.

[16] *Correio da Manhã*, n. 6617, de 7 de abril de 1917, Acervo da Biblioteca Nacional.

[17] Revista *A Cigarra*, de 18 de abril de 1917, Arquivo Público de São Paulo.

[18] Brasil. *Decreto n° 12.458, de 25 de abril de 1917 - Manda que sejam observadas as regras constantes do decreto n. 11.037, de 4 de Agosto de 1914, no atual estado de guerra entre os Estados Unidos da América e o governo do Império Alemão*, Brasília: Câmara dos Deputados, disponível em <http://www2.camara.leg.br/legin/fed/decret/1910-1919/decreto-12458-25-abril-1917-520004-publicacaooriginal-1-pe.html>, acesso em 18 out. 2014.

[19] Atual SOGIPA – Sociedade Ginástica de Porto Alegre.

[20] *Correio da Manhã*, n. 6627, de 17 de abril de 1917, Acervo da Biblioteca Nacional.

[21] *Correio da Manhã*, 6 de fevereiro de 1917, Acervo da Biblioteca Nacional.

[22] Francisco Luiz Teixeira Vinhosa, *O Brasil e a Primeira Guerra Mundial*, Rio de Janeiro, IHGB, 1990, pp. 86-7.

[23] Os *u-boats* classificados como UC eram submarinos costeiros lançadores de minas que, além de possuírem capacidade de ataque convencional com torpedos, eram projetados para minar águas costeiras inimigas, geralmente zonas portuárias e suas rotas de aproximação. Ao todo, a Marinha Imperial alemã operou 105 *u-boats* desse tipo.

[24] Uboat.net, *Gustav Buch*, disponível em <http://www.uboat.net/wwi/men/commanders/39.html>, acesso em 18 out. 2014.

[25] *Correio da Manhã*, n. 6663, de 23 de maio de 1917, Acervo da Biblioteca Nacional.

[26] Uboat.net. *U 47*, disponível <http://www.uboat.net/wwi/boats/index.html?boat=47>, acesso em 18 out. 2014.

[27] *Correio da Manhã*, n. 6667, de 27 de maio de 1917, Acervo da Biblioteca Nacional.

[28] Brasil, *Decreto n° 12.501, de 2 de junho de 1917 - Manda utilizar todos os navios mercantes alemães ancorados nos portos da República*, disponível em <http://legis.senado.gov.br/legislacao/ListaPublicacoes.action?id=49909>, acesso em 18 out. 2014.

[29] Guillermo Palacios, *Intimidades, conflitos e reconciliações: México e Brasil, 1822-1993*, São Paulo, Edusp, 2008, p. 185.

[30] *Correio da Manhã*, n. 6687, de 16 de junho de 1917, Acervo da Biblioteca Nacional.

[31] Idem, n. 6730, de 29 de julho de 1917.

[32] Telegrama do Dr. Raul Rio Branco, ministro brasileiro em Berna, ao Dr. Domício da Gama, ministro das Relações Exteriores. Acervo do Arquivo do Itamarati.

[33] Mensagem presidencial ao Congresso Nacional, de 25 de outubro de 1917. Acervo do Arquivo Nacional.

[34] Brasil. *Decreto n° 3.361, de 26 de Outubro de 1917 - Reconhece e proclama o estado de guerra iniciado pelo Império Alemão contra o Brasil*, disponível em <http://www2.camara.leg.br/legin/fed/decret/1910-1919/decreto-3361-26-outubro-1917-776105-publicacaooriginal-139969-pl.html>, acesso em 19 out. 2014.

[35] First World War, *Primary Documents - Brazil's Explanation to the Vatican of the Reasons for War, October 1917*, disponível em <http://www.firstworldwar.com/source/brazil_pecanha.htm>, acesso em 19 out. 2014.

[36] Jornal *Lanterna*, de 20 de abril de 1917, Acervo da Biblioteca Nacional.

[37] Telegrama do comandante Mello Pinna, capitão dos portos de Salvador, ao ministro da Marinha, de 27 de outubro de 1917.

[38] Uboat.net. *U-151*, disponível em <http://www.uboat.net/wwi/boats/index.html?boat=151>, acesso em 30 out. 2014.

[39] *Correio da Manhã*, n. 6846, de 22 de novembro de 1917, acervo da Biblioteca Nacional.

[40] Carlos Alves Lopes, "Cabo Verde na Grande Guerra", em *2014-18 O centenário da Grande Guerra*, disponível em http://www.momentosdehistoria.com/MH_02_07_Marinha.htm, acesso em 15 out. 2015.

[41] "Guerra à guerra! A entusiástica manifestação de 1° de Maio". *Guerra Sociale*, São Paulo, 12 maio 1917, p. 6.

[42] Brasil. *Decreto n° 12.716, de 17 de Novembro de 1917 - Declara em estado de sitio, até 31 de dezembro do corrente ano o Distrito Federal e os Estados do Rio de Janeiro, S. Paulo, Paraná, Santa Catarina e Rio Grande do Sul*, disponível em <http://www2.camara.leg.br/legin/fed/decret/1910-1919/decreto-12716-17-novembro-1917-511430-republicacao-96146-pe.html>, acesso em 30 out. 2014.

[43] Arruda, op. cit.

[44] INCAER. *História geral da aeronáutica brasileira – dos primórdios até 1920*, v. 1, Belo Horizonte, Itatiaia, 1988, pp. 432-3.

[45] McCann, op. cit., p. 283.

| 1918 |

A LONGA TRAVESSIA

> *"Somente aqueles que nunca deram um tiro, nem ouviram os gritos e os gemidos dos feridos, é que clamam por sangue, vingança e mais desolação. A guerra é o inferno."*
>
> General William T. Sherman

Motins e blindados – o ano da virada

O ano de 1917 foi marcado por grandes mudanças nas diversas frentes, dentre as quais se destacam a saída da Rússia do conflito, a intensificação das ofensivas na Frente Ocidental e a reestruturação da frente italiana, que deteve as ofensivas das Potências Centrais.

A partir de fevereiro, o Exército alemão iniciou uma retirada planejada para a Linha Hindenburg, o sistema de fortificações alemãs na França, de Arras para Soissons. Nessa manobra, que durou cerca de cinco semanas, os alemães destruíram deliberadamente tudo que encontraram em seu caminho: edifícios, poços, pontes, cursos de água, estradas e vias férreas, com o objetivo de evitar que os Aliados pudessem usufruir dos recursos do território abandonado.

Paralelamente à retirada alemã, o general francês Robert Nivelle propôs uma grande ofensiva dos Aliados para a primavera de 1917. Na operação, foram empregados cerca de um milhão de soldados franceses, na frente Aisne-Champagne, entre Roye e Reims. A ofensiva francesa fracassou completamente e resultou em 187 mil baixas. Após essa série de fracassos, começaram a surgir no Exército francês diversos episódios de motins e recusa em participar de combates. No mês de maio, foram registrados casos de insubordinação coletiva em 68 das 112 divisões francesas. A ordem e a disciplina foram restituídas com a nomeação do marechal Philippe Pétain como chefe do Estado-Maior Geral e com dezenas de fuzilamentos, mas, embora a normalidade tivesse sido restaurada, o Exército francês não tinha mais condições de organizar operações de vulto, pelo menos em curto prazo.

No mês de janeiro, os britânicos desencadearam novos ataques no Somme, apenas para distrair o inimigo enquanto preparavam o esforço principal contra a Bélgica, com o objetivo de alcançar as bases de submarinos alemãs nos portos de Ostend e Zeebruge. Dando prosseguimento aos ataques, em 7 de junho, os generais britânicos Herbert Plumer e Douglas Haig lançaram a primeira fase de uma ofensiva que tinha por objetivo romper a frente de Ypres e também aliviar a pressão sobre o Exército francês, enfraquecido após a ofensiva Nivelle. O ataque foi bem sucedido e a linha de frente alemã do sul de Ypres precisou retrair para nova posição. Estimulado pelo sucesso, o general Haig avaliou que o Exército alemão não suportaria uma tentativa de avanço a nordeste de Ypres. Foi realizado um bombardeio preliminar que durou dez dias, durante o qual 3 mil canhões e obuseiros dispararam 4.250.000 granadas de artilharia. Os combates duraram meses e a chuva causou grandes transtornos. No final de julho, o tempo mudou e caiu a pior chuva registrada nos últimos quarenta anos na região, transformando o campo de batalha, coalhado de crateras de bombas, em um imenso lamaçal. Uma tentativa de romper as defesas alemãs perto do povoado de Passchendaele foi rechaçada por uma defesa decidida. Somados, alemães e britânicos perderam em Ypres aproximadamente 250 mil soldados. Ao mesmo tempo em que encerravam a ofensiva do Passchendaele, chafurdada na lama pegajosa, os britânicos lançaram um ataque surpresa contra a linha alemã nas proximidades de Cambrai, utilizando 378 carros de combate, que se constituiu no primeiro ataque maciço de blindados da história. O sucesso da operação mostrou as potencialidades do carro de combate para terminar com o imobilismo das trincheiras e resultou em novos processos de ataque.

Nos meses de maio e agosto de 1917, foram efetuadas duas ofensivas pelos italianos na frente de Isonzo, com êxitos locais. Em 24 de outubro, as forças austro-alemãs atacaram Caporetto, rompendo a frente italiana em Tolmino, o que obrigou o general Cadorna a retirar-se com elevadas perdas de homens e materiais. Em 10 de novembro, o Exército italiano firmou-se na região do Piave e deteve a ofensiva das Potências Centrais na frente italiana.

Decorridos três anos de guerra, algumas nações envolvidas no conflito tiveram que recompor seus contingentes de soldados e armamentos. Para isso, o alistamento militar passou a ser obrigatório e os reservistas camponeses foram convocados para ingressar na guerra. Esse fato causou graves problemas na Rússia, que enviou milhares de camponeses completamente despreparados para a guerra. Desde o início de 1917, a Rússia, uma das principais potências da Tríplice Entente, encontrava-se bastante agitada e, em fevereiro, ocorreu um levante popular que ficou conhecido como a "Revolução de Fevereiro". A breve experiência com a democracia pluralista foi caótica, e, de junho a setembro, a contínua deterioração dos esforços de guerra e uma situação econômica cada vez mais precária fizeram com que trabalhadores, soldados e marinheiros russos se rebelassem. Apesar de toda a desordem interna na Rússia, o general Brusilov lançou uma ofensiva na Galícia, mas, após breve êxito, foi obrigado a deter-se e depois a recuar, devido a um contra-ataque austro-alemão que, no fim do mês, havia reconquistado a Bucovina e a Galícia, terminando por alcançar a fronteira russa.

No mês de outubro, ocorreu a Revolução Russa. Liderado por Vladimir Lenin e Leon Trotski, o Partido Revolucionário Bolchevique conseguiu derrubar o czar e conquistar o poder após a vitória sobre os mencheviques, implantando o socialismo e nacionalizando a economia. Uma das primeiras medidas tomadas pelos líderes bolcheviques foi a retirada dos contingentes de soldados russos da guerra. Na sequência, Lenin celebrou junto à Alemanha um acordo de paz entre as nações, o Tratado de Brest-Litovski. A súbita saída da Rússia da guerra reacendeu a crença alemã na vitória. Os vários territórios que ficaram livres para o deslocamento das tropas alemãs e a possibilidade de transferir suas divisões da Frente Oriental para o ocidente criaram um clima de otimismo e confiança.

Mas, se por um lado a Rússia se retirava da guerra, por outro, novos países aderiram à aliança contra as Potências Centrais. Além do Brasil, Portugal e EUA juntaram-se à Entente, e a entrada deste último, uma potência emergente com recursos virtualmente inesgotáveis e com seu território intacto e fora do alcance da destruição, terminaria por desequilibrar o conflito e faria a balança pender em favor dos Aliados.

Apesar de os portugueses já terem enviado, em 1916, pequenos efetivos para defesa de suas colônias africanas, foi em 1917 que se envolveram diretamente na Grande Guerra. As tropas do Corpo Expedicionário Português seguiram para a Frente Ocidental em direção a Flandres e entraram em combate no território francês. Nesse esforço de guerra, foram mobilizados, aproximadamente, 200 mil homens e contabilizaram-se cerca de 10 mil mortos e milhares de feridos, além de custos econômicos e sociais muito superiores à capacidade da nação ibérica.

Em abril de 1917, quando a política de guerra submarina irrestrita da Alemanha fez com que os EUA abandonassem sua posição de isolamento e tomassem parte no conflito, novas tropas e equipamentos militares da Força Expedicionária Americana, sob a liderança do general John J. Pershing, além de um bloqueio cada vez mais rigoroso dos portos alemães, ajudaram a alterar o equilíbrio do esforço de guerra, proporcionando uma vantagem significativa em favor dos Aliados.

A entrada dos EUA na guerra foi recebida com festa pela Entente, embora, para manter sua independência militar, o país não tenha aderido oficialmente à coligação Aliada. Os norte-americanos deram início a uma maciça campanha de recrutamento, que previa a transferência de dois milhões de soldados para lutar na França até o final de 1918. A intervenção dos EUA decidiria o resultado da Grande Guerra.

Novos ataques contra navios brasileiros

Como ocorreria na Segunda Guerra Mundial, quase três décadas mais tarde, a guerra chegou ao Brasil pelo mar e, no decorrer do ano de 1918, os submarinos alemães continuaram vitimando navios brasileiros.

No dia 2 de janeiro, o submarino U-151, que dois meses antes havia investido contra os navios Guahyba e Acary, atacou o mercante Taquary, que seguia carregado de café, ao largo das ilhas britânicas. Sob o comando de um novo oficial, o *Korvettenkapitän* Heinrich von Nostitz und Jäcken-dorff,[1] o U-151 disparou seu canhão de 105 mm contra o navio brasileiro, provocando avarias no casco e a morte de oito tripulantes. Mesmo danificado, o Taquary conseguiu romper o contato e se evadir, refugiando-se no porto de Cardiff, no País de Gales.

No princípio de agosto, foi a vez do cargueiro Maceió (ex-Santanna), navio com 115 metros de comprimento, ser afundado quando navegava próximo ao cabo Ortegal, na Espanha. O navio havia sido confiscado dos alemães no porto de Paranaguá e incorporado à frota do Lloyd Brasileiro, antes de ser cedido ao governo francês, como parte da contribuição brasileira para o esforço de guerra Aliado. Comandado pelo capitão Antônio Xavier Mercante, que era o imediato do Macau quando do seu afundamento, o Maceió possuía tripulação mista, composta por marinheiros de nacionalidade francesa e brasileira. Na ocasião, o mercante de 3.793 toneladas foi atingido por um torpedo disparado pelo submarino U-43 e naufragou rapidamente, levando consigo os cadáveres de quatro tripulantes, três franceses e um brasileiro. Os 62 sobreviventes do navio conseguiram alcançar o porto espanhol de Corcubión e Brest, na França.

Uma semana depois, no dia 10, o navio de linha Uberaba (ex-Henry Woermann) foi atacado por um submarino não identificado, quando fazia a rota Nova York-Rio de Janeiro, conduzindo 142 pessoas, entre tripulantes e passageiros. Oportunamente socorrido pelo contratorpedeiro L-83, da Marinha dos EUA, o Uberaba conseguiu sobreviver ao ataque, com danos de pequena monta e sem vítimas.

Salvando vidas na França – a Missão Médica Militar

O elevado número de baixas na guerra, até então sem precedentes em qualquer conflito anterior, tornava difícil o apoio de saúde, mesmo para os exércitos das principais potências mundiais. Simplesmente não havia médicos e enfermeiros suficientes para tratar da crescente quantidade de feridos[2] e doentes e assegurar um atendimento eficaz. Tal dificuldade foi agravada pelo surto de gripe espanhola que se abateu sobre a Europa e, em meados de 1918, assumiu a proporção de uma pandemia.

Para atender a essa demanda, durante a Conferência Interaliada, realizada em Paris na última semana de novembro de 1917, ficou decidido o envio de uma missão de assistência médica militar para a França, a fim de auxiliar no tratamento de feridos daquele país. Para isso, no dia 10 de julho de 1918 foi criada a Missão Médica Militar Brasileira (MMMB),[3] com o propósito de instalar e operar um hospital com capacidade para 500 leitos em Paris.

A missão ficaria sob as ordens do general Napoleão Felippe Aché, chefe da Comissão de Estudos de Operação e Aquisição de Material na França e contaria, inicialmente, com 131 homens, entre pessoal de saúde, administração e apoio. Como os serviços de saúde do Exército e da Marinha eram limitados, e contavam com poucos integrantes, foi necessário convocar dezenas de médicos civis e, até mesmo, acadêmicos de medicina, para compor os quadros da missão, os quais foram comissionados como oficiais do Exército brasileiro. Além de 12 oficiais de carreira (6 da marinha e 6 do exército), foram convocados e comissionados na MMMB 10 tenentes-coronéis diretores de serviço médico, 20 capitães chefes de enfermaria, 29 1os tenentes médicos, 8 2os tenentes médicos auxiliares, 15 acadêmicos, também no posto de 2º tenente, 1 capitão chefe de farmácia, 3 2os tenentes farmacêuticos, além de 1 capitão e 2 tenentes intendentes, para trabalhos de secretaria e finanças.[4] Além desses profissionais, 31 praças foram destacadas para a missão, para atuar como guardas e enfermeiros. Já em Paris, foram contratados enfermeiras e outros auxiliares de serviços gerais, de nacionalidade francesa, para trabalhar no hospital.

Para chefiar a MMMB foi escolhido um médico de renome, o cirurgião José Thomaz Nabuco de Gouvêa, que foi comissionado no posto de coronel. Nabuco de Gouvêa era bastante conceituado entre a classe médica e homem de confiança do marechal Caetano de Faria, ministro da Guerra. Tendo residido em Paris, onde concluiu o curso de Medicina, em 1907 elegeu-se, pela primeira vez, deputado federal pelo Partido Republicano Rio-grandense, assumindo o mandato em setembro. Reeleito em 1909 e 1912, passou a integrar as comissões de Diplomacia e Tratados e de Instrução Pública da Câmara dos Deputados. Em abril de 1912, foi aprovado em concurso para livre-docente da Faculdade de Medicina do Rio de Janeiro e, em agosto de 1914, tornou-se diretor da Maternidade do Rio de Janeiro. Em março do ano seguinte, foi nomeado professor-substituto da cadeira de ginecologia e obstetrícia da Faculdade de Medicina e foi, uma vez mais, eleito deputado federal. O médico mineiro, de 47 anos de idade era conhecido por sua capacidade de organização e direção, características que seriam essenciais para a instalação de um hospital em tempo de guerra, em país estrangeiro, a partir do zero.

Desespero e morte em alto-mar

Concluído o aprestamento do pessoal e material, a MMMB partiu do cais da praça Mauá, no Rio de Janeiro, na manhã do dia 28 de agosto de 1918, a bordo do navio francês La Plata, iniciando uma longa viagem que se revelaria difícil e trágica.

Em fevereiro de 1918, uma gripe de contágio rápido começou a infectar os habitantes e turistas da aprazível cidade balneário de San Sebastián, no litoral da Espanha. Apesar de outras localidades terem sido afetadas pelo vírus Influenza A, do subtipo H1N1, a enfermidade ficou popularmente conhecida como "gripe espanhola" ou, simplesmente, "espanhola". Durante os meses de abril e maio, a doença infectou milhares de soldados nos campos de batalha e famílias na Europa, curiosamente atacando as pessoas mais jovens. Embora os sintomas fossem extremamente desconfortáveis e durassem, em média, uma semana, a maioria das pessoas se recuperou.

Entre os meses de julho e agosto, o surto da doença diminuiu, mas, em setembro, a gripe espanhola voltou com força total, de forma mortífera. O vírus desencadeou uma pandemia que mataria mais pessoas, e com mais rapidez, do que qualquer outra doença na história da humanidade, incluindo a Peste Negra, que assolou a Europa no século XIV.[5] A "espanhola" atingiu a Europa, a Ásia, as Américas e até o Ártico, onde vilarejos inteiros de esquimós literalmente deixaram de existir.

Em poucos dias, a gripe evoluía para pneumonia severa, a qual provocava, efetivamente, a morte dos doentes. Estima-se que entre 50 a 100 milhões de pessoas morreram em 1918, vitimados pela pandemia.[6] Por uma ironia do destino, a MMMB, que mais tarde cuidaria de muitos doentes da gripe espanhola no hospital de Paris, foi severamente atacada pela doença ainda durante a viagem para a Europa.

Em tempos de bloqueio submarino às rotas marítimas, foram tomadas precauções para evitar o afundamento do La Plata, que era obrigado a navegar com todas as luzes apagadas durante a noite. Também foi enfatizada a proibição de fumar no convés e realizados diversos exercícios e treinamentos de abandono do navio, para adestrar os passageiros, caso fosse necessário. Tais cuidados logo mostraram ter fundamento. A primeira escala após a travessia do Atlântico estava prevista para Dacar, no Senegal, mas, pouco antes da chegada ao destino, o capitão do La Plata recebeu ordens para reprogramar sua rota e seguir para Freetown, na Serra Leoa, pois um submarino alemão havia sido detectado na região. Depois de permanecer alguns dias em Freetown, onde o navio foi abastecido com carvão, a Marinha Real britânica declarou a área livre de submarinos inimigos e o La Plata zarpou para Dacar, onde chegou em 5 de setembro.

Após os abastecimentos necessários e o embarque de um batalhão de soldados coloniais senegaleses – os *Tirailleurs sénégalais* –, no dia da independência do Brasil, o La Plata deixou Dacar com destino a sua próxima escala, Orã, na colônia francesa da Argélia. Os soldados senegaleses, que seguiam para a Europa a fim de reforçar o Exército francês, viajavam nos porões do navio, acomodados em precárias condições de higiene e ventilação. Não foi possível comprovar, mas, provavelmente, a infecção no La Plata teve origem nesse sofrido contingente de soldados e, quando o surto da gripe se abateu sobre o navio, os soldados africanos morreram às dezenas.

Assim que o navio deixou Dacar, os primeiros sinais da epidemia se fizeram sentir, atingindo membros da tripulação, soldados senegaleses e alguns integrantes da MMMB. O relatório do coronel Nabuco de Gouvêa, enviado ao ministro da Guerra após o fim do conflito, deixou claro que, inicialmente, os sintomas não causaram preocupação entre os brasileiros da missão:

| 1918 | A LONGA TRAVESSIA

[...] os primeiros doentes julgaram-se vítimas de uma gripe comum e banal [...]. Esses casos, porém, foram-se tornando cada vez mais numerosos. O espírito com que todos – mesmo os doentes – recebiam a notificação de novos casos [era] de perfeito bom humor. Pouco a pouco viam-se as mesas dos refeitórios esvaziarem-se. Ninguém tinha até então imaginado que na realidade o que estava grassando a bordo era a terrível pandemia "espanhola".[7]

O alastramento da moléstia logo tornaria o navio um depósito de enfermos, como descreveu o 1º tenente médico da Armada Mário Kroeff, que também acabou vitimado pela doença:

Em pouco, o navio já se tornara um hospital flutuante, lotado de gente, sem diagnóstico e sem tratamento. Dias sucessivos se prolongaram, entregues todos ao Deus dará [...]. A mim, coube passar as horas mais trágicas da vida. Ardia em febre, ao abandono, sem água, no escuro, e sem ter alguém que viesse ao camarote, fazer sequer a necessária limpeza, dias após dias, ou melhor, noites sucessivas, porque para mim as vigílias eram intermináveis.[8]

A situação a bordo do La Plata, contudo, tornou-se grave logo depois, quando a doença começou a produzir vítimas fatais. Os primeiros a morrer foram dois oficiais intendentes e os 2º tenentes Paulo de Mello Andrade e Octávio Gomes do Paço.

Paulo de Andrade era sobrinho do marechal Caetano de Faria, ministro da Guerra, e havia sido promovido ao posto de 2º tenente em janeiro, após ter sido aprovado em concurso público para o Corpo de Intendentes do Exército. Antes de se oferecer como voluntário para a MMMB, serviu na campanha do Contestado, no sul do país.[9]

O 2º tenente Octávio Gomes do Paço, pernambucano de 30 anos de idade, havia trabalhado como comissário de polícia de 1ª classe no 3º Distrito Policial do Rio Janeiro. Quando surgiu a oportunidade de se juntar à MMMB, adiou seu casamento e voluntariou-se para o Corpo de Intendentes, no qual foi comissionado como 2º tenente.[10]

Outro militar vitimado pela influenza espanhola, no translado entre Dacar e Orã, foi o 2º tenente farmacêutico da Armada José Brasil da Silva

Coutinho, que, enlouquecido pela doença, cometeu suicídio lançando-se ao mar. O tenente Mário Kroeff, seu companheiro de cabine no La Plata, descreveu a agonia do colega:

> Meu companheiro de beliche de cima tenta o suicídio. Procura inutilmente se atirar pela vigia, subindo, para isso, no divã onde dormia, gravemente doente, outro camarada. Retrocede para recorrer a uma gilete, cortando os pulsos e salpicando de sangue todos nós, como ele, já meio perturbados. Forma nervosa da gripe espanhola. Ante meu fraco protesto, replicou: "– Vocês não sabem o que estou sentindo. Não posso mais." Efetivamente, sobe ao convés. Ao clarear do dia, alguém viu um vulto correr em direção à amurada. Quando deram por falta, não mais foi encontrado. No camarote, os vestígios de sangue ficaram por algum tempo, como triste recordação de um companheiro.[11]

O tenente Coutinho, de 35 anos de idade, entrou para a Marinha como civil contratado, em 1912 e, um ano depois, com a reorganização do Quadro de Farmacêuticos Navais, foi aprovado em concurso e nomeado 2º tenente farmacêutico da Armada. Durante sua breve carreira na força naval, prestou serviços no Laboratório Farmacêutico da Marinha, na enfermaria do Arsenal de Marinha de Ladário, no Hospital Central da Marinha, no Sanatório Naval de Nova Friburgo, no Batalhão Naval, no encouraçado São Paulo e na Escola Naval. Estava servindo nesse estabelecimento de ensino quando telegrafou para o Inspetor de Saúde Naval colocando-se à disposição para ser incorporado entre os oficiais médicos e farmacêuticos da Armada que deveriam fazer parte da missão.[12]

No dia 18 de setembro, o La Plata chegou a Orã, na Argélia francesa, repleto de doentes e, de imediato, as autoridades sanitárias providenciaram a desinfecção total do navio. Os enfermos em estado mais grave foram desembarcados e enviados para o Hospital Colonial de Orã, para receberem tratamento adequado.

Lamentavelmente, as mortes entre os integrantes da MMMB não haviam terminado. No momento em que era transferido para o hospital em uma ambulância, outro brasileiro sucumbiu à fúria da gripe espanhola, o 1º tenente médico do Exército Scylla Teixeira da Silva, recém-casado e que viajava no La Plata acompanhado de sua esposa, voluntária para trabalhar como enfermeira no hospital brasileiro. Após formar-se em medicina em 1910, Scylla Teixeira foi aprovado no primeiro concurso público para oficiais médicos realizado pelo Exército Brasileiro, sendo designado para servir no Rio Grande do Sul. Com a eclosão do conflito do Contestado, na divisa entre Paraná e Santa Catarina, foi transferido para o 16º Batalhão de Caçadores, que operava na região sob as ordens do capitão João Teixeira de Matos Costa, veterano da campanha de Canudos. Em setembro de 1914, o jovem médico teve participação destacada durante o combate travado perto da localidade de São João. As forças do capitão Matos Costa haviam sido emboscadas por um grupo com cerca de 300 jagunços, e os soldados seriam completamente aniquilados se o tenente Scylla não tivesse assumido o comando da tropa e liderado os homens, após a morte de seu capitão. Posteriormente, serviu sob o comando do general Setembrino de Carvalho, que impôs um vigoroso cerco aos rebeldes, atuando, na ocasião, nas colunas Sul, Norte e Leste. Encerrada a campanha, regressou ao Rio Grande do Sul para servir no 9º Regimento de Cavalaria, unidade na qual se encontrava quando foi designado para seguir com a missão médica para a França.[13]

As notícias sobre a epidemia de gripe espanhola na MMMB e as mortes de brasileiros causaram grande impacto e comoção no Brasil, principalmente porque, quando vieram a público, dezenas de marinheiros já haviam perdido a vida a bordo dos navios da Divisão Naval brasileira que também seguia para a guerra, utilizando, praticamente, a mesma rota costeando a África Ocidental. O jornal carioca *Correio da Manhã* publicou uma dramática manchete em sua primeira página:

> Confirma-se, infelizmente, a notícia de ter sido a missão médica atingida também pelo mal terrível que irrompeu a bordo dos navios da divisão brasileira.

> [...] registrando ontem, com os possíveis detalhes [...] a "influenza espanhola", que roubou a vida a oficiais, maquinistas, foguistas e marinheiros de nossa divisão naval em operações de guerra, se estendeu desgraçadamente à missão médica que daqui partiu a bordo do La Plata há cerca de um mês [...].[14]

Além dos brasileiros, dezenas de soldados senegaleses, que viajavam em precárias condições de higiene nos porões do La Plata, não resistiram à viagem e morreram vitimados pela espanhola. Seus corpos foram lançados ao mar e sepultados nas águas do Atlântico.

Vinte integrantes da MMMB permaneceram internados no hospital de Orã, em razão da precariedade de seu estado de saúde, e somente seguiriam para a França mais tarde, após melhorarem. Deixando para trás os doentes graves, o La Plata partiu de Orã e, após breve escala no rochedo de Gibraltar, chegou ao porto de Marselha, destino final da viagem, no dia 24 de setembro de 1918. Assim que desembarcou, o coronel Nabuco de Gouvêa telegrafou ao ministro da Guerra para informá-lo sobre a chegada do navio e sobre o triste saldo da viagem:

> N° 90 26-9-1918 6-45 PM
>
> Ministro Guerra – Rio
>
> Após penosa viagem grave epidemia estamos Marselha quatro mortos tenentes Sylla Teixeira da Silva, Paulo de Mello Andrade, José Brasil da Silva Coutinho e Octavio Gomes do Paço vinte e um doentes permaneceram Orã Borges da Costa, Torreão Roxo, Toledo Dodsworth, Pereira Monteiro, Mario Kroeff, Castello Branco, Cerqueira Daltro, Valença Teixeira, Brazil Sefton, Brazil Vianna, Souza Sobo, Ildefonso Cysneiros, Rangel Junior, Netto dos Reis e Godofredo Borges da Costa. Sargentos Anysio Ferreira Sampaio e Roberto Mariante. Soldados Romualdo Seal Vieira, Álvaro Cesar Soares, José Alves de Oliveira e Abelardo do Signaira Lorena. Enviarei detalhes organização definitiva sobre missão quando chegar em Paris. Asseguro todos os membros da missão excelente disposição cumprir a missão.
>
> Dr. Nabuco de Gouvea Coronel Chefe da Missão.[15]

No dia 30 de setembro, quando a missão médica já se encontrava em solo francês, morreu no Hospital Colonial de Orã o sargento enfermeiro Roberto Mariante, a quinta e última vítima fatal da MMMB.[16] No Brasil, a comoção provocada pela morte de integrantes da missão médica levou diversas personalidades e organizações a se manifestarem, publicando telegramas de condolências e exaltando o sacrifício daqueles brasileiros, como

Um contratorpedeiro e um cruzador da DNOG (Divisão Naval de Operações em Guerra) cruzando o oceano em direção à África.

fez o *Correio da Manhã*, que transcreveu as homenagens da Federação Brasileira de Estudantes:

> Exmo. Sr. Presidente da República,
>
> A Federação Brasileira de Estudantes, associando-se à consternação que domina neste angustioso momento o coração da família brasileira pela perda de alguns membros da missão médica, vitimados em Dacar, apresenta a V. Ex. profundos sentimentos de pesar.
>
> Mariano Leda – 2º Secretário.[17]

No dia 26 de setembro, a Câmara de Comércio de Marselha ofereceu um jantar em homenagem à missão médica, durante o qual, na ocasião, o prefeito da cidade deu as boas-vindas aos brasileiros. O Dr. Nabuco de Gouvêa, em agradecimento, fez um breve discurso e encerrou repetindo as últimas palavras pronunciadas por um de seus companheiros de missão, antes de morrer em Orã: "deixo o meu corpo em terra amiga [...] Adeus! [...] O meu coração é da França!"[18] Naquela mesma noite, a MMMB partiu de trem com destino a Paris.

Apesar das perdas e do sofrimento durante a viagem, os médicos brasileiros efetivamente estavam na França para instalar o hospital e dar a contribuição do Brasil para o esforço de guerra Aliado contra as Potências Centrais.

O *hôpital brésilien*

A demanda por apoio médico era tamanha na França que a MMMB precisou ser imediatamente dividida em duas. Enquanto um grupo permaneceu em Paris trabalhando para instalar e organizar o hospital, sob a direção do coronel Nabuco de Gouvêa, diversos médicos brasileiros foram distribuídos por diferentes cidades, com o propósito de prestarem apoio imediato onde havia mais urgência e necessidade. Os recémchegados foram destacados nas cidades de Marselha, Saint-Brieux, Nice, Rennes, Nevers, Montpellier, Angoulême, Tours sur Loire, Poitier, Nantes, Carcassone, Chalon, Pau, Chermond-Ferrand, Farbres, Bordeaux, Nimes e La Roche sur Lyon, para atender, principalmente, a população francesa que sofria com a epidemia da "espanhola". No entanto, alguns médicos desempenharam papéis mais específicos, como o capitão Olímpio Chaves, que trabalhou em um hospital especializado no tratamento de soldados afetados pelos gases; o 1º tenente da Armada Mário Kroeff, responsável pelo atendimento a prisioneiros de guerra alemães em um hospital instalado em barracas na cidade de Tours sur Loire; e o 1º tenente Pedro Paulo Paes de Carvalho, que substituiu o professor Chévrier na direção do hospital de Nantes.

A instalação do hospital brasileiro demorou cerca de 45 dias, e não se deu sem dificuldades, chegando ao ponto de os brasileiros terem de disputar o prédio pretendido com os norte-americanos, que também planejavam instalar um hospital no mesmo local. O relatório elaborado após a missão registrou que

A posse desse edifício não foi fácil. Entre nós e o governo americano estabeleceu-se uma espécie de concorrência. Logo que os americanos souberam que pretendíamos ali instalar um hospital, estabeleceram uma porfia conosco, tendo o governo francês tido a necessidade de invocar sua palavra empenhada conosco para se ver livre dos pedidos insistentes dos americanos, que, nesse momento, com grande quantidade de feridos vindos do *front*, onde a luta atravessava uma fase intensíssima, precisavam de hospital urgentemente.[19]

Mesmo com os EUA desdobrando na França uma numerosa força expedicionária, com cerca de 1,5 milhão de homens,[20] o governo francês disponibilizou o edifício para a missão brasileira, com a condição de que, além dos soldados feridos, também fosse atendida a população civil infectada pela gripe espanhola. O coronel Nabuco de Gouvêa não tardou em ocupar o amplo edifício, um antigo convento de jesuítas, situado na rua Vaugirard, em um parque arborizado bem no coração de Paris.[21] Os integrantes da missão brasileira, auxiliados por franceses contratados, realizaram as reformas estruturais e adequações necessárias no prédio, e organizaram as alas dos doentes e as salas de atendimento, deixando o *hôpital brésilien* em condições de uso.

O hospital já estava em pleno funcionamento quando recebeu, às 6h da manhã, uma visita surpresa de inspeção feita pelo general Roger, inspetor-chefe do Serviço de Saúde do Exército em Paris. O chefe militar francês ficou muito bem impressionado e, após declarar que não pensava encontrar ali "um hospital tão bem montado", certificou o hospital brasileiro para atender os casos classificados como "grandes feridos", em sua maioria, soldados franceses.[22] Também foram baixadas instruções específicas para o "serviço de combate contra a epidemia de gripe", orientando os médicos e enfermeiros quanto aos procedimentos para tratar a enfermidade.[23]

Com o armistício e o fim da guerra, em novembro de 1918, o hospital brasileiro continuou em funcionamento, atendendo, principalmente, a população civil. No dia 17 de dezembro, um comunicado do Ministério do Exterior determinou ao coronel Nabuco de Gouvêa que tomasse providências para "reduzir gradualmente a Missão Médica Militar",[24] visto que, com o encerramento do conflito, a demanda de atendimento aos soldados feridos reduziu-se drasticamente.

A importância do trabalho da missão brasileira, durante os meses finais da guerra, teve o reconhecimento do Exército Francês. O general Napoleão Felippe Aché, chefe da Comissão de Estudos de Operações de Guerra e Aquisição de Material na Europa, após tomar conhecimento de referência elogiosa consignada pelo general Simonin, diretor do Serviço de Saúde em Montpellier, à MMMB, transmitiu ao coronel Nabuco de Gouvêa seus louvores aos profissionais brasileiros, nos seguintes termos:

> Sr. Coronel,
>
> Acusando o recebimento do vosso ofício n. 55, de 30 de dezembro último, em que me transmitia a saudação que aos médicos brasileiros, dessa missão, foi dirigida pelo General Simonin, Diretor do Serviço de Saúde de Montpellier, cumpro o agradável dever de testemunhar-vos a minha satisfação por tão auspicioso fato.
>
> Não podendo constituir uma surpresa, para quem conhece os méritos dos médicos mandados a Montpellier e mui principalmente do Chefe da respectiva turma, Dr. Parreiras Horta, nome bastante conhecido no nosso meio científico, as palavras elogiosas do General Diretor do Serviço Sanitário da 16ª Região equivalem por uma confirmação desse mesmo mérito, por uma declaração de quanto sinceramente procuramos auxiliar a grande causa a que estamos aliados.
>
> Se um dia minucioso historiador, na grande obra desta última guerra, quiser dedicar um capítulo ao nosso querido país, não poderá deixar de registrar a boa impressão deixada pelos seus representantes combatendo no front, sem receios nem temores [...].[25]

Em 19 de fevereiro de 1919, a Missão Médica Militar Brasileira foi extinta,[26] mas o hospital continuou a funcionar sob o controle dos médicos brasileiros, embora com efetivo reduzido e subordinado à Comissão do general Aché. Na ocasião, o subsecretário de Estado de Saúde Militar, Louis Mounier, agradeceu o trabalho realizado pelos brasileiros:

> A Missão Médica desempenhou um esforço notável para que o hospital que ela organizou pudesse estar em condições de participar utilmente do tratamento dos feridos, tombados no curso das últi-

mas operações. Efetivamente, esse estabelecimento foi instalado com extrema rapidez, a tempo de assegurar aos militares em tratamento o máximo de conforto e possibilidades de cura. Pôde assim receber um número elevado de doentes. Conta atualmente com 260 leitos ocupados [...]. O pessoal médico e cirúrgico da missão se mostrou, em todos os momentos, à altura de sua tarefa.[27]

O coronel Nabuco de Gouvêa recebeu ordens para retornar ao Brasil, juntamente com os médicos civis comissionados, e permaneceram guarnecendo o hospital os oficiais de carreira do Exército e da Marinha, sob a direção do mais antigo desse grupo, o major médico Rodrigo de Araújo Aragão Bulcão.

A extinção da missão não foi recebida com bons olhos pelos diplomatas que participavam da delegação do Brasil na Conferência de Paz de Versalhes, levando seu chefe, Epitácio Pessoa, a protestar junto ao general Aché:

> Informado particularmente Agência Havas recebeu telegrama que aliás não publicou dizendo Governo resolveu extinguir missão médica e mandou entregar desde já material general Aché julgo meu ofício pedir Vocência exponha Presidente da República Ministro da Guerra grande inconveniência medida. Perante opinião aqui nossa colaboração guerra foi nenhuma sendo isto motivo recriminações repetidas má vontade nossas pretensões. Serviços hospital estão nos reabilitando perante essa opinião. [...] Há atualmente 312 feridos recolhidos ao hospital. Justamente neste momento Governo francês empenhou-se aumento número leitos. Imagine Vocência péssimo efeito causaria se respondêssemos pedindo eles transferirem a seus hospitais doentes existentes visto Brasil ter resolvido dissolver missão médica [...].[28]

Apesar dos protestos, a missão militar foi extinta, mas o hospital, mesmo reduzido, continuou a prestar sua contribuição. Nessa nova fase pós-guerra, o *hôpital brésilien* passou a atender quase que exclusivamente a população civil parisiense e absorveu o tratamento de cancerosos, para os quais foi construído um pavilhão próprio, em terreno adjacente ao prédio principal.[29] Além dos atendimentos de rotina, os médicos brasileiros contribuíram para o desenvolvimento da medicina, como relatou o tenente Mário Kroeff, que permaneceu em serviço no hospital durante o ano de 1919:

[...] o tenente-coronel Paulo Pereira Horta teve oportunidade de estudar ali [Montpellier] uma doença desconhecida. Atacava os soldados sob a forma diftérica, obstruindo a faringe com falsas membranas. Por meio de culturas e exames microscópicos, demonstrou a verdadeira origem e indicou o tratamento respectivo. [...] Além dessa nova entidade nosológica, apresentou à Sociedade Médico-cirúrgica de Montpellier outro trabalho original, estudado na França: 'Disenteria devido ao treponema euginata. Novo método de coloração de treponemas.' Baseado nesta pesquisa, o Dr. William Gilbert fez uma tese, apresentada à Faculdade de Medicina de Paris. Aí está, mais um serviço prestado pela missão médica, não só à França, como à ciência médica em geral.[30]

Nove meses após extinguir a Missão Médica Militar e por considerar que a contribuição à França já era suficiente, o governo brasileiro decidiu encerrar as atividades do hospital, formalmente, no princípio de novembro de 1919. Na cerimônia de entrega das instalações e do hospital à Faculdade de Medicina de Paris, o diretor, major Rodrigo Bulcão, publicou em seu último boletim interno sua apreciação sobre o trabalho realizado, bem como uma extensa referência elogiosa aos profissionais que ali trabalharam:

Entrega do Hospital – Em obediência às ordens emanadas de nosso Governo federal, por intermédio do Snr. General Chefe da Comissão de Estudos, faço hoje a entrega do Hospital Militar Brasileiro em Paris à Faculdade de Medicina de Paris, representada aqui pelo Serviço de Saúde Francês.

Ao deixar a direção deste estabelecimento, faço-o duplamente satisfeito: nossa missão terminou após um período de devotamento de todos os seus militares, que mais uma vez souberam, no cumprimento do dever, dar relevo e manter sempre honrados o nome e as glórias da Medicina e do Exército Brasileiro. É, pois, sob o influxo desses sentimentos que louvo e agradeço.[31]

A Faculdade de Medicina de Paris instalou no hospital da rua Vaugirard uma excelente clínica-escola de cirurgia, sob a direção do Dr. Pierre Duval, seu mais renomado professor. Ainda hoje, decorridos cem anos do conflito, pode-se ver, nos jardins do hospital, uma placa de bronze evocando a presença em terras francesas da missão médica brasileira, atestado do trabalho de profissionais do Brasil no momento conturbado que a Europa enfrentava.

O Brasil começa a voar – os primórdios da aviação

Outra contribuição brasileira com os Aliados foi a atuação de aviadores navais na Europa e nos EUA. Berço de Santos Dumont, o Pai da Aviação, o Brasil iniciou suas atividades aeronáuticas de caráter militar enviando dois oficiais para cursarem a Escola Farman, em Etamps, na França, um da Marinha e outro do Exército. O primeiro deles foi o 1º tenente da Armada Jorge Henrique Moller, que, após concluir o curso de piloto com aproveitamento, recebeu o brevê de aviador internacional em 29 de abril de 1911[32], tornando-se o primeiro piloto militar das Forças Armadas brasileiras. Um ano e seis meses depois foi a vez de Ricardo João Kirk, 1º tenente de Cavalaria do Exército brasileiro, receber o seu brevê, em 22 de outubro de 1912.[33]

O envio desses dois oficiais para se especializarem na Europa em 1911 e 1912 revela a tempestividade da medida por parte do governo brasileiro, considerando que o primeiro emprego militar do avião deu-se exatamente em 1º de novembro de 1911, durante a Guerra Ítalo-Turca (1911-1912), quando o tenente italiano Giulio Gavotti, pilotando uma aeronave *Taube*, lançou manualmente quatro granadas sobre um acampamento otomano, localizado dentro de um oásis no deserto da Líbia.

O Brasil, no entanto, carecia de uma estrutura aeronáutica civil ou militar e não dispunha de nenhum estabelecimento de ensino para a formação de aviadores. Em 1911, um grupo de entusiastas da aviação, liderados pelos jornalistas Irineu Marinho e Victorino de Oliveira, respectivamente diretor e redator do jornal carioca *A Noite*, e pelo almirante José Carlos de Carvalho, criou o Aeroclube Brasileiro, com sede na Fazenda dos Afonsos, um distante subúrbio do Rio de Janeiro. O Aeroclube, que tinha como presidente de honra o próprio Santos Dumont e como um dos sócios o tenente Ricardo Kirk, lançou uma campanha no jornal de Irineu Marinho, intitulada "Dê asas ao Brasil", com o objetivo de reunir fundos para adquirir aviões e organizar uma escola de aviação.[34] Publicando diversos artigos de sócios, A *Noite* passou também a defender a ideia de dotar o Exército brasileiro com a arma de Aviação, com Kirk posicionando-se a favor da criação de uma escola de aviação no próprio Aeroclube, sob os auspícios do Ministério da Guerra, para formar pilotos militares e civis. Os primeiros aviões foram adquiridos com recursos arrecadados pela subscrição pública e, logo em seguida, foram cedidos ao Exército para servirem, pela primeira vez no Brasil, durante a insurreição do Contestado.

O ministro da Guerra, general Vespasiano Gonçalves de Albuquerque e Silva, não conseguia visualizar as possibilidades do avião para o Exército, e determinou que a parceria com o Aeroclube Brasileiro não se efetivasse. Ao contrário, contratou os serviços da Escola Brasileira de Aviação, criada e operada pelos italianos Gian Felice Gino, Victório Bucelli e Eduíno Orione, também no Campo dos Afonsos. Foram construídos oito hangares geminados e a área do campo de aviação foi ampliada e nivelada.[35] Os nove aviões adquiridos na Europa chegaram no final de 1913, e, em fevereiro do ano seguinte, a escola começou a funcionar, tendo como fiscal do governo o tenente Jorge Henrique Moller. Mas, apesar de terem sido matriculados 35 alunos do Exército e 25 da Marinha, devido a uma série de dificuldades, parou de funcionar apenas cinco meses após o início de suas atividades, em julho de 1914, sem brevetar um único aviador.[36] O Brasil continuava sem uma escola para formar seus pilotos.

A Força Pública de São Paulo também passou pela frustrante experiência de criar uma escola de aviação, em 17 de dezembro de 1913,[37] apenas para vê-la encerrar suas atividades menos de um ano depois. As limitações técnicas, a dificuldade de se adquirir material aeronáutico e, principalmente, a pequena quantidade de instrutores e mecânicos especialistas disponível tornavam extremamente difícil a organização de uma escola do gênero no Brasil.

Enquanto os entusiastas da aviação e os ministros militares se debruçavam sobre a questão da escola, um problema mais grave no sul do país levou o avião a ter o seu primeiro emprego militar: a insurreição do Contestado. Após revezes iniciais no combate, em setembro de 1914 assumiu o comando das tropas do Exército na região o general Fernando Setembrino de Carvalho, que logo elaborou um plano para conter a rebelião e cercar os jagunços revoltosos, no qual previu a utilização do avião para missões de reconhecimento. Setembrino solicitou ao ministro da Guerra a participação do tenente Ricardo Kirk, que seguiu para a área de operações levando consigo o aviador civil italiano Ernesto Darioli e três aviões.[38] Entre janeiro e março de 1915, os dois aviadores realizaram alguns voos experimentais e de reconhecimento. No dia 1º de março, estava prevista uma missão de bombardeio contra o reduto de Santa Maria, com a participação de Kirk e Darioli, mas, embora os dois aviadores tivessem decolado sem dificuldades, o avião do tenente Kirk colidiu contra um pinheiro perto da Colônia General Carneiro, encerrando tragicamente a primeira experiência de emprego militar do avião no Brasil.[39] Ricardo Kirk morreu no local do acidente, deixando o Exército brasileiro sem nenhum aviador.

Desde o primeiro emprego do avião em combate na Líbia, em 1911, a Marinha do Brasil demonstrou interesse pela aviação, tanto que enviou o tenente Moller para aprender a voar na França e matriculou 25 alunos na Escola Brasileira de Aviação, dos italianos Gino e Bucelli, os quais tiveram seu curso interrompido com o fechamento da escola.

Quase ao mesmo tempo em que o Exército enviava os aviões para o Contestado e motivada pelo desenvolvimento da guerra aeronaval na Europa, a Marinha publicou, em 22 de agosto de 1914, o Aviso nº 3986, que previa a organização de uma Escola de Submersíveis e Aviação, a ser instalada na ilha do Rijo, na baía de Guanabara. Apesar do empenho direto do ministro da Marinha, almirante Alexandrino de Alencar, a estruturação da escola não foi possível devido a diversos problemas, dentre os quais a dificuldade de importar aviões e material aeronáutico em época de guerra. O almirante Alexandrino, um entusiasta da aviação, tentou adquirir alguns aviões junto à Farman, na França, mas a negociação não avançou, pois todas as aeronaves produzidas eram essenciais para combater as Potências Centrais.

Dois anos se passaram até que a Marinha pudesse ter, finalmente, sua escola de aviação. No dia 23 de agosto de 1916, o presidente da República Wenceslau Braz criou duas escolas distintas, a de Aviação Naval e a de Submersíveis. Tendo como primeiro comandante o capitão de corveta Protógenes Pereira Guimarães, a Escola de Aviação Naval começou a funcionar, provisoriamente, na ilha das Enxadas e, logo no primeiro ano, brevetou quatro oficiais, três dos quais haviam pertencido ao malogrado curso da extinta Escola Brasileira de Aviação.[40]

Para contornar a dificuldade em obter aviões na Europa, foram adquiridos nos EUA, junto à fábrica Curtiss Aeroplane Company, três aerobotes Curtiss F, além de boa quantidade de peças sobressalentes para garantir sua manutenção. Para ministrar instrução de voo na escola, a Marinha contratou o piloto e mecânico norte-americano Orthon Hoover, que trabalhava na Curtiss.

Em 1917 foi aprovado o regulamento da Escola de Aviação Naval, estabelecendo os cursos a serem ministrados e as provas aéreas aplicadas.[41] No decorrer desse ano, formaram-se novos pilotos, observadores e pessoal de apoio de aviação, inclusive alguns oficiais do Exército, que, após a morte do tenente Kirk, tornaram-se novos pioneiros da Aviação Militar.[42]

Os aviadores brasileiros vão à guerra

O envio de aviadores navais para treinamento militar no exterior foi decidido durante a Conferência Interaliada. Na ocasião, Itália, EUA e Grã-Bretanha declararam-se em condições de receber os aviadores brasileiros, especialmente os britânicos, que, atuando em larga frente e operando com dezenas de esquadrões, estavam com dificuldades para repor seus pilotos perdidos. Na Frente Ocidental, a expectativa de vida dos pilotos era extremamente reduzida. O piloto do Royal Flying Corps (Real Corpo de Aviação do Exército Britânico) Arthur Gould Lee calculou que a média de sobrevivência de um piloto de caça em 1916 era de aproximadamente três semanas.[43] Por decisão do presidente Wenceslau Braz, seguiram para o exterior apenas voluntários, com a particularidade de que para os EUA foram os casados e, para a Europa, apenas os solteiros.[44] De acordo com os entendimentos firmados na conferência, após concluírem o treinamento, os pilotos brasileiros deveriam participar do conflito, integrando as aviações dos países que os acolhessem.

Por ocasião do reconhecimento do estado de guerra contra a Alemanha, em outubro de 1917, a Aviação Naval, embora fosse uma arma recente, já estava razoavelmente bem estruturada e possuía bem mais aviadores do que aeronaves, logo, quando surgiu a possibilidade de voarem na Europa, muitos se ofereceram como voluntários, conforme destacou o jornal *Correio da Manhã*: "Como temos noticiado, continuam a chover de todas as guarnições pedidos para matrícula na Escola Militar de Aviação na Inglaterra."[45]

Para os EUA seguiram os tenentes Mário Godinho e Fileto da Silva Santos, além do suboficial Antônio Joaquim da Silva Júnior, para estagiarem no US Naval Air Service (Serviço Aeronaval dos EUA) e, posteriormente, participarem da patrulha antissubmarino no Atlântico Norte. Os aviadores navais brasileiros permaneceram voando com a Marinha dos EUA até alguns meses após o armistício, protegendo a navegação contra submarinos que poderiam não ter recebido o comunicado do fim das hostilidades.[46]

Em contrapartida, ao final da guerra a Marinha dos EUA enviou uma missão militar de instrução para a Escola de Aviação Naval, sob os auspícios do tenente-comandante P. A. Cussachs e do tenente Jayme Oliver, mais cinco suboficiais, que prestaram importantes serviços à aviação brasileira.

No fim de 1918, um grupo de oficiais e praças da Marinha seguiu para a Itália com o objetivo de frequentar as escolas de aviação daquele país. Sob a liderança do capitão de corveta Protógenes Guimarães, a equipe era composta pelos tenentes Ernani Ferreira de Souza, Fernando Victor Savaget, Jayme Americano Freire e Epaminondas Gomes dos Santos; os sargentos Arthur Cleveland Nunes, Antônio Tarcílio de Arruda Proença, Gelmirez Patrocínio Ferreira de Mello e Octávio Manoel Afonso; além dos cabos Pedro Antônio Silva e José Cordeiro Guerra.[47] Posteriormente, seguiu para a Itália o tenente Raul Bandeira, instrutor da Escola de Aviação Naval que deteve os recordes de voo de maior altura e maior duração no Brasil até 1917.

Os aviadores navais brasileiros iniciaram suas atividades de instrução na Escola de Observadores Militares, em Centocelle, onde aperfeiçoaram o conhecimento na importante atividade de observação aérea. Em seguida, especializaram-se na pilotagem de aviões terrestres, na Escola de Aviação Militar do Exército Italiano, localizada em Cerveteri. Voando aeronaves Ansaldo, os aviadores foram qualificados nos cursos de caça e acrobacia aérea, ministrados nos céus de Roma e Fubara. A fase seguinte foi o curso de hidroaviões, realizado na Escola de Aviação Naval localizada na grande base naval de Taranto. Utilizando as aeronaves Ansaldo I.S.V.A. e Macchi M.5, os aviadores navais brasileiros capacitaram-se na execução de patrulhas antissubmarino e ataques com bombas e torpedos.

O grupo enviado à Itália não chegou a entrar em combate e lá permaneceu até 1919, mas o ministro da Marinha determinou que fosse considerado "como embarque em navio de guerra o tempo de serviço de todo o pessoal da Marinha designado para dirigir e aperfeiçoar, na Europa e nos EUA, os seus conhecimentos de Aviação Naval".[48]

Durante o período de instrução na Itália, o tenente Jayme Americano Freire envolveu-se em um grave acidente, ao capotar seu avião durante um pouso mal sucedido. Felizmente, o piloto nada sofreu, embora a aeronave tenha ficado bastante danificada.

Ao final da Conferência Interaliada, o embaixador brasileiro em Londres foi recebido em audiência pelo rei George V, para quem entregou uma carta do presidente Wenceslau Braz manifestando o desejo do Brasil de se unir à causa Aliada. Em resposta, o soberano britânico ofereceu as escolas de aviação do Royal Naval Air Service (RNAS), arma aérea da Marinha Real, e do Royal Flying Corps (RFC), força congênere no Exército Britânico, para fornecer treinamento básico e avançado para os aviadores brasileiros. Superados alguns entraves burocráticos, ficou decidido o envio de oito oficiais da Marinha e um do Exército para a Inglaterra, os quais seguiram em duas levas.

O primeiro grupo partiu em 8 de janeiro de 1918, a bordo do paquete Barrow, que fazia a linha da Mala Postal britânica, e era composto pelo capitão-tenente Manoel Augusto Pereira de Vasconcellos e 1ᵒˢ tenentes da Armada Virginius de Brito de Lamare, Fábio de Sá Earp e Belisário de Moura, além do 1ᵒ tenente Aliathar de Araújo Martins, do Exército brasileiro. Todos eram aviadores brevetados pela Escola de Aviação Naval e o tenente De Lamare era famoso por haver conduzido Santos Dumont como passageiro, em um voo sobre a baía de Guanabara em janeiro de 1917, quando o "Pai da Aviação" visitou a escola.

Dezoito dias mais tarde partiu do porto do Rio de Janeiro o paquete Amazon, conduzindo os 1ᵒˢ tenentes Heitor Varady e Eugênio da Silva Possolo, e os irmãos e 2ᵒˢ tenentes Lauro de Araújo e Olavo de Araújo, todos oficiais da Marinha. Destes, apenas Varady era cursado como piloto, e os demais não possuíam qualquer experiência com aviação.

|1918| A LONGA TRAVESSIA

Os aviadores navais enviados para a Inglaterra. Da esquerda para a direita: Lauro de Araújo, Heitor Varady, Eugênio Possolo, Virginius de Lamare, Olavo de Araújo, Manoel Pereira de Vasconcelos e Fábio Sá Earp.

A chegada dos aviadores brasileiros à Inglaterra praticamente coincidiu com a criação da Força Aérea Real britânica (RAF – Royal Air Force), organizada pelo general Hugh Trenchard, a partir da fusão do RNAS e do RFC. A RAF incorporava um conceito de organização e emprego diferenciado e inovador, tornando-se a primeira força aérea do mundo a se tornar independente do controle do Exército ou da Marinha.[49] As primeiras semanas foram reservadas para a aclimatação e aprendizado da língua inglesa, visto que somente os irmãos Araújo eram fluentes no idioma.

O primeiro destino dos brasileiros foi a cidade de Eastbourne, no condado de Sussex, localizada na costa sul da Inglaterra. Ali havia uma escola de aviação pertencente à Eastbourne Aviation Co. Ltd., que, com o início da guerra em 1914, havia sido requisitada pelo governo britânico e incorporada ao RNAS para ministrar a instrução primária de voo.

A reestruturação decorrente da criação da RAF transformou a escola na 206 Training Depot Station (TDS), unidade responsável pela instrução preliminar de voo em hidroaviões e aeronaves baseadas em terra. Para isso, utilizava os aerobotes Curtiss H-2 Small America e os aviões Avro 504, Airco DH6, Sopwith Camel e Sopwith Pup.[50]

O corpo docente do 206 TDS incluía diversos instrutores veteranos dos combates aéreos da Frente Ocidental, como o comandante Arthur W. Wood, que se tornou ás[51] do RNAS aos vinte anos de idade, com onze vitórias[52], e o tenente australiano Harold Percy Watson, que, mais tarde, se tornaria piloto de provas de aeronaves experimentais da RAF.

Como ocorreu na Itália, os brasileiros foram instruídos inicialmente no voo de hidroaviões, utilizando os aerobotes Curtiss H-2. Devido à sua experiência anterior no Brasil, o tenente De Lamare pulou essa primeira fase da instrução e passou diretamente ao voo em aviões baseados em terra. A nova etapa do curso foi realizada com as aeronaves bipostas Airco DH6 e Avro 504, e as monopostas Sopwit Pup e Camel, este, um avião de caça arisco de difícil pilotagem e que exigia muito do piloto. O Camel esteve envolvido em diversos acidentes durante os treinamentos em Eastbourne.

Embora fosse experiente, o tenente De Lamare envolveu-se em dois acidentes e, apenas por muita sorte, escapou sem ferimentos. Em uma das oportunidades, a aeronave que pilotava sofreu perda total. Em 12 de janeiro de 1918, foi a vez de o tenente Olavo Araújo se envolver em um acidente

Um Sopwith Camel acidentado em 1918.
Considerados de difícil pilotagem, os Camel da RAF envolveram-se em diversos acidentes durante a fase de treinamento de novos pilotos, inclusive o que tirou a vida do tenente Eugênio Possolo.

fatal, quando a hélice de seu avião atingiu mortalmente o fazendeiro Frederick Elstone, que operava uma ceifadeira na orla da pista de aterragem. O inquérito instaurado concluiu que a morte foi acidental, mas advertiu o piloto declarando que ele deveria ter sido mais cauteloso. Poucas semanas depois, o tenente Olavo realizou um pouso desastrado, caindo com seu avião em uma canaleta ao lado da pista. Dessa vez não teve tanta sorte, sofreu traumatismo craniano e feriu-se na perna, permanecendo fora de combate, baixado ao hospital, até o armistício.

Mas o acidente mais grave ainda estava por vir. No dia 5 de setembro, uma esquadrilha de seis aviões, comandada pelo capitão da RAF Frank H. Creasy, decolou para um voo de instrução, três dos quais pilotados pelos aviadores brasileiros Possolo, Varady e De Lamare. O exercício envolvia um voo em formatura, mas, quando a esquadrilha se encontrava a uma altitude de 1.500 pés, o Sopwith Camel 1F pilotado pelo tenente da RAF R. H. Sanders colidiu com a cauda do Camel do tenente Eugênio Possolo. Perdendo a estabilidade, imediatamente as duas aeronaves precipitaram-se em parafuso em direção ao solo, provocando a morte instantânea dos dois aviadores. O inquérito subsequente considerou o lamentável fato um acidente normal de instrução. O corpo do tenente Possolo, que havia escondido o fato de ser casado para poder seguir para a Inglaterra, foi enterrado no cemitério de Ocklynge, com as devidas honras militares. Nos três dias que sucederam a morte dos tenentes Possolo e Sanders, os Camel de Eastbourne se envolveram em mais dois acidentes, matando seus pilotos. Devido à elevada taxa de perdas e à necessidade de recompletar, com pessoal habilitado, o crescente número de esquadrões, a instrução de pilotos na RAF era bastante precária e, com frequência, resultava em acidentes. Ao término da guerra, 14.166 pilotos britânicos haviam morrido, dos quais, cerca de 8 mil vítimas de acidentes, mais da metade do total.[53]

Quinze dias depois, os tenentes Varady, De Lamare e Sá Earp seguiram para a base RAF Calshot, situada em uma praia na baía de Southampton, próximo à localidade de Lee-on-Solent. Nesta base estava estacionada a 209 TDS, pertencente à Escola de Bombardeiros de Patrulha, equipada com os hidroaviões Short 184, Short 827, Norman Thompson NT2 e Felixstowe F2A.[54] Como parte do treinamento avançado, as missões passaram a ser cumpridas em condições reais, utilizando todo o equipamento, munição e

O tênder Belmonte era o antigo navio alemão Valesia e atuou como navio de apoio logístico, prestando serviços essenciais à operação da DNOG.

disciplina de combate. Desafortunadamente, durante a estadia em Lee-on-Solent, Sá Earp e Varady contraíram a gripe espanhola e, embora conseguissem sobreviver, permaneceram internados no hospital até o final da guerra.

Com todos os oficiais já brevetados e com o treinamento completo, os brasileiros foram designados para a base RAF Cattewater, localizada perto de Plymouth, no sudoeste da Inglaterra, onde foram incorporados aos Esquadrões 237 e 238 da RAF, unidades operacionais subordinadas à 10ª Força de Defesa Costeira, que realizava a patrulha antissubmarino no Canal da Mancha. Voando hidroaviões Felixstowe F.5, Short 184 e Short 240, armados com bombas e torpedos, os brasileiros atuaram em esquadrilhas mistas, juntamente com aviadores britânicos e norte-americanos.

Em um espaço de três meses, a 10ª Força contabilizou 9 mil horas de patrulha, localizou 42 submarinos inimigos e afundou três. Mesmo após o armistício, celebrado em novembro de 1918, os aviadores baseados em Cattewater continuaram os voos de patrulha, com o objetivo de localizar e destruir as minas magnéticas lançadas aos milhares pelos alemães durante a guerra para bloquear os portos da Inglaterra.

Em março de 1919, os aviadores brasileiros que estavam na Inglaterra receberam ordens para retornar ao Brasil, o que foi feito a bordo do tênder Belmonte. Terminava, dessa forma, a contribuição da incipiente aviação naval brasileira na guerra, que, embora modesta, trouxe valiosos ensinamentos para a consolidação da arte de voar nas Forças Armadas brasileiras.

Nos campos de batalha da França

Antes de 1914, o Exército brasileiro era profundamente influenciado pela Alemanha, fruto das reformas implantadas a partir de 1908 pelo marechal Hermes da Fonseca, com base na doutrina militar e na organização do exército daquele país. Expressiva quantidade de material bélico em uso era de fabricação alemã, como os canhões Krupp, os fuzis Mauser e as lanças de cavalaria Ehradt. Até mesmo os uniformes dos soldados brasileiros baseavam-se em seus correspondentes germânicos.

A deflagração da Grande Guerra, no entanto, interrompeu o fluxo de material de guerra e o intercâmbio militar com os alemães, deixando o Exército brasileiro sem uma fonte capaz de atender às suas necessidades de suprimento e equipamento, e revelando a necessidade de obter novos fornecedores. Tal situação tornava-se ainda mais grave devido ao fato de a indústria bélica brasileira ser inexpressiva e, nem de longe, capaz de suprir as demandas das Forças Armadas do país.

Com a entrada do Brasil na guerra, ao lado da Tríplice Entente, e a consequente aproximação com a França, o governo brasileiro aproveitou a oportunidade para obter material bélico e alinhar sua doutrina militar com a dos franceses, assunto que também foi decidido na Conferência Interaliada realizada em Paris. Nesse sentido, em 21 de dezembro de 1917 foi criada a Comissão de Estudos de Operações e Aquisição de Material na França,[55] composta por 24 oficiais e liderada pelo general Napoleão Felippe Aché, um chefe experiente que, no posto de capitão, havia comandado o 24º Batalhão de Infantaria durante a Campanha de Canudos.

A Missão Aché, como ficou conhecida a Comissão de Estudos, tinha por objetivo reunir a maior quantidade de conhecimentos no tocante à doutrina militar francesa, inclusive com a participação dos oficiais brasileiros em combate, bem como a aquisição do material bélico necessário para remodelar o Exército brasileiro segundo os padrões da força terrestre daquele país.

A Comissão era composta pelos seguintes oficiais, pertencentes a todas as armas e do Serviço de Saúde do Exército Brasileiro: tenente-coronel José Fernando Leite de Castro (subchefe); tenente Octávio Aché (secretário); tenente José Nery Ewbank Câmara (administração); major médico Joaquim Sampaio (Serviço de Veterinária); tenentes Alzir Rodrigues Lima, Mário Barbedo e Bento Carneiro Monteiro (aviadores); tenentes Demócrito Barbosa, Sebastião do Rego Barros e Carlos de Andrade Neves (artilharia); major Tertuliano Potiguara, capitão Praxedes Theódulo da Silva Júnior e tenente Onofre Gomes de Lima (infantaria); major Firmino Antônio Borba e tenentes Isauro Reguera, José Pessoa Cavalcanti de Albuquerque e Cristóvão de Castro Barcellos (cavalaria); major médico Rodrigo Araújo Aragão Bulcão, capitães médicos Cleomenes de Siqueira Filho, João Afonso de Souza Ferreira, Alarico Damázio, João Florentino Meira, Manoel Esteves de Assis e tenente médico Carlos da Rocha Fernandes (Serviço de Saúde).

Os integrantes da Missão Aché visitaram importantes sítios e instalações militares do Exército Francês, como a cidadela de Verdun, no final de abril de 1918.[56] Mais do que observar ou apenas estudar, boa parte dos oficiais participou de operações de combate, integrando unidades militares francesas. Do total de militares pertencentes à Comissão, cerca de um terço foi promovido por suas ações e bravura em combate. No princípio de setembro, o jornal *Correio da Manhã* noticiou a entrada dos oficiais brasileiros na primeira linha do Exército francês:

> Os oficiais do Exército que fazem parte da missão militar chefiada pelo general Napoleão Felippe Aché já foram incorporados a regimentos franceses que operam na linha de frente, onde servirão arregimentados [...].[57]

O tenente-coronel Leite de Castro, que anos mais tarde ocuparia o cargo de ministro da Guerra, tomou parte nas operações ofensivas do 20° Grupo de Exércitos, adido ao 120° Regimento de Artilharia Pesada. O capitão Praxedes Theódulo da Silva Júnior permaneceu no *front* por três meses, atuando no 48° Regimento de Infantaria, e foi promovido, por bravura, ao posto de major. Na cavalaria, o major Firmino Antônio Borba, que posteriormente também ascenderia ao generalato e comandaria a 1ª Região Militar no Rio de Janeiro, participou das operações junto ao efetivo do 15° Regimento de Dragões e, mais tarde, cursou a Escola Militar de Saint-Cyr. O major Tertuliano Potiguara combateu na Batalha de St. Quentin e integrou as fileiras do 3° Batalhão de Caçadores. Mais tarde, também cursou a escola de Saint-Cyr e foi promovido ao posto de tenente-coronel, por bravura.

Os oficiais subalternos da Missão Aché também tiveram participação destacada na Frente Ocidental. O 1° tenente de cavalaria Christóvão de Castro Barcellos participou da perseguição aos alemães que se retiravam na Bélgica, comandando um pelotão do 17° Regimento de Dragões, sendo elogiado por sua conduta e promovido a capitão. O 1° tenente de cavalaria Isauro Reguera, que também viria a comandar a 1ª Região Militar na década de 1930, lutou no 1° Corpo de Cavalaria e, como seus colegas, estudou em Saint-Cyr. O 1° tenente de infantaria Octávio Monteiro Aché participou de diversos reconhecimentos em campanha, embora servisse como secretário da Comissão. Na artilharia, o 1° tenente Sebastião do Rego Barros foi promovido a capitão, por ter-se destacado em ação nas localidades de Acllete e Roulers, na Bélgica. O capitão médico João Afonso de Souza Ferreira foi condecorado com a Medalha Militar francesa, por prestar socorro a soldados do Exército Francês no campo de batalha.[58]

De todos os oficiais da Comissão de Estudos, o que mais se notabilizou foi o 1º tenente de cavalaria José Pessoa Cavalcanti de Albuquerque, principalmente por sua contribuição para as reformas estruturais e ideológicas operadas no Exército brasileiro após seu retorno da França. Durante o conflito, comandou um pelotão pertencente ao 4º Regimento de Dragões, unidade subordinada à 2ª Divisão de Cavalaria francesa. Seu pelotão era constituído por soldados coloniais franceses de origem muçulmana, com espírito extremamente agressivo. Na Campanha de Flandres, destacou-se pela liderança e capacidade de coordenação, sendo promovido ao posto de capitão por atos de bravura, em 9 de janeiro de 1919, e agraciado com a Croix de Guerre, importante condecoração instituída para premiar os soldados franceses e aliados que se houvessem destacado durante a guerra. Como reconhecimento de sua atuação em combate, foi elogiado por seus superiores repetidas vezes, como a referência que recebeu de seu comandante de esquadrão, capitão Marchal: "Conduziu seu pelotão de maneira notável em todas as operações de guerra (ofensiva franco-belga, de setembro, outubro e novembro de 1918)."[59]

O comandante do 4º Regimento de Dragões, tenente-coronel De Fournas, também reconheceu o trabalho de José Pessoa em ação:

> Conduziu seu pelotão sob o fogo em condições particularmente delicadas e perigosas. Distinguiu-se pela bravura e sangue frio, tendo solicitado permissão, por várias vezes, para reconhecer as primeiras linhas inimigas, o que levou a efeito debaixo de fogos extremamente violentos.[60]

Embora o 4º Regimento fosse uma unidade essencialmente hipomóvel, durante a perseguição ao inimigo em Flandres o tenente Pessoa travou contato com a nova arma criada para romper o impasse da guerra de trincheiras: o carro de combate. Após a guerra, já de volta ao Brasil, seria o responsável por introduzir os blindados no Exército brasileiro.

A Missão Aché teve suas baixas durante a guerra. O próprio José Pessoa contraiu febre tifoide e precisou ser internado em um hospital de campanha, onde conheceu uma enfermeira voluntária da Cruz Vermelha inglesa, Blanche Mary Edward, com quem viria a se casar posteriormente. O major Tertuliano Potiguara, oficial polêmico que lutara na Revolta da Vacina e na Campanha do Contestado, foi ferido em combate durante a Batalha de St. Quentin, quando integrava a vanguarda do seu regimento pertencente ao 5º Exército francês. Foi operado no hospital de Compiégne e, depois de recuperado, retornou ao *front*. Foi promovido por bravura a tenente-coronel e, anos mais tarde, atingiu o generalato e combateu a revolta tenentista de São Paulo, em 1924.

A única vítima fatal da Comissão de Estudos foi o 1º tenente de artilharia Carlos de Andrade Neves, que, quando em serviço no 8º Regimento de Artilharia de Campanha francês, contraiu a gripe espanhola e morreu em Meaux, na tarde de 7 de outubro de 1918.[61] O tenente Andrade Neves era filho do general Eurico de Andrade Neves e bisneto do Barão do Triunfo. Foi aluno e sócio do Aeroclube Brasileiro e, no âmbito da arma de Artilharia, era muito conceituado, tendo publicado um livro que foi bastante apreciado no Exército, intitulado *A Artilharia de Campanha*, e outro, em coautoria com o tenente Caiuby, denominado *Guia para o instrutor de Artilharia de Campanha*. Antes de ser designado para a Missão Aché, servia no 1º Regimento de Artilharia, no Rio de Janeiro.[62]

A Comissão de Estudos teve sua existência prolongada por muitos anos após o armistício e o fim da guerra. Com a desativação da Missão Médica Militar, o hospital da Rua Vaugirard permaneceu sob a administração militar brasileira, mas passou à subordinação da Missão Aché. Entre 1919 e a década de 1930, a Comissão desempenhou papel destacado na contratação de duas missões militares francesas, uma de aviação e outra geral, que introduziram profundas transformações no Exército brasileiro a partir da década de 1920.

A Marinha do Brasil vai à guerra

Em fins de 1916, a Marinha do Brasil estava estruturada na Esquadra de Alto-Mar, na Flotilha Fluvial do Mato Grosso, na Flotilha Fluvial do Amazonas, na Flotilha de Submersíveis e na Aviação Naval. Com exceção das flotilhas fluviais, equipadas com canhoneiras e monitores aptos à

|1918| A LONGA TRAVESSIA

Marinheiros carregam torpedo de 457 mm em um dos contratorpedeiros da DNOG.

navegação em águas interiores, todos os meios navais concentravam-se no Rio de Janeiro, no interior da baía de Guanabara.

A Esquadra de Alto-Mar era composta por uma mescla de velhos navios remanescentes da "Esquadra de Papelão"[63] e embarcações mais novas, adquiridas nos programas de reaparelhamento elaborados pelos almirantes Júlio de Noronha e Alexandrino de Alencar. A Esquadra, todavia, não possuía poder de combate expressivo e seu adestramento era limitado a pequenos cruzeiros de adestramento em águas costeiras, no eixo Rio de Janeiro-Santos. No total, a Marinha do Brasil possuía em seu acervo os seguintes navios:[64]

Esquadra de Alto-Mar				
Tipo	Nome	Deslocamento (toneladas)	Ano de incorporação	Base
Encouraçado	Deodoro	3.162	1898	Rio de Janeiro-RJ
Encouraçado	Floriano	3.162	1899	Rio de Janeiro-RJ
Encouraçado	Minas Gerais	21.200	1908	Rio de Janeiro-RJ
Encouraçado	São Paulo	21.200	1909	Rio de Janeiro-RJ
Cruzador	Bahia	3.000	1909	Rio de Janeiro-RJ
Cruzador	Rio Grande do Sul	3.000	1909	Rio de Janeiro-RJ
Cruzador	Barroso	3.437	1896	Rio de Janeiro-RJ
Cruzador	República	1.300	1892	Rio de Janeiro-RJ
Cruzador	Timbira	1.030	1896	Rio de Janeiro-RJ
Cruzador	Tiradentes	750	1892	Rio de Janeiro-RJ
Contratorpedeiro	Amazonas	650	1908	Rio de Janeiro-RJ
Contratorpedeiro	Mato Grosso	650	1908	Rio de Janeiro-RJ
Contratorpedeiro	Pará	650	1908	Rio de Janeiro-RJ
Contratorpedeiro	Piauí	650	1908	Rio de Janeiro-RJ
Contratorpedeiro	Rio Grande do Norte	650	1908	Rio de Janeiro-RJ
Contratorpedeiro	Paraíba	650	1908	Rio de Janeiro-RJ
Contratorpedeiro	Alagoas	650	1909	Rio de Janeiro-RJ
Contratorpedeiro	Santa Catarina	650	1909	Rio de Janeiro-RJ
Contratorpedeiro	Paraná	650	1910	Rio de Janeiro-RJ

Contratorpedeiro	Sergipe	650	1910	Rio de Janeiro-RJ
Torpedeiro	Goiás	152	1907	Rio de Janeiro-RJ
Navio-varredor	Carlos Gomes	1.843	1893	Rio de Janeiro-RJ
Navio-varredor	Jaguarão	?	1917	Rio de Janeiro-RJ
Navio-varredor	Ten. Maria do Couto	340	1917	Rio de Janeiro-RJ
Tênder	Belmonte	5.227	1912	Rio de Janeiro-RJ
Tênder	Ceará	6.460	1915	Rio de Janeiro-RJ
Navio-escola	Benjamin Constant	2.750	1892	Rio de Janeiro-RJ
Brigue	Caravelas	180	?	Rio de Janeiro-RJ
Brigue	Cidade de Manaus	?	?	Rio de Janeiro-RJ
Brigue	Recife	346	1892	Rio de Janeiro-RJ
Iate	José Bonifácio	?	1915	Rio de Janeiro-RJ
Iate	Tenente Rosas	153	1912	Rio de Janeiro-RJ
Iate	Tenente Ribeiro	153	1912	Rio de Janeiro-RJ
Iate	Silva Jardim	210	1879	Rio de Janeiro-RJ
Submarino	F1	370	1913	Rio de Janeiro-RJ
Submarino	F3	370	1914	Rio de Janeiro-RJ
Submarino	F5	370	1914	Rio de Janeiro-RJ
Rebocador	Laurindo Pitta	514	1910	Rio de Janeiro-RJ
Flotilha Fluvial do Amazonas				
Canhoneira	Acre	110	1906	Manaus-AM
Canhoneira	Amapá	110	1906	Manaus-AM
Aviso	Jutaí	80	1891	Manaus-AM
Aviso	Tefé	80	1891	Manaus-AM
Flotilha Fluvial do Mato Grosso				
Aviso	Oiapoque	195	1907	Ladário-MT
Aviso	Voluntário	33	1907	Ladário-MT
Monitor	Pernambuco	470	1910	Ladário-MT

O agravamento das tensões entre o Brasil e a Alemanha, provocado pelos ataques de submarinos, e a necessidade de melhor proteger o litoral do país, impuseram uma nova organização para a Marinha, que passou a ser dividida em três grandes-unidades, segundo o critério geográfico. A Divisão Naval do Norte, com sede em Natal, recebeu dois velhos encouraçados, dois cruzadores antigos e dois contratorpedeiros, bem como incorporou a Flotilha do Amazonas, que permaneceu baseada em Belém. Para a Divisão Naval do Sul, cujo comando situava-se em São Francisco, foram destacados os dois cruzadores novos e um antigo, dois contratorpedeiros e quatro navios de apoio. O maior poder de combate da Armada, contudo, foi reservado à Divisão Naval Centro, baseada no Rio de Janeiro, que recebeu os dois grandes encouraçados *dreadnoughts* e seis dos novos contratorpedeiros adquiridos na Grã-Bretanha.[65]

Por ocasião da Conferência Interaliada, realizada em Paris em novembro de 1917, o governo brasileiro ofereceu aos Aliados os préstimos de sua Marinha de Guerra, para participar do esforço na luta antissubmarino. Os Aliados vivenciavam um momento crítico na condução da guerra no mar, havendo a necessidade urgente de navios e tripulações para escoltar os comboios, que navegavam sob a permanente ameaça de ataques dos *u-boats* que tentavam impor o bloqueio submarino. Para suprir essa carência, a Marinha Real britânica chegou a retirar de serviço alguns velhos encouraçados obsoletos, apenas para aproveitar suas numerosas tripulações para guarnecer os navios de escolta. A fim de colaborar com os britânicos, uma esquadra japonesa composta pelo cruzador blindado Nisshin e oito contratorpedeiros, sob o comando do almirante Sato Kozo, foi enviada ao Mediterrâneo, onde, entre 1917 e o final da guerra, protegeu a navegação Aliada na rota Marselha-Taranto-Egito, escoltando, com segurança, mais de 800 mil soldados transportados por mar.[66]

Diante da necessidade, a oferta brasileira foi prontamente aceita, embora houvesse divergências no comando naval Aliado sobre a área marítima onde a frota brasileira deveria ser empregada. Enquanto os italianos propunham seu desdobramento no Mediterrâneo, os norte-americanos pretendiam utilizar os navios brasileiros em apoio à sua Marinha, protegendo a navegação no Atlântico Norte.[67] Prevaleceu, no entanto, a intenção dos

Cruzador Rio Grande do Sul (C-3) e contratorpedeiro Piauí (CT-3), integrantes da Divisão Naval de Operações em Guerra

britânicos e franceses, que planejavam empregar os navios brasileiros no patrulhamento da área marítima compreendida entre Dacar, o arquipélago de Cabo Verde e o rochedo de Gibraltar, onde a atividade dos submarinos era especialmente intensa e vinha causando expressivos prejuízos ao transporte marítimo Aliado.

Como resultado das deliberações da conferência, em 30 de janeiro de 1918 foi criada a Divisão Naval de Operações em Guerra (DNOG),[68] com a missão de patrulhar a área marítima citada, adjacente à costa ocidental africana. A Divisão brasileira operaria vinculada ao 9º Esquadrão de Cruzadores da Marinha Real, sob as ordens do contra-almirante Dawson Lees Sheppard,[69] que, por sua vez, era subordinado ao vice-almirante Heathcoat Salusbury Grant, comandante dos Estabelecimentos Navais de Sua Majestade em Gibraltar.[70]

Para compor a DNOG, foram selecionados os navios mais novos da Marinha do Brasil, quase todos adquiridos nos programas de reaparelhamento de Júlio de Noronha e Alexandrino de Alencar, visto que seriam exigidos nas duras condições de navegação transatlântica e nas operações de combate. A Divisão ficou constituída pelos cruzadores Rio Grande do Sul (C-3) e Bahia (C-2); pelos contratorpedeiros Piauí (CT-3), Paraíba (CT-5), Rio Grande do Norte (CT-4) e Santa Catarina (CT-9); pelo tênder Belmonte e pelo rebocador Laurindo Pitta.

Os cruzadores Rio Grande do Sul e Bahia, do tipo scout, foram construídos no estaleiro Armstrong Withworth Shipbuilders, em Elswick, Inglaterra, e incorporados à Marinha em 1909. Deslocando 3 mil toneladas e medindo 122 metros de comprimento, possuíam 3 caldeiras a vapor Yarrow, capazes de gerar 18.000 hp de potência. Seu armamento consistia em 10 canhões Vickers-Armstrong de 4,7 polegadas (120 mm), 6 canhões de 47 mm e 2 tubos lançadores de torpedos de 18 polegadas. Cada um deles era tripulado por 340 oficiais e marinheiros.[71]

Os 4 contratorpedeiros eram navios menores, deslocando 650 toneladas e medindo 73 metros de comprimento. Também haviam sido adquiridos pelos programas de reaparelhamento naval e colocados em serviço entre 1908 e 1909. Suas praças de máquinas eram servidas por 2 caldeiras a vapor Yarrow, acopladas a 2 motores de tripla expansão, que permitiam o deslocamento a uma velocidade de cruzeiro de 15 nós. Com 104 tripulantes, os contratorpedeiros eram artilhados com 2 canhões de 4 polegadas (102 mm), 4 de 47 mm e 2 tubos simples para lançamento de torpedos.[72]

O tênder Belmonte era o antigo cargueiro alemão Valesia, apresado em 1917 no porto de Santos, e que havia prestado serviços no Lloyd Brasileiro com o nome de Palmares. Com a criação da DNOG, o navio foi requisitado pelo governo e incorporado à Marinha, onde foi reclassificado como transporte de guerra e renomeado Belmonte.[73] Na DNOG foi utilizado para transportar carvão para os cruzadores e contratorpedeiros, devido à sua boa capacidade de carga de 6.500 toneladas.

O oitavo navio da Divisão Naval brasileira era o rebocador Laurindo Pitta, uma embarcação nova que havia sido construída nos estaleiros Vickers, Sons & Maxim Ltd., na Grã-Bretanha, e entrado em serviço em 1910. Seu nome era uma homenagem da Marinha ao deputado Laurindo Pitta, recentemente falecido, que havia se empenhado muito para aprovar o programa de reaparelhamento naval no Congresso Nacional. O rebocador seguiu com a DNOG com a missão de prestar apoio logístico e auxiliar em caso de avarias.

Embora fossem novos – menos de dez anos de uso –, quando irrompeu a Grande Guerra, os navios brasileiros já estavam virtualmente obsoletos, devido à rápida evolução da tecnologia naval. No que diz respeito ao armamento de bordo, os cruzadores e contratorpedeiros da DNOG eram completamente despreparados para a luta antissubmarino, não possuindo hidrofones ou qualquer outra espécie de sensor para detectar submarinos inimigos, nem calhas ou trilhos para lançar bombas de profundidade.[74] Enquanto as modernas belonaves das potências Aliadas já eram movidas a óleo, a propulsão dos navios brasileiros ainda realizada com caldeiras a vapor, o que exigia grandes quantidades de carvão, reduzindo seu raio de ação, visto que eram necessárias várias paradas para reabastecimento. Tais dificuldades eram ainda maiores nos contratorpedeiros, pois, por se tratarem de embarcações de porte reduzido, eram capazes de armazenar apenas 140 toneladas de carvão e não podiam navegar longos percursos sem paradas para abastecimento. A propulsão a vapor exigia uma grande quantidade de foguistas nas tripulações, para alimentar o fogo nas caldeiras que produziam a energia a vapor. Um terço dos 1.500 homens que constituíam a DNOG eram marinheiros que desempenhavam essa difícil e insalubre função.

As caldeiras dos navios, apesar de relativamente novas e pouco utiliza-das, não estavam em boas condições de funcionamento, pois o regime de trabalho em temperaturas elevadas e alta pressão reduzia a vida útil e exigia complexas rotinas de manutenção. Com o início da guerra, ficou mais difícil adquirir no exterior peças de reposição e sobressalentes, agravan-do, ainda mais, o problema da manutenção. Ao longo de sua jornada, a DNOG enfrentou dificuldades que, frequentemente, deixaram seus navios inoperantes, permanecendo imobilizados ou tendo que seguir viagem a reboque. O tênder Belmonte ficou conhecido jocosamente em meio aos marinheiros brasileiros por "Guiomar Novais", uma referência à famosa pianista de então, que, em todos os portos, fazia um concerto (conserto).

Para comandar a Divisão brasileira, o ministro Alexandrino de Alencar selecionou um homem de sua confiança e um dos oficiais de maior prestígio na Marinha, o contra-almirante Pedro Max de Frontin. Nascido em Petrópo-lis, em 1867, era irmão do engenheiro Paulo de Frontin, um dos principais artífices da remodelação urbanística ocorrida na cidade do Rio de Janeiro durante a gestão do prefeito Pereira Passos. Depois de graduar-se na turma de 1884 da Escola Naval, atuou na repressão ao levante da Escola Militar e à Revolta da Vacina, em 1904, quando servia como imediato[75] do encou-raçado Deodoro. Após um breve período como comandante da Escola de Aprendizes Marinheiros do Rio Grande do Sul, retornou à capital federal para dirigir a Escola de Timoneiros e comandar o navio-escola Primeiro de Março. Entre 1907 e 1910 serviu como chefe do Gabinete do ministro da Marinha e assumiu, sucessivamente, o comando do contratorpedeiro Piauí e do cruzador Rio Grande do Sul, navios recém-adquiridos na Grã-Breta-nha. Posteriormente, comandou o encouraçado São Paulo, um dos navios mais importantes da Armada, e o Corpo de Marinheiros Nacionais.[76] Pedro de Frontin foi promovido a contra-almirante em maio de 1915 e nomeado comandante da 2ª Divisão Naval e, posteriormente, da Divisão Naval do Sul. Sua experiência em diferentes comandos e a confiança do almirante Alexandrino, de quem fora chefe de gabinete, pesou para sua escolha para li-derar a DNOG. O almirante Frontin escolheu o cruzador Rio Grande do Sul, seu antigo navio, como capitânia da Divisão. Suas qualidades de liderança seriam essenciais para manter a DNOG em condições operativas, diante das diversas crises que se abateriam sobre a Divisão.

156

O presidente Wenceslau Braz e o almirante Pedro de Frontin. Na foto abaixo, o almirante, comandante da DNOG (segundo sentado, da direita para a esquerda), reunido com oficiais japoneses, britânicos e norte-americanos em Gibraltar.

No total, a DNOG possuía o efetivo de 1.502 homens, dos quais 75 oficiais da Armada, 4 médicos, 50 oficiais maquinistas, 5 oficiais intendentes, 1 farmacêutico, 1 dentista, 1 capelão, 1 submaquinista, 41 suboficiais, 43 sargentos mecânicos, 4 auxiliares de fiel, 702 marinheiros, 481 foguistas, 84 taifeiros, 1 pedreiro e 3 barbeiros.[77] Devido à falta de pessoal, muitos destes foguistas e taifeiros tiveram que ser contratados pela Marinha para completar as tripulações dos navios.

Inicialmente, os navios da DNOG foram reunidos na baía de Guanabara, para serem reparados no Arsenal de Marinha. O período de manutenção, no entanto, não solucionou os problemas existentes, uma vez que não existiam no país os materiais necessários nem técnicos habilitados em mecânica pesada e, em consequência, foram realizados apenas reparos paliativos. Para adestrar suas tripulações, o almirante Frontin conduziu exercícios de tiro real ao largo da ilha Grande e da baía de Jacuecanga, no litoral sul do estado do Rio de Janeiro.

As dificuldades estruturais e a necessidade de aprestar os navios retardaram a partida da DNOG para a guerra, o que ocorreu apenas quatro meses depois. Sem que houvesse notícia na imprensa, a partir do dia 7 de maio de 1918, os navios da Divisão brasileira começaram a zarpar do Rio de Janeiro, com destino ao Nordeste, onde seriam reabastecidos com carvão. O cruzador Rio Grande do Sul, capitânia da DNOG, partiu no dia 14 de maio, conduzindo a bordo o contra-almirante Pedro de Frontin. Durante o translado, a Divisão aproveitou para adestrar suas tripulações, cumprindo um programa de treinamento elaborado por seu estado-maior. Em poucos dias, os navios atracaram em Salvador, Recife e Natal, e, já nesse trajeto, os problemas de manutenção começaram a surgir, quando o contratorpedeiro Rio Grande do Norte apresentou problemas de propulsão, devido à falta de combustível, e precisou seguir rebocado pelo Piauí. A inacreditável falta de provisão de carvão para o navio resultou em um Inquérito Policial Militar que teve, como resultado, a destituição do comandante do Piauí, assumindo o posto em seu lugar o capitão de corveta José Felix da Cunha Menezes.

Em fins de julho, a DNOG concentrou-se no arquipélago de Fernando de Noronha e, na manhã de 1º de agosto, sete meses após ter sido criada, partiu com destino a Freetown, em Serra Leoa, o primeiro destino após a longa travessia do Atlântico. Navegando às escuras e em ziguezague, para evitar possíveis torpedos lançados por submarinos, a pequena esquadra brasileira chegou ao

Navios da DNOG reunidos em Fernando de Noronha antes da partida para a guerra.

porto africano oito dias mais tarde. No itinerário foram necessárias algumas paradas em alto-mar, para reabastecimento e conserto de panes diversas. Em Freetown, o contra-almirante Frontin apresentou-se ao almirante Sheppard, formalizando a subordinação da DNOG à Marinha Real britânica.

Durante a operação de reabastecimento no porto de Freetown, uma bomba de profundidade desprendeu-se da popa do contratorpedeiro Paraíba e caiu no mar. Com extrema rapidez e coragem, o cabo José de Souza Oliveira lançou-se às águas e agarrou-se à bomba, impedindo seu afundamento e a consequente explosão, salvando o navio e poupando muitas vidas.

Mesmo sem saber, durante a estadia no porto de Freetown, os marinheiros brasileiros foram expostos ao vírus da influenza espanhola, moléstia que já havia atingido o patamar de epidemia em Serra Leoa. Ainda ignorando o mal que se avizinhava, a DNOG partiu em 23 de agosto, com destino a Dacar, no Senegal, enfrentando condições meteorológicas adversas e mar batido.

Embora a atividade dos *u-boats* alemães fosse bem mais intensa em águas europeias, no ano de 1918, um pequeno número dessas embarcações operava de modo bastante agressivo na costa africana. A tabela a seguir registra a atividade dos *u-boats* no período considerado:[78]

U-boats no mar	Julho 1918	Agosto 1918	Setembro 1918	Outubro 1918
Mar do Norte	22	19	22	30
Adriático	11	11	7	10
Flandres	8	10	7	8
Constantinopla	-	-	-	2
Outras áreas	4	5	7	4
Total	45	45	43	54

Na noite de 25 de agosto, por volta das oito e quinze, pouco antes de chegar a Dacar, a DNOG foi atacada por um submarino inimigo, cujos torpedos passaram, afortunadamente, cerca de vinte metros à retaguarda do tênder Belmonte.[79] O contratorpedeiro Rio Grande do Norte atacou o submarino com tiros de canhão e bombas de profundidade e, embora não houvesse confirmação, a Marinha Real registrou o afundamento de um submarino inimigo não identificado na rota da DNOG. Na manhã de 26 de agosto, a Divisão do almirante Frontin aportou em Dacar, na colônia francesa do Senegal. A partir daí, a tragédia desabaria sobre os marinheiros brasileiros.

A "espanhola" devasta a DNOG

O almirante Frontin pretendia permanecer no porto senegalês o menor tempo possível, apenas o necessário para o reabastecimento com carvão e para os reparos nas caldeiras a vapor dos navios, que insistiam em apresentar defeitos de solução complexa. Na manhã do dia 6 de setembro, no entanto, quando a tripulação do cruzador Bahia abastecia o navio com carvão, a "espanhola" manifestou-se com toda violência. Cerca de 70 marinheiros apresentaram, quase ao mesmo tempo, os sintomas da doença, sendo necessário interromper a atividade de reabastecimento. Na manhã seguinte, já eram 200 os doentes entre os membros da tripulação, o que colocou o cruzador na condição de indisponível, por falta de pessoal. No contratorpedeiro Rio Grande do Norte foram registrados, no dia em que era comemorada a Independência do Brasil, 30 gripados, cerca de 30% da tripulação, o que também tornou o navio inoperante.

Equipados com caldeiras alimentadas a carvão, os navios da DNOG exigiam constantes manobras de ressuprimento, inclusive no mar. Na foto, um dos contratorpedeiros recebe fardos de carvão.

A notícia da epidemia de gripe espanhola na DNOG custou a chegar ao Brasil, o que ocorreu somente 15 dias depois, quando foram publicadas dramáticas manchetes nos principais jornais da capital do país:

A "INFLUENZA ESPANHOLA" IRROMPEU NOS NAVIOS BRASILEIROS EM OPERAÇÕES DE GUERRA.

Quase todos os vapores que chegam da Europa trazem agora notícias alarmantes de uma moléstia de caráter epidêmico, que teve origem em terras da Espanha e que nesse país está grassando intensivamente [...].

Correndo os portos africanos de Marrocos e do Senegal, a "influenza espanhola" localizou-se em Dakar, onde numerosos vapores fazem escala. Irrompendo a dita "influenza" naquele porto francês da África e se tendo propagado por diversos navios de guerra das esquadras aliadas, houve também casos do mesmo mal entre as guarnições dos navios da divisão naval brasileira, do comando do almirante Pedro de Frontin, que havia fundeado no mesmo porto.

Diversos tripulantes foram atacados a bordo dos nossos navios, e, principalmente, entre o pessoal de máquinas, oficiais e foguistas.[80]

Um dos primeiros a perder a vida pela gripe, no dia 11 de setembro, foi o capitão-tenente médico da Armada Pedro Monteiro Gondim Júnior, oficial médico do tênder Belmonte, que, mesmo chegando a ser atendido no Hospital Colonial de Dacar, não resistiu à doença e morreu. No dia 13, outro doente era vitimado, o submaquinista Joaquim Martins Pereira, também do Belmonte. No dia 14 foi a vez dos 2os tenentes engenheiros-maquinistas Antônio Pedroso Novaes de Abreu e César Seabra Muniz, ambos do mesmo navio.

No dia seguinte, a epidemia, que já se propagava pelo cruzador Rio Grande do Sul, ceifava a vida do 1º tenente Álvaro Luiz Fernandes. No dia 17, morreu o 2º tenente engenheiro-maquinista Oldemar Lemos, da tripulação do Santa Catarina, onde a epidemia também se instalou. No dia 18 sucumbiu o 2º tenente engenheiro-maquinista Raul de Mattos Costa, do contratorpedeiro Piauí.

No período entre 11 e 18 de setembro, em 8 dias apenas, registraram-se mais 47 óbitos, sendo 34 foguistas, 10 marinheiros e 3 taifeiros, ao todo, 55 vítimas da "espanhola".[81] Os corpos foram colocados em caixões de madeira e levados à terra firme por lanchas, guarnecidas por marinheiros senegaleses,

O contratorpedeiro Rio Grande do Norte (CT-4) perdeu cerca de 30% de sua tripulação devido à gripe espanhola.

para serem enterrados no cemitério de Dacar. Com o aumento do número de mortos, faltaram caixões, e os cadáveres passaram a ser amarrados em tábuas e envoltos em pedaços de lona, para um sepultamento rápido.

O *Correio da Manhã* noticiou a situação de desespero que a epidemia produziu a bordo do cruzador Rio Grande do Sul e o esforço dos oficiais para preservar a tripulação:

> Um marinheiro do mesmo navio [Rio Grande do Sul], que na ânsia da febre se atirou ao mar, foi salvo pelo tenente Guarany, que, apesar de enfermo, não trepidou em se atirar na água para salvar seu subordinado, conseguindo esse nobre intento. Malgrado o banho forçado, nada lhe aconteceu; ao contrário, melhorou.[82]

A informação sobre o contágio com o vírus da "espanhola" na DNOG também repercutiu no exterior e sensibilizou o Almirantado britânico, que enviou suas condolências ao ministro Alexandrino, conforme noticiou a imprensa do Rio de Janeiro:

> Procedente de Londres, recebeu ontem o almirante Alexandrino o seguinte telegrama: "Os Lords do Almirantado Britânico acabam de receber, com profundo pesar, a notícia de que a epidemia de influenza espanhola, que atacou o porto de Dacar, causou 89 mortes no pessoal da Divisão Brasileira. Suas excelências exprimem à Marinha do Brasil sua profunda simpatia pela perda de tantos bravos, que, antes de terem a oportunidade de encontrar o inimigo comum, sacrificaram suas vidas pela causa das nações aliadas."[83]

O imediato do cruzador Rio Grande do Sul, capitão-tenente Orlando Marcondes Machado, descreveu a situação de penúria em que se encontravam os infectados pela gripe:

> nenhum auxílio nos foi possível obter de terra. Os cuidados necessários ao tratamento de cerca de trezentos doentes ficaram, durante alguns dias, a cargo de dez ou doze pessoas. E esses cuidados desciam da medicação aos mais grosseiros atos de higiene e asseio, compreendiam a alimentação e o seu preparo, a distribuição de água, a iluminação, a ventilação, o serviço sanitário, a comunicação com terra e outros

serviços, que, de modo algum, poderiam ser prescindidos. Os doentes caíam ardendo em febre, cobertos de suor emplastrado com moinho de carvão, sem ter quem os auxiliasse a tomar banho e mudar de roupa, pois os poucos válidos que lhes podiam assistir nisso diminuíam de hora em hora, de minuto a minuto [...]. Foi então um gemer, um delírio, um pedir de água, um esperar por socorro, verdadeiramente consternador. Era carga demasiadamente grande e aconteceu, por isso, o que previamos logo aos primeiros dias: começou a morrer gente à míngua. [...] Infelizmente a gripe não se julgou vencida pelos que a ela resistiram, e, ao retirar-se do campo, deixou o beribéri e o impaludismo munidos de gazua; e assim, os organismos por ela depauperados continuaram a tombar e a terra da África continuou a se reembolsar do capital de sangue que tanto nos dera.[84]

Apesar das medidas sanitárias introduzidas pelos médicos da DNOG, os tripulantes dos navios continuaram a morrer, impactando profundamente a opinião pública no Brasil. O *Correio da Manhã* publicou mais uma leva de tristes relatos a bordo dos navios brasileiros:

Chega-nos notícias de mais vítimas da implacável epidemia que tem grassado em Dacar, da qual também a nossa cidade [Rio de Janeiro] vem sendo tão cruelmente atingida.

Ontem o Ministro da Marinha recebeu telegrama do almirante Frontin, comandante da Divisão em Operações de Guerra, participando-lhe haverem falecido ali, nos dias 21 e 22 do corrente, o 1º tenente doutor Asdrúbal Alves de Souza, que exercia as funções de médico do cruzador Bahia, e o 2º tenente engenheiro-maquinista João Franco, que servia no mesmo navio. São mais duas perdas lastimáveis que sofre a nossa Marinha de Guerra, além das de outros humildes marujos, cujos nomes nos chega também agora, roubados à vida, e que eram: o marinheiro de 1ª classe, 1187, Antônio Gomes Cerqueira e foguistas de 3ª classe, 2242, Cecílio Ernesto da Silva, e extranumerário, Antônio Pereira. [...]

Na Divisão do almirante Frontin ficaram apenas, enquanto não chegarem os médicos que daqui seguiram, o capitão-tenente dr. José Alfredo de Oliveira, do Belmonte, e o 1º tenente Dr. Antônio de Lemos Filho, do Rio Grande do Sul.[85]

Cemitério em Dacar, Senegal, onde muitos marinheiros brasileiros foram sepultados.

As baixas provocadas pela gripe espanhola foram tantas que foi necessário o Ministério da Marinha designar novos militares para substituir os mortos e doentes, a fim de completar as tripulações desfalcadas. Ao todo, a doença atingiu cerca de 44% dos oficiais, 50% dos oficiais engenheiros-maquinistas, 37% dos mecânicos, 18% dos suboficiais, 27% dos marinheiros, 30% dos foguistas e 34% dos taifeiros da Divisão.

Apesar das novas nomeações, a Divisão brasileira permaneceu imobilizada no porto de Dacar por dois meses. Do efetivo inicial da DNOG, perderam a vida mais de 100 tripulantes, e foram repatriados 140 doentes em estado grave, alguns dos quais não resistiram e vieram a falecer no Rio de Janeiro.

Com a chegada dos substitutos e com a diminuição dos casos de gripe nos navios, no final de outubro de 1918, o almirante Frontin considerou a epidemia controlada e reorganizou as tripulações e comandos dos navios, para prosseguir com sua missão.

Patrulhando o Atlântico

Ainda com os navios retidos em Dacar, entre 9 de setembro e 21 de outubro o contratorpedeiro Piauí, cuja tripulação tinha sido menos atingida pela "espanhola", foi empregado na patrulha antissubmarino nas águas adjacentes ao arquipélago de Cabo Verde.

No dia 3 de novembro, a DNOG partiu bastante desfalcada de Dacar, com destino ao rochedo de Gibraltar. O cruzador Rio Grande do Sul e o contratorpedeiro Rio Grande do Norte permaneceram no Senegal para que fossem efetuados reparos em suas caldeiras, que insistiam em apresentar panes de difícil solução; o tênder Belmonte recebeu ordens para transportar trigo para o governo francês e o rebocador Laurindo Pitta retornou ao Brasil. Restaram, para cumprir a missão original de patrulhamento, o cruzador Bahia e os contratorpedeiros Piauí, Paraíba e Santa Catarina.

No deslocamento entre Dacar e Gibraltar ocorreu um episódio que ficaria conhecido como a "Batalha das Toninhas". Na ocasião, um cardume desses animais foi confundido pelos vigias do cruzador Bahia com o rastro do periscópio de um submarino, resultando no imediato ataque desferido pelos contratorpedeiros. Somente após o término dos disparos e já com muito sangue na água, foi que os marinheiros brasileiros perceberam que o alvo do ataque não era um *u-boat* inimigo, mas um inofensivo grupo de peixes. Embora o episódio tenha sido utilizado por detratores para menosprezar a capacidade da Marinha do Brasil, o ataque foi plenamente justificável, pois ocorreu em um ambiente hostil onde os submarinos alemães atuavam intensamente contra a navegação Aliada. Cabe também assinalar que os navios da DNOG não possuíam meios de detecção de submersíveis, devendo os mesmos ser localizados "a olho" pelos vigias das embarcações. A mesma confusão ocorreria 64 anos mais tarde, durante a Guerra das Malvinas. Na ocasião, a fragata britânica HMS Brilliant detectou uma assinatura em seu sonar que foi interpretada como um submarino argentino. Respondendo à ameaça, o navio disparou seus torpedos contra o "alvo", apenas para constatar que se tratava de um inofensivo grupo de baleias. Apesar de toda a tecnologia embarcada na fragata – em 1982, a Marinha

Real britânica destacava-se pela qualidade e quantidade de equipamentos eletrônicos e sensores de combate embarcados em seus navios –, três baleias foram mortas, o que justifica ainda mais a dificuldade enfrentada pela DNOG para a localização dos *u-boats*.[86]

Outro incidente envolvendo os brasileiros foi o ataque com tiros de canhão desfechado pelo contratorpedeiro Piauí contra o caça-submarino 190 norte-americano, também confundido com um submarino inimigo devido às suas pequenas dimensões. Felizmente o equívoco foi identificado a tempo de evitar um típico caso de "fogo amigo"[87] e não houve danos ao navio ou baixas entre a tripulação.

A chegada a Gibraltar ocorreu com extrema cautela, pois o encouraçado HMS Britannia, escalado para escoltar a DNOG no trecho final de sua rota, foi afundado ao largo do rochedo no dia 9 de novembro, após ser torpedeado pelo submarino UB-50. A Divisão Naval brasileira chegou a Gibraltar na manhã seguinte, escoltada pelo contratorpedeiro norte-americano USS Israel (DD-98), apenas um dia antes de ser assinado o armistício que poria fim à Grande Guerra. Os problemas mecânicos recorrentes nos navios e a violenta investida da gripe espanhola não permitiram à Marinha do Brasil contribuir com maior relevo para o fim do conflito, como fizeram os japoneses no Mediterrâneo.

O fim da guerra não resultou no fim imediato da DNOG. Atendendo a convites dos diferentes governos, os navios brasileiros foram "mostrar a bandeira" em visitas de cortesia à França, Inglaterra, Portugal, Itália e ilhas de Cabo Verde. Encerrada essa cruzada diplomática e ainda sofrendo com as panes, que obrigaram diversas paradas para manutenção, a DNOG finalmente chegou ao Rio de Janeiro, em 9 de junho de 1919, depois de realizar escalas em Fernando de Noronha, Recife e Cabo Frio. Desde cedo a cidade se preparou para receber os navios, com a população se aglomerando diante do cais. Às oito horas da manhã, uma divisão composta pelo cruzador Barroso e pelos contratorpedeiros Sergipe e Paraná suspendeu do porto e foi-se encontrar com a DNOG, o que ocorreu ao largo de Maricá. Perto do meio-dia, horário previsto para a chegada da Divisão, uma flotilha de três hidroaviões da Escola de Aviação Naval decolou, para escoltar os navios brasileiros. O *Correio da Manhã* registrou o histórico regresso dos navios brasileiros:

O contratorpedeiro Piauí (CT-3) na entrada do porto de Gibraltar. Em segundo plano, pode ser visto um navio afundado.

Por determinação das autoridades da Marinha haviam sido postas no mar boias que indicariam o lugar para fundearem os navios. Passavam quarenta minutos do meio-dia quando a esquadra transpôs a linha da barra. Formara em duas linhas. Uma era constituída pelos "*scouts*" Bahia e Rio Grande do Sul, e a outra pelos destroieres Santa Catarina, Paraíba, Rio Grande do Norte e Piauí.

Vinham, em seguida, os navios da Divisão Barroso e uma porção de lanchas e iates. Consistia um quadro em verdade imponente a entrada dos navios da nossa esquadra. Caminhavam tardos e majestosos. E lá em cima, no convés, toda a marinhagem agitava festivamente os gorros.

Quando o Bahia passava ao lado do cruzador inglês Newcastle, este o saudou com os disparos da pragmática, fazendo subir aos mastros o pavilhão do Brasil. Os marinheiros ingleses saudaram os brasileiros em longa fila. O Bahia respondeu imediatamente à cortesia do Newcastle, fazendo também os disparos de estilo e ostentando a flâmula inglesa.[88]

Embarcados como passageiros no Belmonte, vieram os aviadores navais Virginius de Lamare, Fábio Sá Earp e Heitor Varady, os dois últimos ainda se recuperando da gripe espanhola que haviam contraído na Inglaterra. Depois das homenagens de praxe, incluindo a recepção do contra-almirante Frontin pelo presidente da República Delfim Moreira, a DNOG foi extinta pelo Ministério da Marinha no dia 23 de junho. A longa travessia da Divisão Naval estava encerrada; 156 oficiais e marinheiros brasileiros não tornariam a ver sua terra natal, cerca de 10% do efetivo total da DNOG, que totalizava 1.515 homens.[89]

A carnificina chega ao fim

No início de 1918, uma derrota germânica parecia fora de questão. Reforçando suas tropas com homens que a paz celebrada com a Rússia permitiu retirar da Frente Oriental, os alemães tentaram desfechar golpes decisivos na França, antes que a Força Expedicionária Americana fizesse pender, definitivamente, a balança para o lado das potências Aliadas.

Com o encerramento de suas atividades na Frente Oriental, os alemães concentraram 178 divisões na França, contra 167 Aliadas: 97 francesas, 57 britânicas, 10 belgas, 1 norte-americana e 2 portuguesas. Ao longo da frente, as Potências Centrais reuniram uma poderosa artilharia, que contava com cem canhões por quilômetro linear. Com tal vantagem, o Estado-Maior alemão considerou o momento ideal para dar início a uma grande ofensiva, designada "Kaiserschlacht", a Ofensiva do Kaiser. Motivados pelo sucesso dos carros de combate, os Aliados também desencadearam uma operação ofensiva de grande envergadura. No primeiro ataque, iniciado em março entre a região de Arras e do Rio Oise, o Exército britânico foi repelido com muitas baixas, sendo obrigado a recuar até as proximidades de Amiens. Diante do insucesso, as potências Aliadas tomaram uma decisão que se fazia necessária havia muito tempo: colocar as operações sob um comando unificado, o qual foi confiado ao marechal francês Ferdinand Foch.

No princípio de abril, os alemães atacaram a região de Armentières, desorganizando as forças britânicas e portuguesas, e avançando a linha de frente alguns quilômetros.[90] No mês de maio, lançaram uma ofensiva no Chemin des Dames, obtendo um êxito surpreendente, e alcançaram o Marne, entre Château-Thierry e Dormans, sendo detidos apenas por violentos contra-ataques franco-americanos. Em 9 de julho, lançaram outra ofensiva sobre Compiègne, sustada dois dias depois. Na semana seguinte, tentaram consolidar a vantagem obtida atacando Reims, mas foram contidos por defensores aguerridos e bem posicionados no terreno.

Os alemães pareciam levar vantagem na guerra quando subitamente, devido ao esgotamento, a grande ofensiva estancou no dia 15 de julho. Identificando a imobilidade do inimigo, os Aliados desencadearam uma contra-ofensiva que obrigou os alemães a recuarem para além do Aisne e do Vesle. Era o começo da campanha de libertação da França que prosseguiria até a vitória final. Seguiu-se uma série de ofensivas Aliadas locais bem sucedidas, iniciada pelos britânicos no Somme. Em princípio de setembro, o Exército alemão retornava às suas posições iniciais da Linha Hindenburg.

Também no mês de setembro, os norte-americanos realizaram sua primeira operação independente, eliminando o saliente de St. Mihiel, ao sul de Verdun, com o propósito de retificar a linha de frente. Diante dos inequívocos indícios de fadiga da Alemanha, o comando supremo Aliado, sob a firme liderança de Foch, preparou outra série de operações ofensivas, cada qual com objetivos limitados e específicos, visando recuperar territórios conquistados pelo oponente nos primeiros meses de 1918. Em 26 de setembro, as tropas norte-americanas de Pershing e as francesas de Gouraud atacaram pelas duas margens do Mosa em direção a Mézières e, no dia seguinte, os soldados britânicos de Douglas Haig, com o auxílio de tropas francesas, investiram contra a Linha Hindenburg, entre Cambrai e o Aisne. Paralelamente, o rei Alberto, com o Exército belga reforçado por franceses e britânicos, avançou em Flandres, enquanto o Exército francês atacava o Chemin des Dames.

Em suas memórias, o marechal francês Joffre destacou o papel dos soldados norte-americanos na fase final da Grande Guerra:

> Todos devem saber a importância do papel desempenhado pelas tropas americanas em 1918, na fase suprema do conflito mundial. No momento do armistício, mais de dois milhões de soldados haviam atravessado o Atlântico. Durante a luta que os Aliados sustentaram para resistir ao avanço alemão e também durante a vitoriosa contraofensiva que nos levaria à vitória, as divisões americanas, umas generosamente mescladas nas tropas francesas e britânicas, outras sob o comando do general Pershing, tomaram parte gloriosa nas operações.[91]

No final de setembro, a Alemanha entrava em colapso. A Linha Hindenburg foi rompida entre Cambrai e St. Quentin, e a derrota na quarta Batalha de Ypres deixou as posições germânicas na costa da Bélgica completamente vulneráveis. Novas ofensivas Aliadas em outubro e uma situação política interna explosiva deixaram a Alemanha sem opções e, ciente da irreversibilidade dos fatos, o Império do Kaiser tratou de negociar o fim das hostilidades.

Ao mesmo tempo, longe da Frente Ocidental, seus aliados começavam a desmoronar, abandonando o conflito em tratados individuais com a Entente. A Bulgária, último país das Potências Centrais a entrar na guerra, foi o primeiro a deixá-la, em acordo datado de 29 de setembro. O Império Otomano, há muito incapaz de suportar o consumo voraz de recursos exigidos pela guerra de atrito – com mais de 1,5 milhão de baixas, seu exército era um sexto da força inicial –, deixou de combater em 30 de outubro. O Império Austro-Húngaro também sofria com a fome, agitações políticas e com insurreições nacionalistas, e baixou as armas no dia 3 de novembro.

Em meados de 1918, tiveram início as conversações entre as duas alianças beligerantes, com base em princípios gerais que deveriam nortear as futuras relações políticas e econômicas entre os países envolvidos. Esses princípios haviam sido estabelecidos pelo presidente dos EUA Woodrow Wilson, que elaborou uma proposta composta por 14 pontos, dentre os quais se destacavam:

|1918| A LONGA TRAVESSIA

A DNOG chega ao Rio de Janeiro, após cumprir sua missão de guerra. O cruzador Rio Grande do Sul é sobrevoado por uma aeronave da Aviação Naval.

- acordos de paz firmados abertamente, excluindo-se tratados particulares;
- supressão das barreiras econômicas, na medida do possível;
- intercâmbio de garantias para a redução ao mínimo dos armamentos nacionais;
- evacuação e restauração da Bélgica [...];
- evacuação e restauração do território francês invadido e reparação do "erro cometido contra a França em 1871", no que se refere à Alsácia-Lorena;
- reajustamento das fronteiras italianas;
- promessa de um desenvolvimento autônomo para todas as nacionalidades do Império Otomano [...];
- reconstituição de uma Polônia independente [...]; e
- criação de uma "sociedade geral das nações", tendo por objetivo "fornecer garantias recíprocas de independência política e territorial a todos os Estados pequenos e grandes".[92]

Diante das dificuldades na frente de combate, o Kaiser Guilherme II expressou sua preocupação acerca da proposta do presidente Wilson:

> [...] após nosso revés, em 8 de agosto, o general Ludendorff declarou que não poderia mais garantir uma vitória militar. O exército, minado pela propaganda revolucionária, começava a se tornar indisciplinado. Ludendorff pediu então, em 29 de setembro, que, em vez de negociações de paz, se preparasse um armistício. Wilson exigia a rendição e nosso governo propunha um armistício. [...] Em meio a essas negociações, o chanceler Solf me disse que por todos os lados, nas ruas, falava-se abertamente em minha abdicação. Exprimi minha indignação.[93]

O gelado inverno de 1917 foi devastador para a Alemanha. A colheita de batatas caiu pela metade e, diante do bloqueio naval imposto pela Marinha Real, 750 mil alemães morreram de fome. O Kaiser encontrava-se realizando uma visita de inspeção na Bélgica quando foi informado de que em Berlim e em outros centros urbanos da Alemanha haviam irrompido revoltas contra a guerra e contra o governo. Diante da ameaça de revolução, ficou indeciso entre abdicar ou conservar-se no poder, pois tinha esperanças de, ao menos, manter o trono da Prússia. Quando ficou claro que não tinha mais o apoio do Exército e da Marinha, que havia se amotinado em Kiel e em outros portos, Guilherme II abdicou, aconselhado por Hindenburg, e partiu para o exílio na Holanda, onde passaria o restante de sua vida, a despeito das tentativas dos países vencedores da guerra em extraditá-lo.

Em 7 de novembro, o chanceler alemão Max von Baden enviou delegados a Compiègne, França, a fim de negociar o acordo, finalmente firmado na manhã do dia 11, no interior de um vagão-restaurante ferroviário. O marechal Foch, comandante em chefe das forças Aliadas na Frente Ocidental, despachou um telegrama a todos os seus comandados: "As hostilidades cessarão em todos os *fronts* em 11 de novembro, às 11 horas, horário francês." Assinado depois de três horas de tratativas, às 5h10, o armistício entrou oficialmente em vigor às 11h – a décima primeira hora do décimo primeiro dia do décimo primeiro mês de 1918.

Depois de quatro longos e sangrentos anos, a mortandade chegava ao fim.

O Brasil na Conferência de Paz

Desde o armistício de 11 de novembro de 1918 até a assinatura do Tratado de Versalhes, em meados do ano seguinte, os Aliados realizaram diversas conferências em separado para negociar questões específicas. A França desejava obter salvaguardas contra possíveis pretensões da Alemanha no futuro e, para isso, exigia reparações financeiras e o enfraquecimento do inimigo por meio do desmembramento do país. A Itália, por sua vez, pretendia receber colônias e territórios do Império Austro-Húngaro. Britânicos e norte-americanos não concordavam com a divisão do território da Alemanha, pois o país representava, geopoliticamente, uma defesa contra o avanço do bolchevismo que surgira na Rússia.

Acertadas as questões controversas entre os Aliados e prevalecendo a intenção anglo-americana, o Tratado de Versalhes foi assinado em 28 de junho de 1919. A Alemanha perdeu todas as suas colônias ultramarinas na África e na Ásia e teve que pagar, a título de reparação, uma indenização elevadíssima, calculada em torno de 6,5 bilhões de libras.[94] Adicionalmente, os alemães tiveram que entregar aos vencedores 5 mil peças de artilharia, 25 mil metralhadoras, 1.700 aeronaves, 90% de sua frota naval de superfície e todos os seus submarinos. A contestada região da Alsácia-Lorena retornou à França; a bacia do Sarre ficou sob o controle da Liga das Nações por 14 anos; a França ocupou a Renânia e foi reconhecido o Estado independente da Polônia, incluindo a criação de um corredor, passando por solo alemão, dando-lhe acesso ao porto de Dantzig, no mar Báltico. No tratado, o presidente dos EUA conseguiu que fosse incluída a convenção da Sociedade das Nações – denominada Liga das Nações –, organismo supranacional encarregado de mediar conflitos futuros entre os países.

Quatro dias após ser assinado o armistício, terminou o mandato do presidente Wenceslau Braz, que esteve à frente do governo durante os anos em que o Brasil participou da guerra. Infectado pelo vírus da gripe espanhola, o presidente eleito Francisco de Paula Rodrigues Alves não tomou posse, devido a seu precário estado de saúde, e assumiu o cargo o vice-presidente eleito Delfim Moreira da Costa Ribeiro. Como tantos brasileiros, Rodrigues Alves não resistiu à "espanhola" e faleceu em janeiro de 1919.

Uma vez formalizado o armistício, o Brasil foi convidado a participar da conferência de paz em Paris, no início de 1919, tornando-se um dos países a tomar assento na rodada de negociações, que culminaria com a assinatura do Tratado de Versalhes. Rui Barbosa, o mais renomado jurista brasileiro, foi convidado para liderar a comitiva diplomática brasileira na conferência, mas declinou da convocação, alegando diferenças políticas com o governo. Diante da recusa, o chanceler brasileiro Domício da Gama nomeou uma delegação composta por quatro pessoas: Epitácio Pessoa, Raul Fernandes, João Pandiá Calógeras e Olyntho de Magalhães. O ex-ministro Epitácio Pessoa, um representante estreitamente vinculado com a cultura francesa e admirador declarado da França, mais tarde, derrotaria o próprio Rui Barbosa na campanha eleitoral para presidente da República.

O governo brasileiro, contudo, foi informado que o país poderia enviar apenas um ou dois representantes, uma vez que fora classificado como "potência beligerante com um interesse especial", assim como Bélgica, Grécia e Portugal, e não como "grande potência beligerante", categoria reservada aos EUA, Grã-Bretanha, França, Itália e Japão.

Domício da Gama pediu apoio ao Departamento de Estado norte-americano para ampliar a delegação brasileira, o que desagradou os portugueses, que, mesmo tendo enviado um numeroso corpo expedicionário, com cerca de 55 mil soldados, dispunham de apenas um delegado.[95] Enquanto os britânicos referendaram a posição de Portugal, os EUA deram apoio ao Brasil e, quando a comitiva brasileira já se encontrava a caminho da França, o presidente Woodrow Wilson obteve da Grã-Bretanha e da França a aceitação de que o Brasil registrasse três representantes, argumentando sobre a importante influência alemã no país, em comparação com demais países latino-americanos.

Os delegados brasileiros conseguiram incluir dois parágrafos no acordo de paz, um que assegurava a venda dos navios alemães e austríacos confiscados em portos brasileiros por preços simbólicos e outro que obrigava a Alemanha a pagar uma indenização ao Brasil para ressarcir os prejuízos decorrentes da apreensão de sacas de café em portos alemães quando do início da guerra.

Como consequência de sua participação na guerra e na Conferência de Paz, o Brasil foi um dos países fundadores da Liga das Nações, na qual os diplomatas brasileiros depositavam grandes esperanças. Contudo, a recusa do presidente Wilson em participar da Liga e outras medidas tomadas pelo organismo internacional posteriormente levariam o Brasil a abandoná-lo em 10 de junho de 1926.

O Tratado de Versalhes, no entanto, conseguiu desagradar igualmente vencidos, vencedores e observadores neutros. Para os países independentes, o documento, excessivamente punitivo, teria se distanciado demais da proposta de catorze pontos do presidente Wilson, que fundamentou o armistício. Para os franceses, porém, todo o castigo ainda foi pequeno. O Tratado de Versalhes não atendeu por completo sua sede de vingança pela invasão alemã em seu território, que vitimou mais de 400 mil civis. Clemenceau, por exemplo, pretendia que a província do Reno, uma pujante região industrial, fosse retirada da Alemanha para evitar um novo fortalecimento do país. Wilson e o primeiro-ministro britânico David Lloyd George vetaram a proposta, determinando, em contrapartida, a ocupação militar na região durante 15 anos. Após a notícia da assinatura do tratado, o marechal Ferdinand Foch sentenciou: "Isto não é a paz. É apenas um armistício válido pelos próximos vinte anos." Proféticas palavras.

Notas

[1] Uboat.net. *Heinrich von Nostitz und Jäckendorff*, disponível em <http://www.uboat.net/wwi/men/commanders/231.html>, acesso em 6 maio. 2015.

[2] De acordo com Duffy (2015), o total de feridos entre as forças militares durante a Primeira Guerra Mundial atingiu a impressionante cifra de 22.078.366 soldados.

[3] A Missão Médica Militar Brasileira foi criada pelo Decreto nº 13.192, de 10 de julho de 1918.

[4] Mário Kroeff, "Missão Médica Militar em França na guerra de 1918". *O Hospital*, Rio de Janeiro, v. 75, n. 2, fev. 1969.

[5] A "Peste Negra" foi como ficou conhecida a pandemia que, vinda da China em navios mercantes, entre 1347 e 1350, rapidamente se espalhou para diversos países da Europa com consequências desastrosas, reduzindo a população do continente em aproximadamente um terço, matando cerca de 25 milhões de pessoas.

[6] Knobler, Mack, Mahmoud e Lemon, *The story of Influenza – The threat of pandemic influenza: are we ready?*, Washington, The National Academies Press, 2005, pp. 60-1.

[7] Brasil, *Missão médica especial enviada à França em caráter militar - Relatório apresentado ao Ministro da Guerra pelo Dr. José Thomaz Nabuco de Gouvêa, chefe da missão, em 18 de janeiro de 1919*, Diário Official dos Estados Unidos do Brazil, Rio de Janeiro, 14 mar. 1919, Secção 1, pp. 8-16.

[8] Kroeff, op. cit., 1969.

[9] *Correio da Manhã*, n. 7151, de 25 de setembro de 1918, acervo da Biblioteca Nacional.

[10] Idem.

[11] Kroeff, op. cit., 1969.

[12] *Correio da Manhã*, n. 7153, de 27 de setembro de 1918, acervo da Biblioteca Nacional. O nome do tenente Coutinho não constou das primeiras listagens de vítimas que chegaram ao Brasil, o que é compreensível dada a necessidade de confirmar o suicídio, no qual o corpo desaparecera no mar, e a precariedade das comunicações da época, causando confusão acerca do local da morte. O próprio jornal (*Correio da Manhã*, n. 7153) publicou: "O tenente Coutinho ao que parece, morreu na travessia entre Orã e Marselha, pois só assim se explica o fato de seu nome não ter vindo na primeira relação de mortos, enviada há dias, para aqui". É possível concluir, todavia, que o tenente Coutinho lançou-se ao mar antes da chegada do navio a Orã, visto que seu companheiro de cabine, tenente Mário Kroeff, testemunha ocular da agonia e suicídio do oficial, foi desembarcado naquele porto, para tratamento de saúde, somente seguindo viagem para a França bem mais tarde, em outro navio.

[13] *Correio da Manhã*, n. 7151.

[14] *Correio da Manhã*, n. 7150, de 24 de setembro de 1918, acervo da Biblioteca Nacional.

[15] Telegrama nº 90, de 26 de setembro de 1918, do Dr. Nabuco de Gouvêa para o Ministro da Guerra. Acervo Arquivo Histórico do Exército. O nome do tenente-coronel Eduardo Borges Ribeiro da Costa aparece duas vezes no telegrama, provavelmente devido a um erro de datilografia (tradução nossa).

[16] *Correio da Manhã*, n. 7158, de 2 de outubro de 1918, acervo da Biblioteca Nacional.

[17] Idem.

[18] *Correio da Manhã*, n. 7153.

[19] Brasil, 1919, op. cit., p. 12.

[20] US Army. *Army Strong, Strong Europe! History*, disponível em <http://www.eur.army.mil/organization/history.htm>, acesso em 8 jul. 2015.

[21] *Correio da Manhã*, n. 7191, de 15 de outubro de 1918, acervo da Biblioteca Nacional.

[22] Cesar Augusto Nicodemus Souza, "A participação do Brasil na Primeira Guerra Mundial", *Revista da Cultura*, Rio de Janeiro, n. 24, p. 20, 2014.

[23] "Instruções gerais para o serviço médico do Hospital Brazileiro" - *Serviço de combate contra a epidemia de gripe*, de 24 de outubro de 1918, acervo do Arquivo Histórico do Exército.

[24] Ofício da Legação dos Estados Unidos do Brazil ao chefe da Missão Médica Militar Brasileira em França, do dia 17 de dezembro de 1918, acervo do Arquivo Histórico do Exército.

[25] Ofício nº 13, de 7 de janeiro de 1919, do general Napoleão Felippe Aché, chefe da Comissão de Estudos de Operações de Guerra e de Aquisição de Material na Europa ao Sr. coronel Dr. Nabuco de Gouvêa, chefe da Missão Médica Militar Brasileira, acervo do Arquivo Histórico do Exército.

[26] Decreto nº 13.479, de 19 de fevereiro, de 1919, acervo do Arquivo Histórico do Exército.

[27] Ofício nº 6793, de 19 de fevereiro de 1919, do subsecretário de Estado do Serviço de Saúde Militar ao Ministério das Relações Exteriores da França, acervo do Arquivo Histórico do Exército.

[28] Telegrama, de 16 de fevereiro de 1919, do dr. Epitácio Pessoa, chefe da delegação do Brasil na Conferência de Paz de Versalhes ao general Napoleão Felippe Aché, chefe da Comissão de Estudos de Operações de Guerra e de Aquisição de Material na Europa, acervo do Arquivo Histórico do Exército.

[29] Ofício nº 160, de 9 de maio de 1919, do general Napoleão Felippe Aché, chefe da Comissão de Estudos de Operações de Guerra e de Aquisição de Material na Europa ao Sr. major Dr. Rodrigo de Araújo Aragão Bulcão, diretor do Hospital Brasileiro, acervo do Arquivo Histórico do Exército.

[30] Kroeff, op. cit.

[31] Boletim Interno nº 214, de 5 de novembro de 1919, do Hospital Militar Brasileiro em Paris, acervo do Arquivo Histórico do Exército.

[32] INCAER, op. cit., p. 388.

[33] Idem, p. 383.

[34] Idem, p. 376.

[35] Nelson Freire Lavenère-Wanderley. *História da Força Aérea Brasileira*, Rio de Janeiro, Editora Gráfica Brasileira, 1975, p. 34.

[36] Idem, p. 35.

[37] A escola de aviação da Força Pública de São Paulo foi criada pela Lei estadual n. 1.395-A, de 17 de dezembro de 1917.

[38] De acordo com INCAER (op. cit., p. 423), "[...] Kirk e Darioli se dirigem, de trem, para a região conflagrada, acompanhando o transporte de cinco aviões, quatro *Morane-Saulniers* e um *Blériot-Sit*, além de material de reparo e algumas peças sobressalentes. Nessa viagem, fagulhas da *maria-fumaça* caem sobre os dois aeroplanos pertencentes ao Aero-Club (um *Morane* e o *Blériot*), causando a baixa dos aparelhos por incêndio e explosão."

[39] Cláudio Passos Calaza, "Aviões no Contestado: descortinando um emprego militar inédito", em *Revista Brasileira de História Militar*, Rio de Janeiro, n. 8, ago. 2012, disponível em <http://www.historiamilitar.com. br/artigo4RBHM8.pdf>, acesso em 18 jul. 2015, p. 89.

[40] Os quatro primeiros oficiais brevetados como pilotos-aviadores navais foram os 1⁰ˢ tenentes Antônio Augusto Schorcht, Raul Ferreira de Vianna Bandeira, Virginius Brito de Lamare e 2⁰ tenente Victor de Carvalho e Silva.

[41] O regulamento foi aprovado pelo Decreto n⁰ 12.364, de 17 de janeiro de 1917.

[42] Entre esses pioneiros da Aviação Militar, estavam os tenentes Aliathar de Araújo Martins, Bonifácio Tavares, Raul Vieira de Mello, Anor Teixeira dos Santos, Aroldo Borges Leitão e Mário Barbedo.

[43] Delmo de Oliveira Arguelhes, *Sob o céu das Valquírias*, Curitiba, CRV, 2013. De acordo com o autor (pp. 59-60), "com os diversos ritmos do combate, essa razão de perdas variava. Durante o abril sangrento de 1917, o RFC estimava a média de vida dos pilotos de caça em horas de voo: dezessete e meia. Na visão dos pilotos, a morte dos companheiros, dos inimigos e do próprio devir, que não era nem um pouco animadora. Estatisticamente, o próximo a morrer poderia ser ele mesmo. Daí o senso de presente, tão vivo nas memórias de guerra. Ver o sol nascer mais uma vez já podia ser considerada uma grande vitória."

[44] Hélio Leôncio Martins, "A participação da Marinha brasileira na Primeira Grande Guerra", em *História Naval Brasileira*, v. 5, t. Ib, Rio de Janeiro, Serviço de Documentação da Marinha, 1997, pp. 257-8.

[45] *Correio da Manhã*, n. 6875, de 21 de dezembro de 1917, acervo da Biblioteca Nacional.

[46] Adrian van Wyen, *Naval Aviation in World War I*, Washington, Chief of Naval Operations, 1969, p. 89.

[47] Antônio Pereira Linhares, *Aviação naval brasileira 1916-1940*, Rio de Janeiro, Imprensa Naval, 1971, p. 16.

[48] Ordem do Dia n⁰ 246, de 9 de novembro de 1918, do Ministro da Marinha, apud Linhares, op. cit., p. 16.

[49] De acordo com Shores (1969), a Força Aérea finlandesa reclama o fato de ser a primeira força aérea independente no mundo, quando foi fundada, em 6 de Março de 1918, que consistia em um avião e era comandada por um oficial subalterno. A RAF, no entanto foi criada em 1⁰ de abril de 1918, mas é considerada como a pioneira em função de ter estrutura, organização e cadeia de comando do porte de uma força aérea.

[50] M. B. Barrass, *A History of RAF Organisation - Aircraft Allocated to Training Units - Pilots*, disponível em <http://www. rafweb.org/Members%20Pages/Aircraft%20Serials/Training%20-%20Pilot.htm>, acesso em 20 jul. 2015.

[51] De acordo com Arguelhes (p. 50), o "famoso esportista aéreo francês, Adolphe Pégoud, conseguiu abater seis aviões no mesmo ano. A imprensa francesa o aclamou como ás da aviação. Esse termo local designava antes de 1914 as estrelas dos esportes; após Pégoud passou a significar piloto que havia abatido muitos aviões. Logo, estabeleceu-se tacitamente que mereceria o título quem atingisse a marca de pelo menos cinco vitórias."

[52] Ron Kindell, *Royal Navy Hall of Honour World War I 1914-1918*, Penart, Naval History.net, 2009, p. 454.

[53] Arguelhes, op. cit., p. 183.

[54] Barrass, op. cit.

[55] A Comissão foi criada por intermédio do Aviso Reservado n⁰ 914, de 21 de dezembro de 1917.

[56] *Correio da Manhã*, n. 7006, de 2 de maio de 1918, acervo da Biblioteca Nacional.

[57] *Correio da Manhã*, n. 7120, de 3 de setembro de 1918, acervo da Biblioteca Nacional.

[58] Idem.

[59] Folhas de alterações do marechal José Pessoa Cavalcanti de Albuquerque, acervo do Arquivo Histórico do Exército.

[60] Idem.

[61] *Correio da Manhã*, n. 7167, de 11 de outubro de 1918, acervo da Biblioteca Nacional.

[62] Folhas de alterações do capitão Carlos de Andrade Neves, acervo do Arquivo Histórico do Exército.

[63] Para combater a Revolta da Armada (1893-1894) foi empregada por Floriano Peixoto a chamada "Esquadra de Papelão", constituída por velhos navios adquiridos no exterior e reformados pelo governo, cujo comando foi entregue ao almirante reformado Jerônimo Francisco Gonçalves, herói da Guerra do Paraguai.

[64] Hélio Leôncio Martins, "Forças combatentes", em *História Naval Brasileira*, v. 5, t. II, Rio de Janeiro, Serviço de Documentação da Marinha, 1985, pp. 101-2, 109-11.

[65] Arthur Oscar Saldanha Gama, *A Marinha do Brasil na Primeira Guerra Mundial*, Rio de Janeiro, Capemi, 1982, p. 38.

[66] Ashley Elkins (org.), *1918 – Year of Victory: the End of the Great War and the Shaping of History*, Canberra, Ashley Elkins, 2010, p. 286.

[67] Paul Halpern, *A Naval History of World War I*, Annapolis, US Naval Institute, 1994, p. 395.

[68] A DNOG foi criada por intermédio do Aviso n° 501, de 30 de janeiro de 1918, do ministro da Marinha.

[69] Dreadnought Project, *Dawson Lees Sheppard*, disponível em <www.dreadnoughtproject.org/tfs/index.php/Dawson_Lees_Sheppard>, acesso em 28 jul. 2015.

[70] Dreadnought Project, *Heathcoat Salusbury Grant*, disponível em <www.dreadnoughtproject.org/tfs/index.php/Heathcoat_Salusbury_Grant>, acesso em 28 jul. 2015.

[71] Navios de Guerra Brasileiros, *Cruzador Rio Grande do Sul*, disponível em <http://www.naviosbrasileiros.com.br/ngb/R/R039/R039.htm>, acesso em 30 jul. 2015.

[72] Navios de Guerra Brasileiros, *CT Pará*, disponível em <http://www.naviosbrasileiros.com.br/ngb/P/P013/P013.htm>, acesso em 30 Jul. 2015.

[73] O Belmonte foi incorporado à Marinha do Brasil por intermédio do Aviso n° 840, de 8 de fevereiro de 1918.

[74] A carga (ou bomba) de profundidade é a mais antiga arma antissubmarino. O conceito de "largar uma mina" sob os submarinos inimigos foi discutido, pela primeira vez, em 1911, e a ideia foi desenvolvida quando o Comandante da Marinha Real britânica George Callaghan, solicitou a produção, em 1914, da primeira carga de profundidade. O design foi trabalhado por Herbert Taylor na escola de torpedos e minas HMS Vernon, em Portsmouth. A primeira carga de profundidade eficaz, a "Tipo D", desenvolvida em 1916, era parecida com um barril de 140 kg e continha um explosivo, geralmente TNT. Era detonada por uma "pistola", que seria ativada pela pressão da água, numa profundidade pré-selecionada de até 100 metros. O primeiro mecanismo de lançamento era simplesmente rolar os "barris" por uma prancha para fora da embarcação atacante. Mais tarde, projetores especiais, ou "armas-K", foram desenvolvidos, no qual um explosivo lançava as cargas até cerca de 50 metros de um dos lados do navio de escolta atacante.

[75] A função de imediato, na Marinha, corresponde à de subcomandante, ou de subchefe no Exército.

[76] Robert Pechman, *Pedro de Frontin*, disponível em <cpdoc.fgv.br/sites/default/files/verbetes/primeira-republica/FRONTIN, Pedro de.pdf>, acesso em 28 jul. 2015

[77] Adler Homero Castro, "O Brasil na 1ª Guerra Mundial e a DNOG", em *Revista Brasileira de História Militar*, Rio de Janeiro, n. 14, ago. 2014, disponível em <http://www.historiamilitar.com.br/artigo8RBHM14.pdf>, acesso em 18 out. 2014, p. 182.

[78] Gibson e Prendergast, *Histoire de la guerre sous-marine 1914-1918*, Paris, Nouveau Monde Éditions, 2012.

[79] João Prado Maia, DNOG *(Divisão Naval de Operações em Guerra) 1914-1918: uma página esquecida da história da marinha brasileira*, Rio de Janeiro, Serviço de Documentação Geral da Marinha, 1961.

[80] *Correio da Manhã*, n. 7148, de 22 de setembro de 1918, acervo da Biblioteca Nacional.

[81] *Correio da Manhã*, n. 7149, de 23 de setembro de 1918, acervo da Biblioteca Nacional.

[82] *Correio da Manhã*, n. 7189, de 2 de novembro de 1918, acervo da Biblioteca Nacional.

[83] *Correio da Manhã*, n. 7154, de 28 de setembro de 1918, acervo da Biblioteca Nacional.

[84] Dino Willy Cozza, "A participação do Brasil na Primeira Guerra Mundial", *Revista do Instituto de Geografia e História Militar do Brasil*, Rio de Janeiro, anos 52/53, n. 79/93, pp. 140-6, 1993, p. 143.

[85] *Correio da Manhã*, n.7181, de 21 de outubro de 1918, acervo da Biblioteca Nacional.

[86] Tom Gardner, "British warship HMS Brilliant torpedoed whales during Falklands War after mistaking them for enemy submarines" em *Daily Mail*, 2 set. 2013, disponível em <http://www.dailymail.co.uk/news/article-2408881/British-warship-HMS-Brilliant-torpedoed-WHALES-Falklands-War.html#ixzz3qXlE9PCC>, acesso em 4 nov. 2015.

[87] "Fogo amigo" (ou fratricídio) é uma expressão utilizada nas guerras quando algum ataque ou bombardeio atinge as próprias tropas ou as tropas aliadas, normalmente por erro de cálculo ou de interpretação.

[88] *Correio da Manhã*, n. 7407, de 10 de junho de 1919, acervo da Biblioteca Nacional.

[89] Gama, op. cit., 1975, p. 7.

[90] A Batalha de Armentières também é conhecida como Batalha de Flandres ou Batalha de La Lys.

[91] Joseph Joffre, *Mémoires du marechal Joffre (1910-1917)*, Paris, Librairie Plon, 1932, p. 463.

[92] United States of America, *Presidential Messages – Adress and Peace*, New York, Harper & Brothers, 1917, pp. 158-62.

[93] Wilhelm II, *The Kaiser's Memoirs*, Charleston, Nabu Press, 2010, pp. 242-3.

[94] National Archives, United Kingdom, *First World War: Counting the Costs*, disponível em <www.nationalarchives.gov.uk/pathways/firstworldwar/aftermath/counting_costas.htm>, acesso em 25 nov. 2015.

[95] De acordo com Fraga (1985, pp. 34-53), o Corpo Expedicionário Português (CEP) foi inicialmente organizado como uma Divisão Reforçada seguindo o modelo organizativo português e englobando três brigadas, cada uma com dois regimentos de Infantaria a três batalhões. No entanto, dado que o CEP iria ser integrado no 1° Exército britânico, cujas divisões eram menores que as portuguesas, entendeu-se que se poderia facilmente fazer subir o escalão do CEP, transformando-o em Corpo de Exército a duas Divisões nos moldes do Exército britânico.

LEGADO

> *"Quanto mais fortes somos,
> menos provável é a guerra."*
>
> Otto von Bismarck

Quando o armistício foi assinado, em 11 de novembro de 1918, a Europa estava completamente devastada. Quase dez milhões de pessoas haviam morrido e vinte milhões estavam feridas, mutiladas ou incapacitadas, 25% das quais pertencentes à população civil. Calcula-se que, somente na Batalha do Somme, travada entre julho e novembro de 1916, no norte da França, mais de um milhão de soldados morreram. Segundo estimativas, a Grande Guerra custou cerca de 260 bilhões de dólares aos cofres mundiais. O mundo experimentara os horrores da guerra total, na qual os avanços tecnológicos resultantes da era industrial potencializaram o poder destrutivo das armas, materializado pela artilharia, pelo avião, pela metralhadora, pelo carro de combate, pelo encouraçado, pelo submarino e pelos gases venenosos, dentre outros.

Depois da Grande Guerra o mundo nunca mais seria o mesmo. Quatro impérios – Alemão, Austro-Húngaro, Russo e Otomano – simplesmente deixaram de existir, o mapa do continente foi redesenhado e mais de duas dezenas de países contabilizavam as perdas humanas e materiais sofridas durante o conflito. Diante de tal magnitude, é razoável considerar que a participação do Brasil ao lado da Entente foi extremamente limitada, senão inexpressiva para influenciar no resultado final da guerra. Mas, se no contexto global a contribuição brasileira foi pequena, para o país trouxe reflexos significativos e promoveu profundas transformações políticas, econômicas, sociais e militares.

Apesar de todos os países envolvidos terem sofrido prejuízos variados decorrentes de sua participação na guerra, as consequências econômicas para o Brasil foram moderadamente positivas. Em um primeiro momento, com o bloqueio naval imposto pelos alemães as exportações de produtos nacionais caíram, produzindo uma crise na economia cafeeira, visto que o café era o principal item da pauta de comércio exterior do país. Os importados procedentes da Europa também foram severamente afetados pelo conflito e, como o Brasil dependia essencialmente dos produtos industrializados europeus, verificou-se a necessidade de substituir as importações para atender o mercado interno, levando o país a experimentar um inédito surto de industrialização. Durante os anos de guerra, 1914 a 1918, o número de fábricas no Brasil aumentou 400% e a quantidade de operários dobrou, muitos dos quais eram imigrantes europeus.[1]

Na medida em que a Grã-Bretanha, tradicional parceira no financiamento da incipiente indústria brasileira, amargava grandes prejuízos com a guerra, o capital norte-americano passou a ser o grande impulsor das fábricas no Brasil, iniciando uma reorientação de dependência econômica do país, que seria confirmada três décadas mais tarde, por ocasião da Segunda Guerra Mundial. Gradativamente, as indústrias nacionais foram ganhando o mercado interno e os produtos "made in Brazil" passaram a ocupar as prateleiras de estabelecimentos comerciais de norte a sul do país.

Outra consequência na economia, também decorrente da necessidade de se obter a autossuficiência, foi o fortalecimento do pensamento econômico nacionalista. Desde os primeiros anos do século XX, o Brasil possuía a lei do similar nacional, um instrumento protecionista que barrava a importação de qualquer produto estrangeiro, desde que existisse um "similar" interno, não importando seu preço ou qualidade. Mas foi a realidade imposta pela guerra que deu a legitimidade para praticar o que já era recorrente na história brasileira, o protecionismo e a preferência nacional como políticas de Estado.

Apesar do crescimento da indústria, o conflito provocou perdas comerciais e financeiras substanciais ao país. Para atenuar os prejuízos, por ocasião do reconhecimento do estado de guerra contra a Alemanha, em junho de 1917, o governo brasileiro arrestou os navios alemães e austro-húngaros que se encontravam internados nos portos nacionais desde 1914. No princípio do conflito, o Brasil possuía a maior frota mercante da América do Sul, composta por 403 cargueiros e navios de transporte de passageiros. Após o armistício, a Marinha Mercante brasileira totalizava 659 navios, dos quais 169 eram utilizados nas rotas de alto mar. A posse dos 46 navios alemães e austríacos representou um incremento de mais de 25% na frota mercante transoceânica nacional.[2] Alguns navios foram distribuídos à Marinha de Guerra, como o cargueiro alemão Valesia, convertido no tênder Belmonte e que prestou importantes serviços à DNOG. Três destes navios não sobreviveriam à Grande Guerra: o Macau (ex-Palatia) e o Acary (ex-Ebernburg), torpedeados em 1917, e o Maceió (ex-Santa Anna), afundado no ano seguinte. Outros oito seriam perdidos por torpedeamento na Segunda Guerra Mundial: o Parnahyba (ex-Alrich), o Campos, (ex-Asuncion), o Barbacena (ex-Gundrun), o Lajes (ex-Rauenfels), o Cabedello (ex-Prussia), o Alegrete (ex-Salamanca), o Bagé (ex-Sierra Nevada) e o Baependy (ex-Tijuca), cujo afundamento custou a vida de 270 pessoas. Podem ser ainda contabilizados o Taubaté (ex-Franken), atacado – porém, sem afundar – no mar Mediterrâneo, em 1941, e o Atalaia (ex-Carl Woermann), desaparecido no Atlântico Sul em maio daquele mesmo ano.

No plano social, o Brasil também foi afetado pela guerra. O receio de uma vitória alemã custar a perda de parte do território ao sul do país, como defendia a corrente germanófila, foi um dos fatores preponderantes para a entrada do país na guerra. Setores da elite nacional, como o jurista Rui Barbosa, identificaram o perigo e trabalharam incansavelmente para que o país deixasse a condição de neutro e se posicionasse ao lado da Entente.

O movimento operário, resultante da Revolução Russa e das correntes anarquistas europeias, achou um campo fértil nas grandes cidades brasileiras, que vivenciavam um surto de industrialização, e provocou instabilidade nos principais centros políticos nacionais, revelando a fragilidade do equilíbrio social no país. A Grande Guerra deixou claro que as estruturas econômica, política e social brasileiras estavam arcaicas. Problemas como o voto não secreto e a dependência econômica de um único produto agrícola, evidentes nos primeiros anos da República e anteriores ao conflito, demonstraram a necessidade de reformas estruturais no Brasil. Um novo país precisava ser criado, e a jovem oficialidade do Exército avocou para si essa responsabilidade. Como resultado, os oficiais de postos mais baixos – tenentes e capitães em sua maioria – direcionaram suas armas contra o poder central para romper com o *status quo* vigente, dando origem ao movimento que passou à história como "tenentismo".

Ao longo de toda a década de 1920, sucederam-se movimentos revoltosos no seio do Exército, desafiando as lideranças políticas do país: os "18 do Forte", a Revolução de 1924 e a coluna Miguel Costa-Prestes, são os mais notáveis. Praticamente todo o mandato de Artur Bernardes (1922-1926) transcorreu com o país em estado de sítio, em decorrência da agitação nos quartéis. A tensão militar somente seria arrefecida em 1930, quando Getúlio Vargas chegou ao poder, desbancando as oligarquias paulista e mineira.

Apesar de limitada, a participação brasileira na Grande Guerra marcou indelevelmente vida daqueles que dela tomaram parte. Praticamente todos os oficiais integrantes da Comissão de Estudos e Aquisição de Material na França tiveram carreira destacada no Exército Brasileiro e atingiram o generalato. O tenente-coronel José Fernandes Leite de Castro participaria, anos mais tarde, da Revolução de 1930 e, já no posto de general de brigada, foi nomeado ministro da Guerra da Junta Governativa e do Governo Provisório de Getúlio Vargas. Octávio Aché comandou o Destacamento Misto de Santos e também encerrou sua carreira como general de brigada. Demócrito Barbosa foi, na década de 1930, chefe do gabinete do ministro da Guerra e interventor federal no Rio de Janeiro. O major Tertuliano Potiguara, que havia sido ferido em St. Quentin, foi promovido a general em 1923 e, sempre com uma postura legalista, combateu a Revolução Paulista de 1924 e a Revolução Constitucionalista de 1932. Eleito deputado federal pelo seu estado, o Ceará, recebeu um pacote pelos correios contendo uma bomba e, com a explosão, teve um de seus braços amputado. Atualmente, a 5ª Brigada de Cavalaria Blindada do Exército Brasileiro, com sede em Ponta Grossa, leva seu nome. O tenente Onofre Gomes de Lima também atingiu o generalato e, ao longo de sua carreira, foi delegado brasileiro na Comissão de Limites e Caracterização da Fronteira Brasil-Uruguai e adido militar no México. Já reformado, foi eleito senador da República pelo Ceará. Firmino Antônio

Borba foi promovido a general de divisão, comandou a 1ª Região Militar e foi subchefe do Estado-Maior do Exército. O tenente de cavalaria Isauro Reguera comandou o 5º Regimento de Cavalaria Independente, no Rio Grande do Sul, e também chegou ao posto de general de divisão. Como oficial general foi Diretor de Aviação Militar, comandante das 1ª e 7ª regiões militares e encerrou sua vida pública como embaixador do Brasil no Paraguai. Cristóvão de Castro Barcelos também teve papel de relevo no Exército e na política. Ainda como coronel, foi comandante da Escola de Comando e Estado-Maior do Exército e liderou forças legalistas na repressão à Revolução de 1932, ao término da qual foi promovido a general. Depois de exercer um mandato na Assembleia Constituinte de 1933-1934, retornou ao Exército e comandou, sucessivamente, a 7ª Região Militar, a 4ª Divisão de Infantaria e a 4ª Região Militar. Durante os difíceis anos em que o Brasil participou da Segunda Guerra Mundial, exerceu o cargo de chefe do Estado-Maior do Exército, onde encerrou sua carreira.

O tenente Mário Barbedo, no entanto, não viveria muitos anos após o término da guerra. Acidentou-se no Campo dos Afonsos em maio de 1919, quando realizava um voo de instrução na Escola de Aviação Militar, ficando paralítico. Após nove anos de agonia preso a uma cama, o jovem oficial faleceu vítima dos ferimentos sofridos no acidente.[3]

O tenente Aliatar de Araújo Martins, o único piloto do Exército que seguiu com os aviadores navais para a Inglaterra também perdeu a vida tragicamente em acidente aéreo, na região de Criciúma, quando tentava quebrar um recorde aeronáutico em companhia do capitão John William Pinder, antigo ás do RNAS, que havia obtido 17 vitórias na guerra.

De todos os integrantes da Missão Aché, o que mais se destacou foi o capitão de cavalaria José Pessoa Cavalcante de Albuquerque. Fruto da experiência adquirida na França, no retorno ao Brasil foi o responsável pela introdução das forças blindadas no país. Mais tarde comandou a Escola Militar do Realengo e, nesse período, idealizou sua transferência para Resende, projeto que viria a ser concretizado em 1944 e, posteriormente, resultaria na Academia Militar das Agulhas Negras. Promovido em 1933 a general de brigada, foi nomeado inspetor e comandante do Distrito de Artilharia de Costa da 1ª Região Militar, tendo sido também o fundador do Centro de Instrução de Artilharia de Costa. Foi promovido a general de divisão em maio de 1940 e eleito presidente do Clube Militar em maio de 1944, onde permaneceu até junho de 1946. Serviu como Adido Militar na Inglaterra. Sua última comissão na ativa, recebida em 1948, foi a de comandante da Zona Militar do Sul.

Após transferir-se para a reserva, em setembro de 1949, no posto de general de exército, atuou na Campanha do Petróleo, movimento de cunho nacionalista que resultaria no estabelecimento do monopólio estatal e na criação da Petrobras.

Em 1953 foi promovido a marechal e, no ano seguinte, foi convidado pelo presidente Café Filho para ocupar a presidência da Comissão de Localização da Nova Capital Federal, encarregada de examinar as condições gerais de instalação da cidade a ser construída. O marechal José Pessoa faleceu no Rio de Janeiro, em 16 de agosto de 1959.[4]

Vários integrantes da MMMB tiveram carreira destacada na medicina e na vida nacional. Em 1920, de volta ao Brasil, o tenente médico da Armada Mário Kroeff foi aprovado em concurso público para médico sanitarista e deixou a Marinha, sendo nomeado subinspetor sanitário e diretor do Dispensário Central de Doenças Venéreas. Após novo período na Europa, em 1927 trouxe para o Brasil o primeiro aparelho de eletrocoagulação, na época, a arma mais poderosa no tratamento do câncer, e foi o pioneiro em utilizá-lo. Após trabalhar vários anos na luta contra o câncer, conseguiu finalmente o apoio do presidente Getúlio Vargas para criar o Centro de Cancerologia, a primeira instituição de saúde governamental de combate ao câncer no país, para o qual foi nomeado diretor em 1938. Por sua insistência, o Centro converteu-se em Serviço Nacional de Câncer três anos depois, o qual passou a dirigir. A criação do novo serviço ampliou a visão inicial do governo de se limitar à instalação de um órgão hospitalar para tratamento da doença na capital da República. Foi o criador do Hospital Asilo para os Cancerosos Incuráveis que, inaugurado em 1944, foi transformado em um grande hospital, o Hospital Mário Kroeff. Liderou e organizou a primeira exposição educativa contra o câncer, que alcançou enorme sucesso no Rio de Janeiro. Sempre fiel às suas ideias, o médico Mário Kroeff foi pioneiro na defesa da concepção do câncer como problema de saúde pública.

Depois da guerra, o chefe da MMMB, Nabuco de Gouvêa retomou sua carreira política, voltando a se reeleger deputado federal em 1921. Dois anos mais tarde, seguiu para o Rio Grande do Sul, por delegação do presidente Artur Bernardes, a fim de tentar promover um acordo entre os republicanos e os federalistas, que se encontravam em luta armada desde o início do ano, mas não obteve êxito. Após nova reeleição em 1924, foi nomeado embaixador extraordinário e ministro plenipotenciário em Montevidéu, e, no ano seguinte, negociou e assinou o Convênio de Cooperação Recíproca Brasil-Uruguai. Permaneceu na capital platina até junho de 1926, quando foi designado embaixador no Paraguai. Foi ainda ministro plenipotenciário em Berna, na Suíça, e em Bucareste, na Romênia. Durante a campanha eleitoral de 1929, aliou-se ao candidato situacionista Júlio Prestes, mas, com a vitória da Revolução de 1930, caiu em desgraça no Ministério das Relações Exteriores e afastou-se das atividades diplomáticas. Retornou à diplomacia em abril de 1937, quando foi nomeado pelo presidente Getúlio Vargas para o cargo de embaixador do Brasil no Peru.

Dentre os aviadores navais que atuaram na Inglaterra e na Itália, muitos tiveram carreiras brilhantes na Marinha e, mais tarde, na Força Aérea Brasileira (FAB), que seria criada em 1941 com a fusão da Aviação Militar com a Aviação Naval.[5] Os irmãos Lauro e Olavo de Araújo permaneceram na Marinha e atingiram o almirantado. Em 1953, quando foi reativada a Diretoria de Aeronáutica da Marinha, foi nomeado para o cargo de diretor o contra-almirante Olavo de Araújo. Por ocasião do levante no Forte de Copacabana, em julho de 1922, o tenente Heitor Varady pilotou um dos dois hidroaviões da Aviação Naval que bombardearam a fortificação. Embora as bombas caíssem no mar e não provocassem danos, o ataque precipitou a saída dos revoltosos em direção à praia de Copacabana, onde protagonizaram o épico episódio dos "18 do Forte".[6] Anos mais tarde, já como major-brigadeiro-do-ar da recém-criada FAB, Varady comandou a 3ª Zona Aérea, onde coordenou o patrulhamento submarino no litoral do Rio de Janeiro, São Paulo e Espírito Santo, durante a Segunda Guerra Mundial,[7] e encerrou sua carreira como ministro do Superior Tribunal Militar. Fábio Sá Earp foi transferido para a Aeronáutica quando era capitão de fragata e comandava a 1ª Flotilha de Aviões de Bombardeio e Patrulha. Em 1942, já como coronel-aviador, retornou à Inglaterra como chefe da Missão Aérea brasileira naquele país. Promovido ao posto de major-brigadeiro-do-ar, comandava a 3ª Zona Aérea, por ocasião da deposição do presidente Getúlio Vargas, em 1945, e foi o primeiro presidente do Clube da Aeronáutica. Virginius de Lamare notabilizou-se pelos reides aéreos realizados após a guerra. Em 1919, realizou o reide Rio de Janeiro-Santos, e, no ano seguinte, acompanhado pelo suboficial Antonio Joaquim da Silva Júnior, tentou alcançar Buenos Aires, mas teve a viagem interrompida em Rio Grande, devido a problemas técnicos no avião. Em 1937, já no posto de contra-almirante, publicou um trabalho intitulado "Política Aérea", em defesa da criação do Ministério da Aeronáutica, e realizou conferências na Academia Brasileira de Letras sobre o assunto. Com a criação do ministério, transferiu-se para a FAB como brigadeiro do ar e fez parte do Conselho Nacional de Aeronáutica e do Conselho Nacional do Petróleo.

Fruto de sua atuação na guerra, o almirante Pedro Frontin viu seu prestígio aumentar na Marinha. Em 1919, com a dissolução da DNOG, foi designado para comandar a Escola de Guerra Naval, onde permaneceu até ser nomeado como chefe do Estado-Maior da Armada. Finda sua gestão, assumiu a direção geral do Arsenal de Marinha do Rio de Janeiro e, a partir de 1926, tomou posse como juiz no Superior Tribunal Militar, do qual foi presidente entre 1934 e 1938, quando se reformou.

Diferentemente do que ocorrera com os oficiais do Exército que participaram da Grande Guerra, mesmo tendo carreiras destacadas na Marinha somente um dos comandantes de navio da DNOG alcançou o almirantado, Tancredo de Gomensoro, do cruzador Bahia. Ainda como capitão de mar e guerra, em 1920 transportou no encouraçado São Paulo o casal de reis da Bélgica, Alberto I e Elisabeth da Baviera, de Zeebruge ao Rio de Janeiro, em viagem oficial ao Brasil. Promovido a almirante, foi o titular da Diretoria de Aeronáutica da Marinha e da Diretoria Geral de Navegação.

A Grande Guerra provocou profundas mudanças nos campos político, econômico e social do Brasil, no entanto as transformações no campo militar foram ainda mais significativas. Quando o conflito alcançou o país, as Forças Armadas encontravam-se em situação precária, sendo a última experiência de conflito internacional a Guerra da Tríplice Aliança, contra o Paraguai, travada meio século antes. E foi com um exército pequeno e uma marinha com meios obsoletos, com uma aviação ainda incipiente, que o Brasil enfrentou o Império Alemão do Kaiser Guilherme II.

Um dos legados da guerra para o Brasil foi a adoção do serviço militar obrigatório. Acompanhando a tendência mundial inaugurada pelos franceses, durante o período napoleônico, na qual os exércitos começaram a ser formados por soldados-cidadãos,[8] a Liga de Defesa Nacional e membros da intelectualidade brasileira, como o poeta Olavo Bilac, vinham defendendo a ideia da implantação do alistamento obrigatório no país, sem muito sucesso.

Com o conflito, no entanto, ficou claro que os antigos exércitos profissionais, com efetivo reduzido, não mais atendiam às necessidades dos países envolvidos em uma guerra total, onde o atrito provocava expressiva quantidade de baixas. Durante a guerra, todos os exércitos das grandes potências foram constituídos com base em recrutas mobilizados - os soldados-cidadãos - que haviam recebido treinamento em anos anteriores, ainda em época de paz. No Exército francês, por exemplo, 54% dos soldados haviam sido instruídos antes da guerra. Embora houvesse sido instituída a Lei do Sorteio em janeiro de 1906, durante o governo de Afonso Pena, o serviço militar obrigatório somente foi efetivamente implementado com a entrada do Brasil na Grande Guerra, situação que perdura até os dias atuais, transcorrido um século.

Anos antes do conflito, a fragilidade do Exército brasileiro já suscitava debates sobre a viabilidade de se contratar uma missão militar de instrução no estrangeiro, posição defendida, por exemplo, pelos "jovens turcos",[9] fortemente influenciados pelo modelo alemão. A revista *A Defesa Nacional*, criada por esse grupo de oficiais, já no seu exemplar nº 3, de 10 de dezembro de 1913, defendia a contratação de uma missão alemã - no meio militar, a corrente germanófila sempre foi muito presente -, enquanto outros militares de peso davam preferência para uma missão francesa, não só pelas afinidades culturais, mas por ser o Exército francês o grande vitorioso da Grande Guerra. Ao se decidir pelo alinhamento com a Tríplice Entente e pelo envio da Missão Aché para a França, no entanto, o governo brasileiro tomou a decisão estratégica de modificar a orientação profissional de seu exército, afastando-o da influência alemã e aproximando-o do paradigma francês. Nesse sentido, o Brasil contratou duas missões militares francesas para modernizar e adestrar o Exército, uma específica para implantar a Aviação Militar, a partir de julho de 1919, e outra mais ampla, iniciada em setembro do mesmo ano.

O desenvolvimento das Aviações Militar e Naval foi uma consequência extremamente positiva da Grande Guerra para as Forças Armadas brasileiras. Enquanto a Marinha do Brasil optou por uma missão aeronaval norte-americana, o Exército Brasileiro aproveitou experiência dos franceses.

Da mesma forma que o Exército contratou em 1919 a Missão Militar Francesa, a Marinha também buscou no exterior o auxílio de uma potência estrangeira para a instrução, modernização e reorganização da força naval brasileira. A escolha recaiu sobre os EUA, que venceram a disputa com a Grã-Bretanha pelo envio da missão. O contrato foi assinado em

Washington, em 6 de novembro de 1922, mas, como ocorrera no Exército, a cooperação internacional começou mais cedo para a Aviação Naval, com a consultoria técnica dos norte-americanos, sob os auspícios dos comandantes Cussachs, Olivier, Capehart e de cinco suboficiais da US Navy.

A doutrina norte-americana introduziu modificações no funcionamento dos cursos, permanecendo o de Piloto-Aviador e sendo criados os de Mecânico Naval de Aviação e Marinheiro Especialista de Aviação, com o objetivo de reforçar a infraestrutura da Aviação Naval. Com o fim da guerra, a importação de aeronaves excedentes tornou-se mais fácil, e a Escola de Aviação Naval aproveitou a oportunidade para adquirir, em 1919, dois Fairman F41, quatro Curtiss N9, dois Ansaldo I.S.V.A., um Macchi M7 e cinco Macchi M9. A Aviação Naval recebeu, ainda, duas doações, um Avro 504, da fábrica inglesa Handley Page, e um Macchi M7, presente do governo italiano.[10]

A chegada de militares franceses para instruírem o Exército brasileiro teve início justamente pelos instrutores de aviação.[11] Antes mesmo do término da guerra, o Brasil solicitou oficialmente ao governo da França a vinda de uma Missão Militar de Aviação e, em julho de 1918, o chefe da Comissão Militar Brasileira na França, general Napoleão Felippe Aché, encaminhou um pedido formal nesse sentido ao embaixador brasileiro em Paris.[12] No dia 10 de julho de 1919, com a chegada da Missão Militar Francesa de Aviação, também conhecida como "Pequena Missão",[13] e chefiada pelo capitão Etienne Magnin, foi criada a Escola de Aviação Militar, com sede no Campo dos Afonsos, na capital federal. Para a instrução foram adquiridos, inicialmente, aviões franceses excedentes do conflito, que chegaram ao Brasil nos anos de 1919 e 1920. As primeiras aeronaves da Aviação Militar foram dos seguintes modelos: Nieuport e Spad 84 Hebermont (treinamento), Nieuport e Spad VII (caça), e Breguet XIV (observação e bombardeio).

No início de 1920, formou-se na escola a primeira turma de Pilotos-Aviadores Militares do Exército Brasileiro, recebendo o brevê de piloto 12 oficiais, e, a partir da segunda turma, além dos oficiais, passaram a ser formados sargentos e cabos pilotos. Uma nova turma de pilotos graduou-se em 1921 e, nesse mesmo ano, foi criado, na Escola de Aviação Militar, o curso de Observador Aéreo, consolidando, de uma vez por todas, a Aviação no seio do Exército Brasileiro.[14]

A Missão Militar Francesa (MMF) iniciou seus trabalhos no Brasil no final de 1919, sob a chefia do general Maurice Gamelin e integrada por militares do Exército Francês, na maioria oficiais superiores, meticulosamente escolhidos por suas qualidades de liderança para realizar trabalho exigente e importantíssimo em nosso país.

Vindo ao país no cumprimento de um contrato que possibilitou o intercâmbio cultural e militar entre Brasil e França com muito sucesso durante vinte anos, a orientação, a condução e a supervisão dos oficiais franceses, representou uma decisiva guinada nas condições de organização e funcionamento do Exército, seja nas atividades-fim, seja nas atividades-meio. O ensino militar e a administração militar, em todos os níveis, rapidamente deram saltos qualitativos. Foram criados novos órgãos específicos para o atendimento das recomendações do surto de mudanças; outros, existentes, foram remodelados ou extintos.

A instrução da tropa teve uma reviravolta, transformando-se, pouco a pouco, de monótona e nada prática, em dinâmica e objetiva; passando da inércia à movimentação. Os exercícios em campanha procuraram sair dos terrenos próximos aos quartéis para outros melhores, capazes de proporcionar os espaços e aspectos topográficos requeridos. Alguns campos de instrução disponíveis começaram a ser utilizados em razão de seu valor para a instrução e, sobretudo, para o adestramento.

A doutrina consolidada pelos franceses definia e explicitava em seu conjunto uma nova formulação metodológica. Assim, foram elaborados os regulamentos e instruções para: serviço em campanha; serviço de estado-maior em campanha; comando e emprego das grandes unidades; os exercícios e o combate da infantaria; os exercícios e o combate da cavalaria; os exercícios, emprego e o tiro da artilharia; observação aérea; regulação do tiro de artilharia; inspeções, revistas e desfiles; emprego dos meios de transmissões; alimentação em campanha; serviço de retaguarda; instrução física militar; minas; pontes; manobras, dentre outros.

No que diz respeito ao material bélico, a sugestão apresentada no programa de aquisições resultou em um primeiro contrato com os franceses, sob a orientação da Missão. Era patente a necessidade de se adquirir canhões e obuseiros para a artilharia, petrechos leves e pesados para a infantaria, carros de assaltos para a cavalaria, equipamentos de pontes para a engenharia, material de transmissões, aeronaves de caça, reconhecimento, observação e bombardeio. O Brasil encomendou o que foi possível e, embora muito material fosse recebido, a aproximação da Segunda Guerra Mundial entravou muitos negócios em andamento.

O legado da MMF para o Exército Brasileiro foi imenso e, passados cem anos, sua influência ainda se faz presente. Foi aquilo que pôde ser em vista da situação em que se debatia o Exército e da problemática interna do país.[15] O maior comprovante da excelência do trabalho da Missão, contudo, reside no desenvolvimento alcançado na profissionalização dos quadros que permitiu, ao entrar na Segunda Guerra Mundial, que os oficiais e sargentos do Exército Brasileiro estivessem aptos a atuar com muito bom desempenho, por ocasião das operações na Itália.

Um legado muito importante da guerra para o Brasil foi o surgimento da força blindada no Exército, o que ocorreu por intermédio do capitão José Pessoa Cavalcanti de Albuquerque, que integrou a Missão Aché. Depois do armistício, José Pessoa permaneceu servindo à Comissão de Estudos na França, até 1920 e, nesse período, foi designado para implantar uma unidade de blindados quando retornasse ao Brasil. O capitão Pessoa posicionou-se perante o chefe da Comissão, pontuando que "tendo feito a guerra com a cavalaria, desconhecia, contudo, a técnica e o emprego dos veículos mecanizados de combate [...]. Ponderei ao general a má escolha de minha pessoa para desempenha missão algo complicada".[16] Apesar dessas considerações, o jovem, mas experiente, oficial lançou-se ao trabalho. Foi matriculado na Escola de Carros de Combate de Versalhes e, depois de concluído o curso, estagiou no 503º Regimento de Artilharia de Carros de Assalto. Em seguida, frequentou a Escola de Artilharia de Assalto, em Crey, e foi designado para estagiar na fábrica Renault, a fim de estudar o funcionamento e acompanhar a fabricação dos carros de combate, tornando-se o integrante do Exército brasileiro mais qualificado nas técnicas e táticas dos blindados. Quando de seu retorno ao Brasil, em 1921, publicou a obra Os tanks na guerra europeia, registrando sua experiência na França, e assinalando as possibilidades dos carros de combate com que travara conhecimento, particularmente os modelos Schneider, Renault e Saint Chamond.

A introdução dos blindados no Brasil deveu-se, em parte, ao surto de modernização que vivia o Exército brasileiro e, em outra, ao esforço pessoal do capitão José Pessoa, que, em curto espaço de tempo, tornara-se um profissional destacado, condecorado na Grande Guerra, possuidor de vários cursos e estágios no exterior e autor de um livro pioneiro e renovador para América Latina. Embora Pessoa preferisse os blindados britânicos Whippet, o Exército, sob os auspícios da MMF, optou pela aquisição de um lote de doze carros de combate Renault FT-17,[17] um blindado ligeiro, pesando 6,7 ou 6,5 toneladas, conforme estivesse artilhado com canhão ou metralhadoras. Seu canhão de 37 mm era semiautomático e suas armas eram montadas em uma torre móvel, construída com placas de aço, o que concorria em muito para a eficiência e mobilidade do carro.

Com os carros adquiridos, em 1921 o Exército brasileiro organizou a Companhia de Carros de Assalto, com sede na Vila Militar, no Rio de Janeiro,[18] a primeira tropa blindada no país, e nomeou para comandá-la seu maior especialista: o capitão José Pessoa. Com sua experiência, adaptou os FT-17 para o ambiente operacional brasileiro, corrigindo uma série de pequenas falhas de projeto e afirmando a presença dos blindados na América do Sul.[19] Em razão de seu pioneirismo, José Pessoa é considerado o "Pai das forças blindadas" brasileiras.[20]

Apesar do trabalho realizado pela MMF e das transformações operadas no Exército brasileiro, nas décadas de 1920 e 1930, a tecnologia militar e a própria arte da guerra evoluíram muito rapidamente. Incapazes de acompanhar a celeridade das mudanças e presos aos conceitos doutrinários da Grande Guerra, logo os exércitos da França e do Brasil tornaram-se defasados, o que ficaria claro por ocasião da deflagração da Segunda Guerra Mundial e da avassaladora Blitzkrieg[21] alemã desencadeada nos anos iniciais do conflito.

Enquanto o Exército buscava superar sua defasagem com o auxílio dos franceses e as aviações militar e naval se desenvolviam, a Marinha do Brasil permaneceu estagnada quanto aos seus meios flutuantes. Mesmo tendo os navios mais modernos da Esquadra apresentado panes graves e estarem visivelmente obsoletos para o combate moderno, o Brasil adquiriu apenas um único navio novo na década de 1920, o submarino Humaitá, incorporado em 1929.[22] Nem mesmo o envio dos encouraçados Minas Gerais e São Paulo para serem modernizados nos EUA e a contratação de uma missão naval norte-americana, que atuou entre 1922 e 1930, possibilitaram a recuperação das capacidades operacionais da Marinha. Quase todas as unidades também estavam em péssimas condições. Um bom exemplo disso pode ser observado na situação dos contratorpedeiros da classe Pará. Enquanto o próprio ministro da Marinha reconhecia, em seu relatório anual em 1932, que os contratorpedeiros mal podiam navegar distantes da costa devido ao seu estado,[23] o Estado-Maior da Armada sugeriu aos comandantes destes navios para evitarem fazer disparos com canhões maiores, sob pena de ocorrerem problemas estruturais nas embarcações.[24]

Uma nova e maior guerra voltaria a atingir o Brasil em 1943 e, como ocorrera na Grande Guerra, também chegaria pelo mar, quando submarinos alemães e italianos atacaram a navegação mercante brasileira, desta feita provocando centenas de mortes. Mas, mesmo diante do sacrifício, resiliência e capacidade de superação da DNOG e da incapacidade do Exército em enviar uma força expedicionária considerável para lutar na Europa, as lições não foram plenamente aprendidas. Quando a Segunda Guerra Mundial envolveu o país, as Forças Armadas brasileiras continuavam despreparadas, o que não impediu que o Brasil, desta vez, contribuísse de forma bem mais significativa com os novos Aliados do que fizera na Grande Guerra. Mas essa é outra história.

Passados cem anos, o rebocador Laurindo Pitta, rigorosamente preservado pela Marinha do Brasil, segue realizando seus cruzeiros pela baía de Guanabara, agora conduzindo turistas e estudantes. O último sobrevivente da DNOG é o testemunho vivo e silencioso da participação e do sacrifício de tantos brasileiros que realizaram a longa travessia para lutar na Grande Guerra.

Notas

[1] Brasil, *Anuário estatístico do Brasil 1939-1940*, Rio de Janeiro, IBGE, 1940.

[2] Gama, op. cit., 1982, pp. 22-7.

[3] Lavenère-Wanderley, op. cit., p. 67.

[4] Folhas de alterações do marechal José Pessoa Cavalcanti de Albuquerque, Acervo do Arquivo Histórico do Exército.

[5] O Ministério da Aeronáutica foi fundado em 20 de janeiro de 1941 e o seu ramo militar foi chamado "Forças Aéreas Nacionais", alterado para "Força Aérea Brasileira" (FAB) em 22 de maio daquele ano. Os ramos aéreos do Exército (Aviação Militar) e da Marinha (Aviação Naval) foram extintos e o pessoal, aeronaves, instalações e outros equipamentos relacionados foram transferidos para a FAB.

[6] Carlos Roberto Carvalho Daroz, *Um céu cinzento: a história da aviação na revolução de 1932*, Recife, EDUFPE, 2013, p. 62.

[7] Lavenère-Wanderley, op. cit., p. 244.

[8] De acordo com Moura e Daróz (2010, pp. 58-9), "o recrutamento forçado, como base para compor os exércitos, não se impôs na Europa até 1870. O modelo habitual consistia em um núcleo de profissionais que se completava, em caso de necessidade, mediante levas seletivas de recrutas. Esses exércitos estavam mais direcionados às guerras coloniais, distantes do país, onde os recrutas se mostravam bisonhos. Como consequência das guerras napoleônicas, em 1815 a Prússia instituiu o serviço militar universal para todos os cidadãos. A França e o Império Britânico mantiveram seus exércitos com uma maioria de profissionais, enquanto a Rússia mantinha o sistema de recrutamento quase feudal. Os austríacos e otomanos adotavam um sistema misto, com um núcleo profissional permanente e uma minoria incorporada pela mobilização obrigatória. A eficácia e a velocidade de mobilização prussiana, em 1865 e 1870, surpreenderam a Europa. Em 1870, em duas semanas, Helmuth von Moltke conseguiu organizar um exército de quase 500.000 homens para atacar os franceses. A partir desse momento, o serviço militar obrigatório passou a constituir um modelo para todas

LEGADO

as nações europeias, exceto para a Grã-Bretanha. O serviço militar era obrigatório para todos os cidadãos, por um período pré-determinado, que variava de um a três anos, conforme o país. Ao dar baixa, o cidadão passava a ser um reservista, pronto a retornar ao serviço ativo, quando chamado. Teoricamente, o serviço militar obrigatório foi considerado um avanço social, igualando a todos na prestação de um serviço à nação."

[9] "Jovens Turcos" foi como ficou conhecido um grupo de oficiais do Exército Brasileiro que, a partir de 1913, se destacou por seu engajamento no processo de modernização da força terrestre. A expressão fazia alusão a oficiais turcos que, como os brasileiros, haviam estagiado no Exército Alemão e, ao retornarem a seu país, se engajaram em um partido nacionalista e reformista. Dentre os que eram simpáticos ao modelo alemão, destacavam-se Bertoldo Klinger e o próprio marechal Hermes da Fonseca.

[10] INCAER, *História geral da aeronáutica brasileira – dos primórdios até 1920*, v. 1. Belo Horizonte, Itatiaia, 1988, p. 455.

[11] A primeira Missão Militar Francesa funcionou no Brasil entre 1906 e 1924, com intervalo durante a 1ª Guerra Mundial, mas esta foi contratada para qualificar a Força Pública de São Paulo e não o Exército Brasileiro.

[12] Jayme de Araújo Bastos Filho, *A missão militar francesa no Brasil*. Rio de Janeiro, Biblioteca do Exército, 1983, p. 63.

[13] A Missão Militar Francesa de Aviação também ficou conhecida como "Pequena Missão", para distingui-la da missão maior que viria ao Brasil no ano seguinte, sob a direção do general Maurice Gamelin.

[14] Daroz, op. cit., pp. 56-7.

[15] Jonas Correia Neto, Missão Militar Francesa, em *Revista Da Cultura*, Rio de Janeiro, n. 8, pp. 34-9, 2005.

[16] Fundação Getúlio Vargas/Cpdoc, *José Pessoa*, disponível em <http://cpdoc.fgv.br/>, acesso em 26 jul. 2015.

[17] Agnaldo del Nero Augusto, "Os primeiros passos dos blindados no Brasil", *Revista A defesa Nacional*, Rio de Janeiro, n. 706, p. 55-80, 1983, p. 65.

[18] A Companhia foi criada por intermédio do Boletim do Exército nº 382, de 5 de maio de 1921, o qual também fixava seus efetivos.

[19] Castro, op. cit., 2014, p. 185.

[20] A respeito do capitão José Pessoa, Alves (1964) destaca que "se outros exércitos atribuem paternidade a seus blindados, um dia haveremos de ter o Pai dos Blindados no Brasil, e este fatalmente será o marechal José Pessoa. Quem mais poderia ser?"

[21] A Blitzkrieg, guerra relâmpago, foi um conceito doutrinário desenvolvido pelos alemães no período entre as duas guerras mundiais, que consistia em operações ofensivas de movimento empregando carros de combate, aviação, artilharia e infantaria mecanizada. A vitória dos alemães contra a França, em 1940, demonstrou suas potencialidades e deixou clara a obsolescência do Exército francês, cuja estratégia e táticas ainda se baseavam na experiência obtida na Grande Guerra.

[22] Martins, op. cit., 1985, pp. 100-5.

[23] Brasil, *Relatório apresentado ao Exmo. Sr. Chefe do Governo Provisório pelo Ministro da Marinha*, Rio de Janeiro, Imprensa Naval, 1932, p.18.

[24] Stanley Hilton, *O Brasil e as grandes potências 1930-1939*. Rio de Janeiro, Civilização Brasileira, 1977, pp. 185-6.

FONTES PRIMÁRIAS

Leis, Decretos e Portarias:

BRASIL. *Decreto nº 1.568, de 24 de novembro de 1906 – Modifica o plano naval da lei nº 1.296, de 14 de novembro de 1904*. Brasília: Câmara dos Deputados. Disponível em: <http://www2.camara.leg.br/legin/fed/decret/1900-1909/decreto-1568-24-novembro-1906-583464-publicacaooriginal-106281-pl.html>. Acesso em: 4 jun. 2015.

_____. *Decreto nº 11.037, de 4 de agosto de 1914 – Regras gerais de neutralidade do Brasil no caso de guerra entre as potências estrangeiras*. Brasília: Câmara dos Deputados. Disponível em: <http://www2.camara.leg.br/legin/fed/decret/1910-1919/decreto-11037-4-agosto-1914-575458-publicacaooriginal-98652-pe.html>. Acesso em: 6 out. 2014.

_____. *Decreto nº 12.458, de 25 de abril de 1917 – Manda que sejam observadas as regras constantes do decreto n. 11.037, de 4 de Agosto de 1914, no atual estado de guerra entre os Estados Unidos da América e o governo do Império Alemão*. Brasília: Câmara dos Deputados. Disponível em: <http://www2.camara.leg.br/legin/fed/decret/1910-1919/decreto-12458-25-abril-1917-520004-publicacaooriginal-1-pe.html>. Acesso em: 18 out. 2014.

_____. *Decreto nº 12.501, de 2 de junho de 1917 – Manda utilizar todos os navios mercantes alemães ancorados nos portos da República*. Disponível em: <http://legis.senado.gov.br/legislacao/ListaPublicacoes.action?id=49909>. Acesso em: 18 out. 2014.

_____. *Decreto nº 3.361, de 26 de Outubro de 1917 – Reconhece e proclama o estado de guerra iniciado pelo Império Alemão contra o Brasil*. Disponível em: <http://www2.camara.leg.br/legin/fed/decret/1910-1919/decreto-3361-26-outubro-1917-776105-publicacaooriginal-139969-pl.html>. Acesso em: 19 out. 2014.

_____. *Decreto nº 12.716, de 17 de Novembro de 1917 – Declara em estado de sítio, até 31 de dezembro do corrente ano o Distrito Federal e os Estados do Rio de Janeiro, S. Paulo, Paraná, Santa Catarina e Rio Grande do Sul*. Disponível em: <http://www2.camara.leg.br/legin/fed/decret/1910-1919/decreto-12716-17-novembro-1917-511430-republicacao-96146-pe.html>. Acesso em: 30 out. 2014.

_____. *Decreto nº 13.479, de 19 de fevereiro de 1919*. Acervo do Arquivo Histórico do Exército.

Relatórios:

BRASIL. *Relatório apresentado ao Presidente da República dos Estados Unidos do Brazil pelo Contr'almirante Júlio César de Noronha, Ministro de Estado dos Negócios da Marinha, em abril de 1903*. Rio de Janeiro: Imprensa Nacional, 1903.

_____. *Relatório apresentado ao Presidente da República dos Estados Unidos do Brazil pelo Contr'almirante Alexandrino Faria de Alencar, Ministro de Estado dos Negócios da Marinha, em 1907*. Rio de Janeiro: Imprensa Nacional, 1907.

_____. *Relatório apresentado ao Presidente da República dos Estados Unidos do Brazil pelo Marechal Graduado José Caetano de Faria, Ministro de Estado da Guerra, em maio de 1917*. Rio de Janeiro: Imprensa Militar, 1917.

_____. *Relatório apresentado ao Exmo. Sr. Chefe do Governo Provisório pelo Ministro da Marinha*. Rio de Janeiro: Imprensa Naval, 1932.

_____. *Missão médica especial enviada à França em caracter militar - Relatório apresentado ao Ministro da Guerra pelo Dr. José Thomaz Nabuco de Gouvêa, chefe da missão, em 18 de janeiro de 1919*. Diário Official dos Estados Unidos do Brazil, Rio de Janeiro, 14 mar. 1919, Secção 1.

Correspondências diplomáticas, pronunciamentos e declarações:

BRASIL. *Mensagem presidencial ao Congresso Nacional, de 25 de outubro de 1917*. Acervo do Arquivo Nacional.

FIRST WORLD WAR. *Primary Documents - Alfred von Tirpitz on German Declaration of Naval Blockade of Britain, 4 February 1915*. Disponível em: <http://www.firstworldwar.com/source/tirpitz_uboatwar1915.htm>. Acesso em: 18 out. 2014.

_____. *Primary Documents - Germany's Policy of Unrestricted Submarine Warfare, 31 January 1917*. Disponível em: <http://www.firstworldwar.com/source/uboat_bernstorff.htm>. Acesso em: 18 out. 2014.

_____. *Primary Documents - Brazil's Reaction to Germany's Policy of Unrestricted Submarine Warfare, 6 February 1917*. Disponível em: <http://www.firstworldwar.com/source/uboat_brazil.htm>. Acesso em: 18 out. 2014.

_____. *Primary Documents - President Wilson's Speech to Congress Regarding Unrestricted U-Boat Warfare, 3 February 1917*. Disponível em: <http://www.firstworldwar.com/source/uboat_wilson.htm>. Acesso em: 18 out. 2014.

_____. *Primary Documents - Brazil's Explanation to the Vatican of the Reasons for War, October 1917*. Disponível em: <http://www.firstworldwar.com/source/brazil_pecanha.htm>. Acesso em: 19 out. 2014.

NATIONAL ARCHIVES, UNITED KINGDOM. *First World War: Counting the Costs*. Disponível em: <www.nationalarchives.gov.uk/pathways/firstworldwar/aftermath/counting_costas.htm>. Acesso em: 25 nov. 2015

UNITED STATES OF AMERICA. *Presidential Messages – Adress and Peace*. New York: Harper & Brothers, 1917.

Periódicos:

La Nación, de novembro de 1912. Acervo da Biblioteca Nacional de la República Argentina.
La Nación, de fevereiro de 1914. Acervo da Biblioteca Nacional de la República Argentina.
Jornal do Brasil, de 27 de março de 1915. Acervo da Biblioteca Nacional.
Estado de São Paulo, de 2 de maio de 1915. Acervo da Biblioteca Nacional.
Guerra Sociale, de 12 de maio de 1917.
The New York Herald – Edição Europeia, de 12 de maio de 1915. Acervo The New York Times Content.
Jornal do Commercio, de 18 de março de 1915. Acervo da Biblioteca Nacional.
Jornal do Commercio, de junho de 1915. Acervo da Biblioteca Nacional.
Jornal do Commercio, de 1915. Acervo da Biblioteca Nacional.
Jornal do Commercio, de 14 de julho de 1916. Acervo da Biblioteca Nacional.

FONTES PRIMÁRIAS

Fanfulha, de 4 de julho de 1915. Acervo da Biblioteca Nacional.
Lanterna, de 20 de abril de 1917. Acervo da Biblioteca Nacional.
The New York Times, de 1º de março de 1917. Acervo The New York Times Content.
The New York Times, de 8 de março de 1917. Acervo The New York Times Content.
Correio da Manhã, n. 6206, de 21 de fevereiro de 1916. Acervo da Biblioteca Nacional.
Correio da Manhã, n. 6557, de 6 de fevereiro de 1917. Acervo da Biblioteca Nacional.
Correio da Manhã, n. 6616, de 6 de abril de 1917. Acervo da Biblioteca Nacional.
Correio da Manhã, n. 6617, de 7 de abril de 1917. Acervo da Biblioteca Nacional.
Correio da Manhã, n. 6627, de 17 de abril de 1917. Acervo da Biblioteca Nacional.
Correio da Manhã, n. 6663, de 23 de maio de 1917. Acervo da Biblioteca Nacional.
Correio da Manhã, n. 6667, de 27 de maio de 1917. Acervo da Biblioteca Nacional.
Correio da Manhã, n. 6687, de 16 de junho de 1917. Acervo da Biblioteca Nacional.
Correio da Manhã, n. 6730, de 29 de julho de 1917. Acervo da Biblioteca Nacional.
Correio da Manhã, n. 6846, de 22 de novembro de 1917. Acervo da Biblioteca Nacional.
Correio da Manhã, n. 6875, de 21 de dezembro de 1917. Acervo da Biblioteca Nacional.
Correio da Manhã, n. 7006, de 2 de maio de 1918. Acervo da Biblioteca Nacional.
Correio da Manhã, n. 7120, de 3 de setembro de 1918. Acervo da Biblioteca Nacional.
Correio da Manhã, n. 7148, de 22 de setembro de 1918. Acervo da Biblioteca Nacional.
Correio da Manhã, n. 7149, de 23 de setembro de 1918. Acervo da Biblioteca Nacional.
Correio da Manhã, n. 7150, de 24 de setembro de 1918. Acervo da Biblioteca Nacional.
Correio da Manhã, n. 7151, de 25 de setembro de 1918. Acervo da Biblioteca Nacional.
Correio da Manhã, n.7153, de 27 de setembro de 1918. Acervo da Biblioteca Nacional.
Correio da Manhã, n. 7154, de 28 de setembro de 1918. Acervo da Biblioteca Nacional.
Correio da Manhã, n. 7158, de 2 de outubro de 1918. Acervo da Biblioteca Nacional.
Correio da Manhã, n. 7167, de 11 de outubro de 1918. Acervo da Biblioteca Nacional.
Correio da Manhã, n.7191, de 15 de outubro de 1918. Acervo da Biblioteca Nacional.
Correio da Manhã, n. 7181, de 21 de outubro de 1918. Acervo da Biblioteca Nacional.
Correio da Manhã, n. 7189, de 2 de novembro de 1918. Acervo da Biblioteca Nacional.
Correio da Manhã, n. 7407, de 10 de junho de 1919. Acervo da Biblioteca Nacional.
Daily Mail online, de 2 de setembro de 2013.
A Defesa Nacional, n. 1, edição de 10 de outubro de 1913. Acervo do Instituto de Geografia e História Militar do Brasil.
A Cigarra, de 18 de abril de 1917. Acervo do Arquivo Público de São Paulo.

Telegramas:

Telegrama do comandante Mello Pinna, capitão dos portos de Salvador, ao ministro da Marinha, de 27 de outubro de 1917.
Telegrama nº 90, de 26 de setembro de 1918, do Dr. Nabuco de Gouvêa para o ministro da Guerra. Acervo Arquivo Histórico do Exército.
Telegrama de 16 de fevereiro de 1919, do Dr. Epitácio Pessoa, chefe da delegação do Brasil na Conferência de Paz de Versalhes ao general Napoleão Felippe Aché, chefe da Comissão de Estudos de Operações de Guerra e de Aquisição de Material na Europa. Acervo do Arquivo Histórico do Exército.
Telegrama do Dr. Raul Rio Branco, ministro brasileiro em Berna, ao Dr. Domício da Gama, ministro das Relações Exteriores. Acervo do Arquivo do Itamarati.

Ofícios:

Ofício da Legação dos Estados Unidos do Brazil ao chefe da Missão Médica Militar Brasileira em França, do dia 17 de dezembro de 1918. Acervo do Arquivo Histórico do Exército.

Ofício nº 13, de 7 de janeiro de 1919, do general Napoleão Felippe Aché, chefe da Comissão de Estudos de Operações de Guerra e de Aquisição de Material na Europa ao Sr. coronel Dr. Nabuco de Gouvêa, chefe da Missão Médica Militar Brasileira. Acervo do Arquivo Histórico do Exército.

Ofício nº 6793, de 19 de fevereiro de 1919, do Subsecretário de Estado do Serviço de Saúde Militar ao Ministério das Relações Exteriores da França. Acervo do Arquivo Histórico do Exército.

Ofício nº 160, de 9 de maio de 1919, do general Napoleão Felippe Aché, chefe da Comissão de Estudos de Operações de Guerra e de Aquisição de Material na Europa ao Sr. major Dr. Rodrigo de Araújo Aragão Bulcão, diretor do Hospital Brasileiro. Acervo do Arquivo Histórico do Exército.

Folhas de alterações:

Folhas de alterações do marechal José Pessoa Cavalcanti de Albuquerque. Acervo do Arquivo Histórico do Exército.

Folhas de alterações do capitão Carlos de Andrade Neves. Acervo do Arquivo Histórico do Exército.

Outros documentos:

BRASIL. *Recenseamento do Brazil realizado em 1 de setembro de 1920*. Rio de Janeiro: Typographia da Estatística, 1930.

_____. *Anuário estatístico do Brasil 1939-1940*. Rio de Janeiro: IBGE, 1940.

Instruções gerais para o serviço médico do Hospital Brazileiro - Serviço de combate contra a epidemia de gripe, de 24 de outubro de 1918. Acervo do Arquivo Histórico do Exército.

Ordem do Dia nº 246, de 9 de novembro de 1918, do Ministro da Marinha.

Boletim Interno nº 214, de 5 de novembro de 1919, do Hospital Militar Brasileiro em Paris. Acervo do Arquivo Histórico do Exército.

Boletim do Exército nº 382, de 5 de maio de 1921. Acervo do Arquivo Histórico do Exército.

BIBLIOGRAFIA

ABRANCHES, João Dunshee de. *A ilusão brazileira*: justificativa de uma atitude. Rio de Janeiro: Imprensa Nacional, 1917.
ALBERTINI, Luigi. *Origins of the War of 1914* – v. 1. New York: Enigma Books, 2005.
ALBUQUERQUE, José Pessoa Cavalcanti. *Os tanks na guerra europeia*. Rio de Janeiro: Albuquerque e Neves, 1921.
ALMEIDA, Francisco Eduardo Alves. Desventuras em série. *Revista de História da Biblioteca Nacional*. Disponível em: <http://www.revistadehistoria.com.br/secao/capa/desventuras-em-serie>. Acesso em: 20 dez. 2014.
ALVES, Joaquim Vitorino Portela. *Os blindados através dos séculos*. Rio de Janeiro: Biblioteca do Exército, 1964.
AMADO, Gilberto. *Mocidade no Rio e primeira viagem à Europa*. Rio de Janeiro: José Olympio, 1956.
AMERICAN MERCHANT MARINE AT WAR. *U.S. Merchant Ships, Sailing Vessels, and Fishing Craft Lost from All Causes During World War I*. Disponível em: <http://www.usmm.org/ww1merchant.html>. Acesso em: 18 out. 2014.
ARGUELHES, Delmo de Oliveira. *Sob o céu das Valquírias*. Curitiba: CRV, 2013.
ARIAS NETO, José Miguel. "A marinha brasileira no início do século XX - tecnologia e política". *Antíteses*. v. 7, n. 13, jan./jun. 2014
ARRUDA, Demócrito Cavalcanti. Depoimento dos oficiais da reserva sobre a FEB. *Grandes Guerras*. Disponível em: <http://www.grandesguerras.com.br/artigos/text01.php?art_id=195>. Acesso em: 30 out. 2014.
ARTHUR, Max. *Vozes esquecidas da Primeira Guerra Mundial*. Rio de Janeiro: Biblioteca do Exército/Bertrand Brasil, 2014.
AUGUSTO, Agnaldo del Nero. "Os primeiros passos dos blindados no Brasil". *Revista A Defesa Nacional*. Rio de Janeiro, n. 706, 1983, pp. 55-80
BARRASS, M. B. *A History of RAF Organization – Aircraft Allocated to Training Units-Pilots*. Disponível em: <http://www.rafweb.org/Members%20Pages/Aircraft%20Serials/Training%20-%20Pilot.htm>. Acesso em: 20 jul. 2015.
BARBOSA, Rui. *Os conceitos modernos do direito internacional*. Rio de Janeiro: Fundação Casa de Rui Barbosa, 1983.
BASTOS FILHO, Jayme de Araújo. *A missão militar francesa no Brasil*. Rio de Janeiro: Biblioteca do Exército, 1983.
BEATTIE, Peter. *The Tribute of Blood*: Army, Honor, Race and Nation in Brazil, 1864-1945. Durban: Duke University Press, 2001.
BILAC, Olavo. *A defesa nacional (discursos)*. Rio de Janeiro: Liga da Defesa Nacional, 1917.

BOBBIO, Norberto. *O problema da guerra e as vias da paz*. São Paulo: Editora Unesp, 2003.

BRASIL. *Wenceslau Braz Pereira Gomes*. Biblioteca da Presidência da República. Disponível em: <http://www.biblioteca.presidencia.gov.br/ex-presidentes/wenceslau-braz>. Acesso em: 6 out. 2014.

BURKE, Peter. *História e teoria social*. São Paulo: Unesp, 2002.

CALAZA, Cláudio Passos. Aviões no Contestado: descortinando um emprego militar inédito. *Revista Brasileira de História Militar*, Rio de Janeiro, n. 8, ago. 2012. Disponível em: <http://www.historiamilitar.com.br/artigo4RBHM8.pdf>. Acesso em: 18 jul. 2015.

CALÓGERAS, João Pandiá. *Problemas de administração*. São Paulo: Companhia Editora Nacional, 1933.

CÂMARA, Hiram de Freitas. "Marechal José Pessoa – o ideal alcançado". *Revista da Cultura*. Rio de Janeiro, n. 19, 2012, pp. 38-49

_____. *José Pessoa*: a força de um ideal. Rio de Janeiro: Biblioteca do Exército, 1985.

CANNONE, Maurício. Il lettore racconta. *Comunità Italiana*. Disponível em: <http://www.comunitaitaliana.com/site/noticias/81-il-lettore-racconta/25196-illettorerracconta18-05-2015.html>. Acesso em: 20 out. 2015.

CARDOSO, Rachel Motta. "O Serviço de Saúde do Exército no período entreguerras". In: Encontro Regional de História da Anpuh-Rio, XIV, 2010, Rio de Janeiro. *Anais...*, pp. 1-16.

CARVALHO, José Murilo de. *Forças armadas e política no Brasil*. Rio de Janeiro: Jorge Zahar, 2005.

CASTRO, Adler Homero. O Brasil na 1ª Guerra Mundial e a DNOG. *Revista Brasileira de História Militar*. Rio de Janeiro, n. 14, ago. 2014. Disponível em: <http://www.historiamilitar.com.br/artigo8RBHM14.pdf>. Acesso em: 18 out. 2014.

CASTRO, Celso. *A invenção do Exército Brasileiro*. Rio de Janeiro: Jorge Zahar, 2002.

CLAUSEWITZ, Carl von. *Da guerra*. São Paulo: Martins Fontes, 1979.

COMPAGNON, Olivier. *O adeus à Europa*: a América Latina e a Grande Guerra. Rio de Janeiro: Rocco, 2014.

CORREIA NETO, Jonas. "Missão Militar Francesa". *Revista Da Cultura*. Rio de Janeiro, n. 8, 2005, pp. 34-9.

CORVISIER, André. *A guerra*. Rio de Janeiro: Biblioteca do Exército, 2000.

COZZA, Dino Willy. "A participação do Brasil na Primeira Guerra Mundial". *Revista do Instituto de Geografia e História Militar do Brasil*. Rio de Janeiro, anos 52/53, n. 79/93, 1993, pp. 140-6.

_____. "A participação do Brasil na Primeira Guerra Mundial". *Revista do Instituto Histórico e Geográfico Brasileiro*. Rio de Janeiro, ano 157, n. 390, jan-mar. 1996, pp. 97-110.

CRANWLL, John Philips. *Spoilers of the Sea*. New York: Books for Libraries Press, 1970.

CUMMINS, Joseph. *As maiores guerras da história*. Rio de Janeiro: Ediouro, 2002.

DAROZ, Carlos Roberto Carvalho. *Um céu cinzento*: a história da aviação na revolução de 1932. Recife: EDUFPE, 2013.

DONATO, Hernani. *Dicionário das batalhas brasileiras*. Rio de Janeiro: Biblioteca do Exército, 2001.

DÖPCKE, Wolfgang. Apogeu e colapso do sistema europeu (1871-1918). In: SARAIVA, José Flávio Sombra. *Relações Internacionais*: dois séculos de história: entre a preponderância europeia e a emergência americano-soviética (1871-1947). Brasília: Instituto Brasileiro de Relações Internacionais, 2001, v. 1.

DREADNOUGHT PROJECT. *Dawson Lees Sheppard*. Disponível em: <www.dreadnoughtproject.org/tfs/index.php/Dawson_Lees_Sheppard>. Acesso em: 28 jul. 2015.

_____. *Heathcoat Salusbury Grant*. Disponível em <www.dreadnoughtproject.org/tfs/index.php/Heathcoat_Salusbury_Grant>. Acesso em: 28 jul. 2015.

DUFFY, Michael. Military Casualties of World War One. In: *Firstworldwar.com*. Disponível em <http://www.firstworldwar.com/features/casualties.htm>. Acesso em: 22 jun. 2015.

ELKINS, Ashley (org.). *1918 Year of Victory*: the End of the Great War and the Shaping of History. Canberra: Ashley Elkins, 2010.

FAUSTO, Boris. *História concisa do Brasil*. São Paulo: Universidade de São Paulo, 2001.

FERREIRA, Maria Nazareth. *A imprensa operária no Brasil 1880-1920*. Petrópolis: Vozes, 1978.

FERRO, Marc. *História da Primeira Guerra Mundial 1914-1918*. Rio de Janeiro: Edições 70, 1990.

FORTES, Diogo Borges. "O contratorpedeiro Santa Catarina". *Simpósio sobre a participação do Brasil na Primeira Guerra Mundial*. Rio de Janeiro: Serviço de Documentação Geral da Marinha, 1975.

FRAGA, Luís Alves. A Participação de Portugal na Grande Guerra. *História Contemporânea de Portugal*: Primeira República. t. II. Lisboa: Amigos do Livro Editores, 1985.

FROMKIN, David. *Europe's Last Summer*: Who Started the Great War in 1914?. New York: Alfred Kropf, 2004.

FROTA, Guilherme de Andrea. *500 Anos de História do Brasil*. Rio de Janeiro: Biblioteca do Exército, 2000.

FUNDAÇÃO GETÚLIO VARGAS/CPDOC. *José Pessoa*. Disponível em: <http://cpdoc.fgv.br/>. Acesso em: 26 jul. 2015.

BIBLIOGRAFIA

GAMA, Arthur Oscar Saldanha. *A Marinha do Brasil na Primeira Guerra Mundial*. Rio de Janeiro: Capemi, 1982.

_____. "Quanto custou a DNOG?" *Simpósio sobre a participação do Brasil na Primeira Guerra Mundial*. Rio de Janeiro: Serviço de Documentação Geral da Marinha, 1975.

GARAMBONE, Sidney. *A Primeira Guerra Mundial e a Imprensa Brasileira*. Rio de Janeiro: Mauad, 2003.

GARDINER, Robert; GRAY, Randal. *Conway's All the World's Fighting Ships: 1906-1922*. Annapolis: Naval Institute Press, 1984.

GARDNER, Tom. British Warship HMS Brilliant Torpedoed Whales During Falklands War After Mistaking Them for Enemy Submarines. *Daily Mail*, 2. set. 2013. Disponível em: <http://www.dailymail.co.uk/news/article-2408881/British-warship-HMS-Brilliant-torpedoed-WHALES-Falklands-War.html#ixzz3qXlE9PCC>. Acesso em: 4 nov. 2015.

GERODETTI, João Emílio; CORNEJO, Carlos. *Navios e portos do Brasil nos cartões-postais e álbuns de lembranças*. São Paulo: Solaris Edições Culturais, 2006.

GIBSON, R. H.; PRENDERGAST, Maurice. *Histoire de la guerre sous-marine 1914-1918*. Paris: Nouveau Monde Éditions, 2012.

GIRARDET, Raoul. *A sociedade militar*. Rio de Janeiro: Biblioteca do Exército, 2000.

GOUVÊA, Fernando da Cruz. *Oliveira Lima: uma biografia*. Recife: Instituto Arqueológico, Histórico e Geográfico de Pernambuco, 1976, v. 3, p. 1163.

GUEDES, Max Justo. O Barão do Rio Branco e a Modernização da Defesa. In: CARDIM, Carlos H.; ALMINO, João. *Rio Branco e a modernização do Brasil*. Rio de Janeiro: EMC Edições, 2002.

HALPERN, Paul. *A Naval History of World War I*. Annapolis: US Naval Institute, 1994.

HASTINGS, Max. *Catástrofe – 1914: a Europa vai à guerra*. Rio de Janeiro: Intrínseca, 2014.

HAYES, Robert. *A nação armada: a mística militar brasileira*. Rio de Janeiro: Biblioteca do Exército, 1991.

HILLS, Ken. *A Primeira Guerra Mundial*. São Paulo: Ática, 1996.

HILTON, Stanley. *O Brasil e as grandes potências 1930-1939*. Rio de Janeiro: Civilização Brasileira, 1977.

HISTORIQUE du 4e Régiment de Dragons. Paris: Chapelot, 1919.

HOBSBAWM, Eric. *A Era dos extremos: o breve século XX 1914-1991*. São Paulo: Companhia das Letras, 2008.

_____. *Era dos impérios 1875-1914*. São Paulo: Paz e Terra, 2009.

HOUGH, Richard. *The Great Dreadnought: the Strange Story of H.M.S. Agincourt: the Mightiest Battleship of World War I*. New York: Harper & Row, 1967.

HUMBLE, Richard. *A marinha alemã: a esquadra de alto mar*. Rio de Janeiro: Renes, 1974.

INCAER. *História geral da aeronáutica brasileira: dos primórdios até 1920*, v.1. Belo Horizonte: Itatiaia, 1988.

JOFFRE, Joseph. *Mémoires du marechal Joffre (1910-1917)*. Paris: Librairie Plon, 1932.

KEEGAN, John. *The First World War*. London: Hutchinson, 1998.

_____. *Uma História da guerra*. São Paulo: Companhia das Letras, 1995.

KINDELL, Ron. *Royal Navy Hall of Honour World War I 1914-1918*. Penart: Naval History.net, 2009.

KNOBLER, S.; MACK, A.; MAHMOUD, A.; LEMOSN, S. *The Story of Influenza: The Threat of Pandemic Influenza: Are We Ready?*. Washington: The National Academies Press, 2005.

KONDER, Marcos. *Lauro Müller: a pequena pátria*. Florianópolis: Fundação Catarinense de Cultura, 1982.

KROEFF, Mário. "Missão Médica Militar em França na guerra de 1918". *O Hospital*, Rio de Janeiro, v. 75, n. 2, fev. 1969.

LAVENÈRE-WANDERLEY, Nelson Freire. *História da Força Aérea Brasileira*. Rio de Janeiro: Editora Gráfica Brasileira, 1975.

LE GOFF, Jacques. *História e memória*. Campinas: Editora Unicamp, 1996.

LIDDELL HART, Basil. *History of the First World War*. London: Papermarc, 1992.

LINHARES, Antônio Pereira. *Aviação naval brasileira 1916-1940*. Rio de Janeiro: Imprensa Naval, 1971.

LOPES, Carlos Alves. Cabo Verde na Grande Guerra. *2014-18 – O centenário da Grande Guerra*. Disponível em: <http://www.momentosdehistoria.com/MH_02_07_Marinha.htm>. Acesso em: 15 out. 2015.

LOPREATO, Christina Roquette. *O espírito da revolta: a greve geral anarquista de 1917*. São Paulo: Annablume, 2000.

LUDENDORFF, Erich von. *A guerra total*. Rio de Janeiro: Inquérito, 1941.

MAGNOLI, Demétrio. *História da paz*. São Paulo: Contexto, 2008.

MAIA, João Prado. *DNOG (Divisão Naval de Operações em Guerra) 1914-1918: uma página esquecida da história da Marinha brasileira*. Rio de Janeiro: Serviço de Documentação Geral da Marinha, 1961.

MALAN, Alfredo Souto. *Missão militar francesa de instrução junto ao Exército Brasileiro*. Rio de Janeiro: BIBLIEX, 1988.

MARTINS, Hélio Leôncio. Forças combatentes. *História Naval Brasileira*. v. 5, t. II. Rio de Janeiro: Serviço de Documentação da Marinha, 1985.

_____. A Marinha brasileira no período entre as guerras (1918-1942). *História Naval Brasileira*. v. 5, t. II. Rio de Janeiro: Serviço de Documentação da Marinha, 1985.

_____. A participação da Marinha brasileira na Primeira Grande Guerra. *História Naval Brasileira*. v. 5, t. Ib. Rio de Janeiro: Serviço de Documentação da Marinha, 1997.

MCCANN, Frank. *Soldados da Pátria*: história do Exército Brasileiro, 1889-1937. Rio de Janeiro: Companhia das Letras, 2007.

_____. *A nação armada*: ensaios sobre a história do Exército Brasileiro. Recife: Guararapes, 1982.

MIRANDA, Marcelo. *U-93*: a entrada do Brasil na Primeira Guerra Mundial. Porto Alegre: Besouro Box, 2014.

MOTTA, Jeovah. *Formação do oficial do exército*. Rio de Janeiro: Biblioteca do Exército, 1998.

MOURA, Aureliano Pinto. *Contestado*: a guerra cabocla. Rio de Janeiro: Biblioteca do Exército, 2003.

_____. Transformações e evolução das instituições militares no início do século XX (1898-1918). In: PAULA, Luiz Carlos Carneiro (org.). *História militar brasileira* II: período republicano. Palhoça: Unisul Virtual, 2010.

MOURA, Aureliano; ALVES, Eduardo Henrique de Souza Martins. Década de 1920: instabilidade política e rebeliões militares. In: PAULA, Luiz Carlos Carneiro (org.). *História militar brasileira* II: período republicano. Palhoça: Unisul Virtual, 2010.

MOURA, Aureliano; Daroz, Carlos Roberto Carvalho. A Arte da Guerra no século XIX. In: PAULA, Luiz Carlos Carneiro (org.). *História militar geral* II: as guerras de Napoleão ao século XXI. Palhoça: Unisul Virtual, 2010.

NAVIOS DE GUERRA BRASILEIROS. *Cruzador Rio Grande do Sul*. Disponível em: <http://www.naviosbrasileiros.com.br/ngb/R/R039/R039.htm>. Acesso em: 30 Jul. 2015.

_____. *CT Pará*. Disponível em: <http://www.naviosbrasileiros.com.br/ngb/P/P013/P013.htm>. Acesso em: 30 Jul. 2015.

ORGILL, Douglas. *Tanques-1918*: nascem os blindados. Rio de Janeiro: Renes, 1979.

PALACIOS, Guillermo. *Intimidades, conflitos e reconciliações*: México e Brasil, 1822-1993. São Paulo: Edusp, 2008.

PARENTE, Paulo André Leira. A construção de uma nova história militar. *Revista Brasileira de História Militar*, Rio de Janeiro, n. 1, dez. 2009. Disponível em: <http://www.historiamilitar.com.br/artigo1RBHM0.pdf>. Acesso em: 2 out. 2015.

PECHMAN, Robert. *Pedro de Frontin*. Disponível em: <cpdoc.fgv.br/sites/default/files/verbetes/primeira_republica/FRONTIN, Pedro de.pdf>. Acesso em: 28 jul. 2015.

PIRES, Lívia Claro. "Pela nação e civilização: a Liga Brasileira pelos Aliados e o Brasil na Primeira Guerra Mundial". XV Encontro Regional de História da Anpuh-Rio, Rio de Janeiro. *Anais*, 2012.

PROJECT GUTEMBERG. *The Illustrated War News, nov. 18, 1914*. Disponível em <www.gutemberg.org/files/18333/18333-h/18333-h.htm>. Acesso em: 6 out. 2014.

PROJETO MEMÓRIA. *Rui Barbosa - 150 anos*. Disponível em: <http://www.projetomemoria.art.br/RuiBarbosa/periodo3/lamina19/index.htm>. Acesso em: 13 out. 2014.

ROLLAND, Romain. *Au dessus de la mêlée*. Paris: Ollendorf, 1915.

SCHILLING, Voltaire. *Imperialismo e I Guerra Mundial*. Porto Alegre: Movimento, 1994.

SCHNEIDER, Fernand. *História das doutrinas militares*. São Paulo: DIFEL, 1975.

SHORES, Christopher. *Força aérea da Finlândia, 1918-1968*. Berkshire: Osprey, 1969.

SILVA, Hélio. Entre paz e guerra – 1915-1919. *História da República Brasileira*. v. 4. São Paulo: Editora Três/Milesi, 1975.

SILVA JÚNIOR, Adhemar Lourenço. O povo vs. der Pöbel. In: *Os alemães no sul do Brasil*. Canoas: Editora da ULBRA, 2004.

SONDHAUS, Lawrence. *A Primeira Guerra Mundial*: história completa. São Paulo: Contexto, 2015.

SOUZA, Cesar Augusto Nicodemus. A participação do Brasil na Primeira Guerra Mundial. *Revista da Cultura*. Rio de Janeiro, n. 24, 2014, pp. 12-21.

SWIGGUM, Susan; KOHLI, Marjorie. *The Ships List*. Disponível em: <http://www.theshipslist.com/ships/lines/lloydbrasileiro.shtml>. Acesso em: 5 out. 2014.

TIRPITZ, Alfred von. *Mémoires de grand admiral Von Tirpitz*. Paris: Payot, 1922.

TOPLISS, David. The Brazilian Dreadnoughts, 1904-1914. *Warship international*. Holden-EUA, v. 25, n. 3, jul.-set. 1998.

TUCHMAN, Barbara. *Canhões de agosto*. Rio de Janeiro: Objetiva, 1994.

TUCKER, Spencer. *Who's Who in Twentieth Century Warfare*. London: Routledge, 2002.

BIBLIOGRAFIA

UBOAT.NET *Heinrich von Nostitz und Jäckendorff*. Disponível em: <http://www.uboat.net/wwi/men/commanders/231.html>. Acesso em: 6 maio. 2015.

_____. *Max Viebeg*. Disponível em: <http://www.uboat.net/wwi/men/commanders/376.html>. Acesso em: 18 out. 2014.

_____. *Gustav Buch*. Disponível em: <http://www.uboat.net/wwi/men/commanders/39.html>. Acesso em: 18 out. 2014.

_____. *U 47*. Disponível em: <http://www.uboat.net/wwi/boats/index.html?boat=47>. Acesso em: 18 out. 2014.

_____. *U 151*. Disponível em: <http://www.uboat.net/wwi/boats/index.html?boat=151>. Acesso em: 30 out. 2014.

UOL EDUCAÇÃO. *Wenceslau Braz Pereira Gomes*. Disponível em: <http://educacao.uol.com.br/biografias/wenceslau-braz-pereira-gomes.jhtm>. Acesso em: 29 set. 2016.

UPDIKE, John. Remember the Lusitania. *The New Yorker*. New York, 1º jul. 2002. Disponível em: <http://www.newyorker.com/magazine/2002/07/01/remember-the-lusitania>. Acesso em: 12 out. 2014.

US ARMY. *Army Strong, Strong Europe! History*. Disponível em: <http://www.eur.army.mil/organization/history.htm>. Acesso em: 8 jul. 2015.

VASCONCELOS, Mônica. Programa lembra história de brasileiro espião executado na Torre de Londres. *BBC Brasil*. Londres, 11 jul. 2012. Disponível em: <http://www.bbc.co.uk/portuguese/noticias/2012/07/120709_espiao_brasileiro_torrelondres_mv.shtml>. Acesso em: 12 out. 2014.

VIANNA FILHO, Arlindo. *Estratégia naval brasileira*. Rio de Janeiro: Biblioteca do Exército, 1995.

VIDIGAL, Armando Amorim Ferreira. *A evolução do pensamento estratégico naval brasileiro*. Rio de Janeiro: Biblioteca do Exército, 1985.

VINHOSA, Francisco Luiz Teixeira. *O Brasil e a Primeira Guerra Mundial*. Rio de Janeiro: IHGB, 1990.

WEHLING, Arno. "A pesquisa da história militar brasileira". *Revista da Cultura*. Rio de Janeiro, Ano I, n. 1, jan.-jun. 2001.

WILHELM II. *The Kaiser's Memoirs*. Charleston: Nabu Press, 2010.

WILLIAMSON, Gordon. *U-boats of the Kaiser's Navy*. Oxford: Osprey Books, 2002.

WILLMOTT, Hedley Paul. *Primeira guerra mundial*. Rio de Janeiro: Nova Fronteira, 2008.

WYEN, Adrian van. *Naval Aviation in World War I*. Washington: Chief of Naval Operations, 1969.

O AUTOR

Carlos Daróz é historiador militar, professor, pesquisador e oficial de Artilharia do Exército Brasileiro. Obteve seu bacharelado em Ciências Militares pela Academia Militar das Agulhas Negras e diplomou-se mestre em Operações Militares na Escola de Aperfeiçoamento de Oficiais. Com licenciatura em História pela Universidade Salgado de Oliveira, especializou-se em História Militar pela Universidade Federal do Estado do Rio de Janeiro e pelo Instituto de Geografia e História Militar do Brasil. Leciona no curso de pós-graduação em História Militar, da Universidade do Sul de Santa Catarina. É membro do Instituto de Geografia e História Militar do Brasil e pesquisador-associado do Centro de Estudos e Pesquisa em História Militar, da Diretoria do Patrimônio Histórico e Cultural do Exército Brasileiro.